作者简介

克里斯托弗·梅（Christopher May），英国兰卡斯特大学政治与国际关系学院教授，研究知识产权数十年，《知识产权的全球政治经济学》（*A Global Political Economy of Intellectual Property Rights*）是其颇有建树之作。研究领域广及法治常识与全球政治，编有《法治手册》（*The Handbook on the Rule of Law*）。此外，还研究跨国公司的政治经济学，近年出版《跨国治理中的跨国公司》（*Global Corporations in Global Governance*），并在《帕尔格雷夫通讯》《第三世界季刊》等刊物发表论文。

苏珊·K.塞尔（Susan K. Sell），美国加州大学伯克利分校政治学博士，曾任美国乔治华盛顿大学政治学与国际事务教授，现任澳大利亚国立大学管理与全球政治学院教授。研究领域包括国际政治经济、知识产权，关注公共健康的国际保护、食品监管、教育以及气候变化。担任《国际政治经济学评论》《欧洲国际关系与全球治理杂志》编委会成员，兼任世界卫生组织顾问。2015—2016年任联合国秘书处公共健康与医疗高级别小组专家咨询组成员。其知识产权代表性著作为《私权、公法：知识产权的全球化》（*Private Power, Public Law: the Globalization of Intellectual Property Rights*）。

译者简介

马腾，暨南大学法学院/知识产权学院教授、博士生导师。研究领域为法律史学与法学理论，著有《儒法合流与中国传统法思想阐释》《墨家"兼爱"法思想的现代诠释》，译有《道德的法律强制》《申不害：公元前四世纪中国的政治哲学家》《中国思想》等。

知识产权名著译丛

INTELLECTUAL PROPERTY RIGHTS
A CRITICAL HISTORY

知识产权批判史

〔英〕克里斯托弗·梅 著
〔美〕苏珊·K. 塞尔

马腾 译

Christopher May, Susan K. Sell
INTELLECTUAL PROPERTY RIGHTS:
A Critical History
English-language edition copyrights © 2006 Lynne Rienner Publishers, Inc.
This edition is published by arrangement with Lynne Rienner Publishers, Inc.
中译本根据林恩瑞纳尔出版社 2006 年版译出

知识产权名著译丛
编 委 会

顾问 刘春田 许 超 裘安曼

主编 金海军

编委会成员（以姓氏笔画为序）

　　万 勇　马 腾　王玉凯　王海波　卢纯昕

　　李 琛　余 俊　宋慧献　陈贤凯　赵一洲

目录

前言　/ 1

第一章　为什么你需要了解知识产权　/ 5
 1.1　知识产权：全球治理与历史　/ 8
 1.2　什么是知识产权　/ 11
 1.3　框架结构　/ 19

第二章　理念与技术　/ 21
 2.1　知识产权的正当性　/ 24
 2.2　知识产权史的三角分析　/ 35
  2.2.1　对知识产权的展望　/ 40
  2.2.2　三角分析与知识产权史　/ 43
 2.3　知识产权史上的争论与变迁　/ 52

第三章　知识产权的出现　/ 60
 3.1　知识产权的远祖　/ 61
  3.1.1　希腊关于拥有理念的理念　/ 62
  3.1.2　罗马发展　/ 65

3.2 中世纪、行会知识与向知识产权的转型 / 69

    3.2.1 早期专利 / 72

    3.2.2 早期版权 / 76

3.3 威尼斯时刻：知识产权的诞生 / 80

3.4 专利、印刷与威尼斯经济 / 90

3.5 其他地区 / 99

第四章 贸易与作者及发明的浪漫观念 / 102

4.1 从威尼斯到伦敦：欧陆的发展 / 103

4.2 英国的专利革新 / 108

4.3 英国的版权革新 / 119

4.4 现代早期的知识产权 / 133

第五章 19 世纪：技术发展与国际法 / 145

5.1 作为公共政策的知识产权 / 146

5.2 法律的国际多样性 / 150

5.3 从专利争议到《巴黎公约》与《伯尔尼公约》 / 155

5.4 托马斯·爱迪生：专利作为一种商业战略 / 165

5.5 版权和雇佣作品 / 169

5.6 德国化学工业的崛起：一种新的商业模式 / 172

第六章 20 世纪：知识产权的巩固 / 178

6.1 反托拉斯和卡特尔 / 178

6.2 1945 年后知识产权的怀疑论 / 185

6.3 财产权的复苏 / 188

6.4 20世纪的版权 / 195

6.5 朝向一种多边解决 / 206

第七章 21世纪:《与贸易有关的知识产权协定》
以降 / 216

7.1 《与贸易有关的知识产权协定》 / 217

7.2 《与贸易有关的知识产权协定》之后：争论、互惠主义以及合法性问题 / 237

  7.2.1 数字版权管理和合理使用 / 244

  7.2.2 经济发展和技术转让 / 250

  7.2.3 生物技术、生物盗版以及"新帝国主义"? / 256

  7.2.4 传统知识的商品化? / 263

第八章 不应忘却历史 / 270

8.1 历史的重要性：当今知识产权的全球政治 / 271

8.2 世界知识产权组织的复苏 / 278

8.3 政治意义 / 286

缩略词 / 292

参考文献 / 294

索引 / 327

译后记 / 358

前　言

在不久之前的年代，当你说自己对知识产权颇有兴趣，那么其他学者或身边的朋友会投来异样眼光，仿佛你说的是一门外语，更有甚者，以为你卷入某个谲诡的秘密异教团体。考虑专利、版权、商标以及其他形式的知识产权，无不让你俨然成为一名专业律师，或是相较正常交谈而言话不投机、晦涩艰深的某位人士。然而，事情的变化却是多么的翻天覆地！如今，知识产权政策成为新闻头条，其触角已经如此广泛地延伸到商贸、健康、教育、农业。简言之，当今人们已经广泛意识到，知识产权以这样或那样的方式实际上影响着全世界的每一个人。

作为一个政治经济学问题，这种对知识产权感知的转变，也反映为知识产权议题朝向人们所倡导的最高端议程的稳步提升，最显著的便是制药专利与药品可及性的问题。当然，对我们欧美的许多读者（尤其是相对年轻的读者）而言，生活中知识产权的主要印象在于认识到，许多音乐文件的数据下载其实是违法的！而更深层的问题，还是知识产权已经上升为全球政治经济学的核心主题。

回想1997年，当我（克里斯）完成博士学业，苏珊开始在学院崭露头角，我们共同参加了在多伦多举行的国际研究学会（ISA）年会。主办方将仅有的两篇知识产权论文安排在不同的会组，但当时幸而有缘，那天早晨，我们共同的朋友杰弗里·昂德希尔（Geoffrey Underhill）为我们安排了一次在走廊会谈的机会，正是从那时起，开启了我们的深厚友谊与智识合作。

克里斯于1997年撰写了一篇国际研究协会（ISA）的论文，缘于对苏珊作为纯以"问题解决理论"之著作的批判。苏珊阅读此前素未谋面者的论文，终于欣然得遇另一位醉心于知识产权政策的学者。对于克里斯在国际研究学会论文中的凌厉攻势，苏珊也反唇相讥。经朋友介绍，克里斯起初倍感尴尬，在会议酒店的吧台，敬上一杯橘汁聊表歉意，这才有所释怀。在首次会面后，又通过持续电邮联系、相互登门拜访（在华盛顿与英国布里斯托尔周边），我们建立起一种工作关系，酝酿出一段惺惺相惜、相辅相成的学术友谊。我们取长补短、相得益彰，并已经在我们的作品中调适自身立场，从而向对方的洞识致敬。

我们都还记得那次在牛津布朗酒店共进美好午餐，那时要奔赴华威大学（University of Warwick）的研讨会，花了几个小时在桌上摊开的作品里埋头苦干。我俩不仅吃完一餐，还喝了一杯又一杯的咖啡，而与此同时，这成书的计划也开始浮现。接下来数年，我们共同研究，从而形成对知识产权史的理解，如今我们将所有素材都倾注于这番广泛的历史中。

在这一过程中，在长久以来项目的种种工作的推进中，对曾经帮助、给予建议与鼓励或提供智识支撑的同事们，作者无以为报。尽管难免有所遗漏，我们还是想借此机会逐一致谢：黛博拉·阿万特（Deborah Avant）、库尔特·伯奇（Kurt Burch）、约翰·布雷斯韦特（John Braithwaite）、托马斯·科特（Thomas Cotter）、克莱尔·卡特勒（Claire Cutler）、罗伯特·德内马克（Robert Denemark）、彼得·德霍斯（Peter Drahos）、罗切尔·德莱弗斯

（Rochelle Dreyfuss）、格雷厄姆·杜菲尔德（Graham Dutfield）、维拉·弗朗茨（Vera Franz）、兰德尔·杰曼（Randall Germain）、斯蒂芬·吉尔（Stephen Gill）、雅克·戈林（Jacques Gorlin）、黛比·赫尔贝特（Debbie Halbert）、弗吉尼亚·哈夫勒（Virginia Haufler）、理查德·希格特（Richard Higgott）、伊恩·英克斯勒（Ian Inkster）、彼得·贾西（Peter Jaszi）、汉内斯·拉切尔（Hannes Lacher）、杰米·洛夫（Jamie Love）、克里斯汀·麦克劳德（Christine MacLeod）、菲奥娜·麦克米伦（Fiona Macmillan）、基思·马斯库斯（Keith Maskus）、邓肯·马修斯（Duncan Matthews）、乔纳森·尼赞（Jonathan Nitzan）、罗伯特·奥斯特加德（Robert Ostergard）、罗恩·帕兰（Ronen Palan）、海基·帕洛玛基（Heikki Palomaki）、索尔·皮乔托（Sol Picciotto）、托尼·波特（Tony Porter）、阿西姆·普拉卡什（Aseem Prakash）、杰罗姆·瑞克曼（Jerome Reichman）、安东尼·西格（Anthony Seeger）、格雷格·谢弗（Greg Shaffer）、埃里克·史密斯（Eric Smith）、杰伊·史密斯（Jay Smith）、艾伦·斯托里（Alan Story）、乌玛·苏瑟塞恩（Uma Suthersanen）、布兰登·托宾（Brendan Tobin）、露丝·陶斯（Ruth Towse）、杰弗里·安德希尔（Geoffrey Underhill）、罗尔登·威尔金森（Rorden Wilkinson）、余家明（Peter Yu）。

就各自而言，克里斯想感谢希拉里·贾格-梅（Hilary Jagger-May），感谢她在家一如既往的支持与体贴；如果没有希拉里，我的学术生涯将会一塌糊涂。克里斯的父亲生前给予的仍然是主要的智识影响，健在的母亲仍然以每周通话与每月探访如期送来关怀。克里斯深知，若是没有双亲与希拉里的支持，自己绝不可能持之以恒研究至今。克斯里也希望感谢尼克拉·菲利普斯（Nicola Phillips）、劳埃德·佩蒂福德（Lloyd Pettiford）、杰恩·罗杰斯（Jayne Rodgers）、黑泽尔·梅（Hazel May）、安德鲁·查德威克（Andrew Chadwick），他们都是多年挚友，总能给予宝贵意见。

苏珊想感谢她的父母唐纳德·米勒·塞尔（Donald Miller Sell）和埃斯特尔·奎恩·塞尔（Estelle Quinn Sell），姐妹艾伦·塞尔（Ellen Sell）；以及感谢道格·艾布拉姆斯（Doug Abrahms）、尼古拉斯·奎恩·艾布拉姆斯（Nicholas Quinn Abrahms）、蒂莫西·迈克尔·艾布拉姆斯（Timothy Michael Abrahms）给予的支持、调和、爱与勇气。苏珊还感谢大林和弘（Kazuhiro Obayashi）的优秀助研工作。最后，苏珊还想感谢欧尼·哈斯（Ernie Haas），他以一种强烈的求知欲，对一个小小的"t,"进行实质的不懈探索，这始终激发鞭策着苏珊自身的研究，为此，她愿以此书致敬恩师。

我们都想要感谢林恩·瑞纳德（Lynne Rienner）出版社及其工作人员对该书出版的支持与奉献，以及在撰定终稿时来自两位匿名评审专家的宝贵意见。

第一章　为什么你需要了解知识产权

知识产权实乃一个生死攸关的问题，这么说绝不夸张。在艾滋病（AIDS）相关药品的专利保护问题上，可以说最为明显。20世纪90年代末，在对知识产权全球体系运转方式的批判浪潮中，制药专利问题一直首当其冲。发达国家目前用"鸡尾酒"疗法维持艾滋病毒抗体（HIV）阳性病人的生命，过去其每年药品开支是发展中国家年度人均医疗保健标准的一千倍。在结构调整计划［由世界银行（World Bank）和国际货币基金组织（the International Monetary Fund）支持］的资助下，这些国家大多已经实现卫生部门开支的陡然减少。可药品仍然极其昂贵，使得艾滋病人无法负担用以延续生命的药物费用。

为解决这一问题，在20世纪90年代，加纳和巴西试图从印度制造商进口成本更低的另一款艾滋病"鸡尾酒"疗法的仿制药。这一行动反映了外国制药专利在印度得不到保护的历史很长，印度自独立以来已经发展出一个庞大的仿制药品制造业。这种来自仿制药的竞争，促使一些跨国制药公司对其艾滋病药物疗法实行优惠折扣（但还是存在比巴西这个相对富裕国家更大规模的进口体量），某些情形下公司还提供药物包邮。

然而，仿制对专利药的代替，也刺激美国为了默克集团（Merck）及其他公司的利益而在世界贸易组织（WTO）上对巴西采取法律行动。美国贸易代表（USTR）声称，生产和使用仿制药直接违

2 反了国际法，这种对美国公司（知识）产权的占有毫无正当性。这是一种盗窃，而美国贸易代表对这种有害无利的行为表示强烈抗议。即便随后由于政治压力而取消了这一指控，该行动仍大体反映出美国贸易代表的总体态度：不管人类付出几许代价，知识产权都必须得到保护。

虽然非洲的艾滋病危机显然属于一个异常的公共健康突发事件，但人们还是付出相当的努力来促成谈判，包括2001年的《TRIPs 与公共健康多哈宣言》（Doha Declaration on the TRIPs Agreement and Public Health），以及随后为实施该宣言第6段有关根据强制许可所生产仿制药的跨境供应所达成的协议。《与贸易有关的知识产权协定》（TRIPs）是作为成立世界贸易组织的构成部分而谈判达成的，并成为当代知识产权全球治理的关键因素。虽然这一协定包括在特殊情况下强制许可的条款，但在美国政府尤其是美国贸易代表的施压下，该条款自1995年以来基本上被无视。为保护本国公司的利益，美国贸易代表声称，保护大制药公司的知识产权，使之生产许多艾滋病相关药物用于全球临床治疗势在必行。因此，例如，虽然泰国的艾滋病问题严峻，但在90年代末加入《与贸易有关的知识产权协定》时，泰国政府特地承诺在涉及艾滋病治疗方面不会实施第8条（强制许可）。

然而，罔顾美国贸易代表的敌对干涉，为了继续解决获得充足艾滋病相关药物（及其他药物）的难题，南非国会在1997年11月通过《药品与相关物品管制修正法》（Medicines and Related Substances Control Amendment Act）。该法存在两个最有争议的条款，即允许以仿制药作为替代，以及在特定情形下供应更低廉的替代药物。对此，罗伯特·奥斯特加德（Robert Ostergard）已经指出：

> 法案的第 15（c）条赋予卫生部长非常权力为供应能负担得起的药物增设条件，包括取消按照 1978 年《南非专利法》授予的药品专利权，以及从［某一特定专利］的注册所有人以外的制造商那里进口相同的药品成分。（Ostergard 1999, 879）

甚至在该项法案通过以前，美国驻南非大使就已接到指示，务必强烈反对这些举措。南非国会将此视为一个公共健康议题，而代言美国制药企业的美国政府则斥之为盗窃。在它们各自国家，立法者与政府都面临这一政治上迫在眉睫的选择难题：应当保护谁的权利？是知识产权的所有人，还是本可通过这些药物得救的病人？

2001 年 3 月，南非政府被一个由 39 家公司组成的国际联盟告上法庭，后者就《药品法》修正案的合法性提出质疑。后法院宣布休庭，以便公司方面查看由支持政府的"法庭之友"所提供的文件，而原告方随后撤回。这些文件显示，辩方可能基于特定药物相对于研发成本而取得的利润从而获得辩护。公司联盟遂决议，不管在非洲的成本是多少，这种信息在全球范围上来讲对己方不利。正如无国界医生组织（Médecins Sans Frontières）已经注意到，"鸡尾酒"疗法药物的开发，起初基本都是依靠美国公共基金资助（Boseley 2000）。公司方面本来准备主张的是，如果缺乏专利保护对重要药物的研究将会有危险性的衰减。然而，一旦揭露这些公司收到的用以支持其研究的公共资金数额，而这些公司目前就在从中获利，这一主张的逻辑就会被严重削弱。双方达成了一份妥协协议，成立一个联合工作组以便重新审查该法律。不管如何，南非的立法胜利引致肯尼亚政府旋即通过立法，它虽然在形式上遵守《与贸易有关的知识产权协定》，但明确规定一些条款，使得政府可以调用协定中的公共健康条款。

私人获得报酬权与公共福利（维系国民健康需求）的平衡成为了一个重要的公共探索议题，这反映了不加批判地接受知识产权无限膨胀以至统治国际贸易的核心症结。当前支配专利制药贸易的体系，优先保护的是大公司持续获得利润（一个被普遍认为是世界上最暴利的产业）的权利，而非身患致命疾病的穷人得到治疗的权利。

以上，就是最受瞩目的关于全球政治领域中知识产权运转的正当性争论。在目前的政治与法律协议下，知识产权在诸多方面影响着我们的福祉。从技术转让及其对经济发展的影响，到生物盗版与对发展中国家自然资源的控制，从互联网普遍下载音乐文件态势下的全球音乐产业命途的议题，到我们想要用于家庭和工作的软件控制，我们都愈发意识到知识产权对我们生活的影响。由于强势的知识产权治理全球结构，这一问题从1995年以来变得尤为显著。

1.1 知识产权：全球治理与历史

自从1995年以来，知识产权就已属于受到世界贸易组织监督的《与贸易有关的知识产权协定》的范畴。虽然该协定无法决定国内立法，但为了符合《与贸易有关的知识产权协定》，世界贸易组织成员的国内知识产权法必须按照《与贸易有关的知识产权协定》

所列的 73 个条款，确立保护知识产权的最低标准。该协议不仅包括一般条款与基本原则，还提供强制执行知识产权的法律机制。值得注意的是，世界贸易组织严厉的跨部门纠纷解决机制就包含关于知识产权的国际争议。在 1995 年之前，就知识产权的国际承认与保护而言，存在长期的由世界知识产权组织（WIPO）监督的多边条约。然而，普遍认为，在面对"盗版"以及诸多发达国家之外的其他国家（有时甚至在发达国家之间）对非本国国民的知识产权保护的频繁漠视时，这些解决机制往往是缺乏权威的。在治理全球化的背景下，知识产权的政治经济愈发显著，风险也随之增加。

在对各种各样财产的论述中，鲍德韦因·鲍克尔特（Boudewijn Bouckaert）深有洞识："知识产权本源上具有政治权威有意干预的历史根基，而非欧陆法律传统自发生成。"（Bouckaert 1990，790）我们赞同这一观点，并将予以强化和证实，回溯知识产权的历史，探索其与政治、哲学以及现代资本主义经济史的相互交织。远在知识产权具备一个正式的法律定义之前，就存在诸多试图控制有价值的知识与信息并从中获利的现象。新技术影响法律革新的发展，并使之最终在 15 世纪晚期的威尼斯法凝结为现代知识产权法可以追溯的源头。然而，技术发展不是唯一因素；关于个人作为"创造者"的理念，以及在愈发复杂化的市场中不断增值的信息价值，也激发出一种可以"拥有"知识与信息的理念。

因此，我们所述历史强调知识产权发展的多样特征。这番历史比一般理解的历史更为宏阔，而且，我们所述历史进程将拒斥那些呈现为普遍权利甚或自然权利的种种知识产权形态。这种关于自然权利的实现虽迟缓却稳步的故事炮制出一种对知识产权的非时间性理解，使得知识产权脱离于人类历史而扭曲。我们强调的则是知识产权如何始终在历史上和政治上具有偶然性。最近对知识产权历史的兴趣，正是已然持续多个世纪的剧烈且高度政治化的知识产权斗争的一部分。

穿梭于这段历史，同类难题与争论将会再现，要求获得回报的私权与知识信息的公共或社会角色之间的紧张关系，将不断浮现于知识产权跨越五百年的正式历史中。我们旨在主张，为了充分考虑未来全球的知识产权治理，就必须检视它们的过去。这一视角的必要性，在于反驳将这一历史呈现为虚构版本的那种全球知识产权治理的主张。正如杰罗姆·瑞克曼（Jerome Reichman）揭示：

例如，那些对在版权法权利框架下保护民间文学与本土艺术之倡议的抵制，往往潜藏于一种言辞套路，以避免对西方法律传统与教义正统的不可容许的挣脱。这种纯粹主义的故步自封势必激怒发展中国家的代表，他们很好地意识到，发达国家最近更改正统的版权原则，乃是为了迎合自己国家的电脑程序制造商。[Reichman 2000，452（注释略）]

因此，我们探索的历史就不是不可逆转地走向《与贸易有关的知识产权协定》的那种历史，而是一段关于何以拥有知识与信息之理念的国际史。这种历史是偶发的、含有争议，并且不断演进的。我们将从勾勒知识产权的基础开始，以确保读者能对知识产权有一个简明扼要的认识。已经熟稔知识产权各种形态的读者，现在可以直接跳到本章的末尾。

1.2 什么是知识产权

知识产权构造出一种知识或信息的稀缺资源，而其形式上并不是稀缺的。不像物质事物，知识与信息并不必然需要竞争性，因此共同使用不会减损社会效益。两个预期的使用者必须为使用同一物质资源竞争，而对任何特定条目的知识或信息，两个或更多的使用者可以不用竞争而同时使用。

以锤子（作为物质财产）为例，如果我拥有一个锤子，你我都想使用，我们的效用就会以共享使用的方式进行协议。你在使用，我就无法使用，反之亦然，我们的使用预期是竞争的。因为你也要使用我的锤子，就必须接受一种协议效用（取决于我愿意答应，当我不用之时你可以使用）；要不你就得自己买一个。在这个意义上，锤子具有稀缺性。然而，制造锤子和钉子的理念就不稀缺。如果我教你简单制造的技术，只要传授信息，你就可以运用这一信息，而不会同时让我自己无法运用这一信息；这就不存在一个面向我的效用的协议。我们可能会对轮到谁使用锤子发生争议，却不会争论该轮到谁运用捶钉接榫的理念；我们运用制造柜子的理念是非竞争的。于是，我们可以说，理念、知识、信息一般都是非竞争的。

诚然，如果你我都是做柜木工，那么教你做柜子就会导致你争夺我的客源，可能减少我的收入。于是，技术与知识在某种程度上是竞争的，毕竟如果我们都有效利用这些技术，我作为拥有者的收益就会减少，因为你也能供应技术成果加入竞争。如果我拒绝教你怎么做柜子，就可以说我对这些技术的保密是在反对竞争。还有其他许多情形，则是通过可以让拥有者获得更优价格，或承认拥有者

6

占据市场优势的方式,让拥有者享受知识的效益(往往称为信息不对称)。在两种情形中,信息与知识都是竞争的,妥协的市场优势可以促成这种知识的更广效用。

但是,竞争性对社会不一定是有益的。对消费者来说,竞争通常都是有利的,但在信息不对称的情况下,市场选择的信息会因此而受限,进而无效甚至有害。于是,当信息处于天然竞争状态,社会效益最大化或许是确保信息共享,而非秘而不宣。例如,在二手车市场上,要是让所有卖家都将其所知的在售车辆的一切信息开诚布公,买家们面临的许多难题就会改善。这么做很可能降低二手车供货方的定价,却会提高那些二手车买家的总体满意度(甚至还有安全度)。

抛开上述特定情形,一般而言,难以为非竞争性(知识)物品的效用确定一个价格,因此就要引入一种关于稀缺性的法律形式,以确保可以获得效用的价格。当知识和/或信息变得受制于所有权时,知识产权就表达出所有者在法律上的利益。这种利益的三个主要因素是:(1)从出租供用收费的能力;(2)获得损失补偿的权利;(3)在市场上转让给他方而要求支付的权利。虽然知识产权可以再细分为一系列类别,但有两种最常提及:工业知识产权(专利)和文学或艺术的知识产权(版权)。按照惯例,专利与版权的差别在于,专利保护某种理念,版权则保护某种理念的表达。思想(idea)与表达的区分*

---

* "idea"常见于本书(如,ideas about owning ideas),主要包括区别于物质财产的"idea",基于三角分析法并列于制度、技术的"idea",译者认为皆应译为"理念"为宜。相对于"表达"的"idea",鉴于原书索引"idea-expression distinction"词条仅涉两页(原书第7、151页),因此在出现"思想与表达二分法"等类似表述时,依旧遵照惯用表述,译作"思想"。——译者

在近些年开始有所争议，但直到最近，在知识产权的论述中仍牢不可拔。

关于新知识与信息的发展宣传中具有社会效益的争论，构成了知识产权法的基础问题。为此，所有知识产权都围绕着一个关系平衡，即个人获得回报权与社会对重要知识与信息（不受限制的）可用性需求。这种关于个人回报与社会利益的平衡在传统上通过知识产权的时间限制予以表达；不像物质财产，知识产权是暂时的。一旦期限届满，受保护的权利就进入信息自由获取的公共领域，不再能作为权利享有。更广泛而言，特定知识或信息对社会越是重要，就越应当能够自由获取，受到知识产权法保护的期限就越短。于是，在这一端，专利受知识产权法保护的权利期限相对较短（《与贸易有关的知识产权协定》中限制为20年）；而另一端，特定信息的自由使用违反社会利益，（遵循周期续展的）永久的（附特定条件的）保护就是有效的。例如，商标要有效地在社会上使用，就要求公司以自己的而非其他竞争者的授权商标，表明其自身作为特定物品或服务的制造者或供应者。

就专利而言，进行注册并因而成为财产的知识应当能够应用于工业。要成为专利，该种理念必须具有：

新颖性：成为专利的理念不应是已经存在于公共领域，或一种在先专利的主体之中。

创造性：这种（对特定专业问题的一种技术或应对的）理念不应是该领域任一熟练从业者的常识，即如果被问到特定实操问题时，他能够立即看到这种解决方案。这种理念不应是对可以获得的技术或方法的显而易见的使用。

实用性，或工业可用性：申请专利的设备必须具有一种所陈述的功能，且能够直接制造出来以实现其功能。

8　　按照1995年的《与贸易有关的知识产权协定》，如果满足这些条件，在世界贸易组织的任一成员方中，这样一种理念就能被授予专利。虽然保护的细节可以有所差异，但《与贸易有关的知识产权协定》非常清晰地展现了任何国家知识产权法应当具有的法律后果。所有成员必须构建专利可以注册和专利侵权可诉的机制。一般来说，专利在一个国家的专利部门（或欧洲专利局）备案，使得其他人通过协议付费，便可以使用专利文件所述的专利知识。或许更重要的是，在专利部门备案专利文件在于确立一项法律权利，以惩罚对特定理念的未经授权的使用，尽管这还是交由专利权人提起诉讼。

专利是国家与发明人之间的制度化协议。国家同意确立法律机制，以确保发明人可以就自身理念在他人使用时（在专利期限内）获得回报，发明人则允许国家将该理念备案于公共记录，使得利益相关方可以由此获取。专利有时被称为工业产权，旨在涵盖可以在制造业或其他商业合作中施展的技术进步。可能涵盖特定机器（或机器的新部件）、方法或技术的其他方面。因此，关于专利最重要的争论领域之一就是"可专利"的范围。最近的争议问题是，商业方法是否属于可获得专利的技术，软件解决方案（其中"一键式"订购可能是最臭名昭著的）是否真的属于技术，以及生物技术的发展（从人类基因组的各个方面到从发展中国家的种子基地开发的化合物）是否可以被视为满足上述所有三个可授予专利的标准。一边是发明者和创新者理应从他们的活动中得到一些利益的明确意图；另一边则是对原创性和新技术进步的特点进行裁决的巨大困难。

不像专利，版权涉及的是一般被称为"文学艺术作品"的知识与信息的形式。这往往体现在语言、符号、音乐、图片、三维物体，或者这些不同形式的某种组合。因而版权涵盖（虚构或非虚构的）文字作品、（所有类型的）音乐作品、艺术作品（二维和三维形式，而且不论内容，从"纯粹艺术"和广告，到业余绘画以及你家孩子的涂鸦）、地图、工程图、摄影作品、录像制品（包括电影作品、视频以及多媒体形式）、录音作品。在《与贸易有关的知识产权协定》框架下，广播也得到保护，还可以延伸到版式设计。基本理念、情节、颜色组合不受保护；只有其特定表达才能引致版权。关键还要注意，电脑软件也被《与贸易有关的知识产权协定》统一化的版权所保护，因而普遍适用于世界贸易组织的成员。

版权旨在确保的是，在未经作者（或已法定转让给他方的版权的所有者）表示准许的情况下，受保护的对象不会被复制。这往往限于一种经济权利，由此，作者（或版权人）在法律上有权享有对通过使用或复制版权保护之信息而获得的利益。然而，在某些地区（主要是欧洲大陆），还有一种使作品免于篡改或曲解的附加的道德权利。在任何情况下，未经事先同意的抄袭或剽窃行为都将导致任何收益均归属于原始版权人，只要这种侵犯确已发生。不过，与专利不同的是，版权在创作之时便存在于作品中。要证明侵权，作者或版权人就得证明所争议的物件（或其一部分）确实构成对原始作品内容方面的一种复制，且这种复制是故意的。如果后来有人自发创作某一种相同表达，而不涉及在先作品的知识或与之发生联系，就不视为侵权行为。

当代的版权也比专利悠久得多。究其关键，毕竟专利涉及直接有利于社会经济发展的信息和/或知识，而版权涉及的那些物件，则一般被认为社会获取的必要性较小。今天，版权通常在作者有生之年再加50年的期限得到保护（《与贸易有关的知识产权协定》规定的最低期限条款）。而在早期历史上，有某些时代主张永久版权，也有某些时代版权保护期限只有50年。亦如专利，版权范围也被争论不休。最近政论聚焦于电视节目表与公开可用信息收集（例如电话簿）的保护。此类公开材料的汇编是否应受版权保护，以反映汇编和组织此类收集所需的工作？其他争论包括对版权人能够享有之权利的限制，允许（为私人用途或研究目的的）合理使用或公平交易，以及权利在初次销售后是否已经用尽的问题。这些争论针锋相对，注定让使用者与所有者时常处于激烈冲突之中。

虽然专利与版权是知识产权最显著的两种形式，但绝不是迄今已发展数百年的知识产权的全部。商标让某一公司的产品与另一公司区别开来，它可以由一种或多种独特文字、字母、数字、绘画或图像、徽章以及其他图示组成。物品的标记远早于知识产权的任何概念，千年来一直沿用，以使自身物品区别于其他制造者。通常，现代商标要求注册，基于注册行为，就可以确保在已注册的公司经营领域内，没有其他公司能注册同类文字、符号或其他商标标识。使用商标的历史奠定了商标的有效性，支撑起随之而来的法律承认，而与之相反，竞争公司冒用（即使是尚未注册的商标）的历史，则可能破坏注册特定商标的诉求。如果某一特定商标过于相似，或者容易混淆于其他公司已经注册的商标，就不可能注册成功。而且，如果标识或符号在社会上已被通常使用，也不能注册为商标。在某些地区，只要不是必然取决于功能的一种形式，包装的外观设计也要归属于商标法（例如可口可乐瓶）。

商标服务于一种非常清晰的社会目的，传播了关于商品或服务的属性与声誉的相关信息。确实，一旦名声商誉确立起来，商标本身就会获得商业价值。很多活跃人士如今争论说，品牌是让商标权人担负义务的一种途径。为了品质的"背景故事"及酝酿价值的可靠性，商标需要一些时间去确立。活跃人士能通过媒体攻击这些声誉，进而公司就要面对这些活动，就负有解释义务。商标争议还可以围绕他人使用相似（甚至相同）商标的问题，从而阻止那些与商标所有人的产品相似或相同的产品。在互联网领域，有一系列争论涉及商标与网络域名的关系，涉及有些投机主义者抢注域名的情形。通过立法活动及更为规范的域名管理，这个问题已经部分得到解决。

其他形式的知识产权还包括可作为财产拥有的信息或知识。方法专利（Process patents）是专利的一种特殊形式，却涵盖与实际机器截然不同的方法。这最常用于化工方法，其材料可以自由获得，但复合外加剂（complex admixture）则受保护。外观设计保护与版权有关。它涉及产品的特定外观，这些外观不只是纯功能上的，也涉及面料设计。不像版权，这些设计的保护期限更受限制（《与贸易有关的知识产权协定》规定为10年）。《与贸易有关的知识产权协定》还要求签署国保护集成电路布图设计（"拓扑图"或"掩模作品"）的期限，同样为10年。这两种都类似于一种表达，由于其工业用途，保护期限非常受限，更像专利而非版权。

知识产权还包括可以从一般或其他类型辨别出产品原产地的地理标记（例如香槟）。这种地理标记的主要问题则是如何辨别一个地方的特定方法（最常见的是食品饮料），即便其他制造商或生产者也在用同样方法。在这些情形中，即便方法可能近似，原产地标记的保护仍可以约束实际产于指定区域的那些产品对标记的使用。于是，香槟到处都有生产，却不能都叫香槟，或者，产于意大利帕尔玛之外的帕尔玛火腿不能自称帕尔玛火腿，即便制作方法类似。近年来，人们对有关农业的国际贸易中为葡萄酒和烈酒提供的额外保护感到不安，也对特定地区或国家在进口原料时的加工过程提出质疑（例如用进口可可制成的瑞士巧克力）。

最后，有时还值得考虑作为知识产权的商业秘密（《与贸易有关的知识产权协定》第39条也确实涉及"未披露信息"的保护问题）。虽然商业秘密是一种非公开的形式，但其允许对知识的控制或拥有。利用劳动或服务合同中针对接触秘密者的条款，这种保护往往得以巩固。在某种意义上，商业秘密是最根本的私人知识产权。虽然在一些著名案例中，商业秘密能够提供一种竞争优势（可口可乐又是一个贴切例子，还有肯德基的香料配方秘密），然而，依赖知识作为其资源者基本上还是采用知识产权方式的保护（交换条件：以披露换取保护）。确实，考虑到复制与转让知识从而产生收益的重要性，基于知识保密的方式运转，对知识产业而言会适得其反，甚至不可能。知识产权建构公共获取与私人收益之间的平衡，允许获得比商业秘密更为广泛的知识与信息。但是，这种有效性仅存在于由知识产权构建的特定法律限制。

1.3 框架结构

为了使有关知识所有权的法律具有意义，就需要发展关于知识或信息系于特定个人可能性的社会观念。在1474年威尼斯法的首次规范化之前，尽管存在一些饶有趣味的典型类似，仍鲜有能被视为知识产权的事物。当然，拥有知识的观念在15世纪也不算新奇。

统治者试图得到能使其统治区域富强的新技术，这驱动了知识产权的发展。最初，专利被授予特权，在一些情况下，统治者提出允许宣传特定的技术进步，通过财富创造而有利于统治集团。依循这一基本原理，当赋予私权不再只是支持者与受惠者的挂名差事时，这种赋予就强调一种"涉及公共的"目的，以进一步地鼓励学习与发展工业。在这些情况下，获得回报权利的证成，不是基于公认作者或发明者的"自然权利"或"道德权利"，而是反映为可以感知的社会需求与未来利益。基于作者或创造者的证成，只不过随着知识产权的正式化、（地理上以及保护范围上的）广泛化，发展进入现代体系而甚嚣尘上。无论如何，拥有知识的观念在历史上循环往复，尤其是对个人作为创造者的聚焦，以及这种创造与知识信息可广泛获取的社会价值之间的紧张关系。这些观念远远早于如今适用的法律框架。

或许，版权是最早代表预先承认作者道德或习惯上权利的规范化。(Streibich, 1975) 谴责剽窃以及确认对理念的盗窃，当然可以回溯至有文字的历史的开端。然而，早期对理念所有权的承认，几乎完全是关于知识保密的，而非只要作者/创造者公开作品或发明就会获得回报的权利。于是，虽然无文字社会仍可能发展出某种类似知识产权的萌芽，主要表现为巫术（以及实践者对其巫术的）受限的方式（Suchman, 1989），但还是颇为不同。类似于知识产权的规则与法律，可能在西方资本主义早期史之外的地方也已出现（例如，参见：Alford, 1995; Hazan, 1970）。然而，只有自资本主义早期出现的知识产权，才是发展到今天我们所面对的知识产权。因此我们集中于研究发生了什么，而非可能曾发生什么。此外，虽然东方知识产权史也值得进一步研究，但它不易理解，超出了这项研究的范围。

现代资本主义及其科技所依托的独特的欧洲史和史前史，交织贯穿着其社会（通过法律机制）自我统治的方式，以及创新或创造如何系于个人的变迁观念（知识实际上从何而来的变迁观念），这些构成了凝聚于《与贸易有关的知识产权协定》的、关于知识产权的当代全球协议的历史背景。在第二章我们将论述知识产权的一般证成，以及我们关于历史发展的观点。进而，我们开始展现知识产权的历史，直到最后一章，转入更为一般的最初激发历史兴趣的现代议题。

第二章 理念与技术

在介绍我们的知识产权史之前,本章将考察知识产权在政治哲学领域是如何证成的。知识产权的当代正当性,以及各式观点的政策意义,都可谓意义非凡。这些定义和证成并不代表一种自然而然或不可避免的发展;它们取决于知识产权本身的历史,而非超离于这段历史。在本章的第二部分,我们将论述探寻这段历史的路径,重点聚焦于法律、技术和理念之间的三角关系。我们的方法旨在为当代知识产权的政治经济提供一个历史基础的理解。

论及版权历史的引人入胜之际,凯西·鲍雷(Kathy Bowrey)提出疑问,版权史是由谁在撰写,并得出结论,我们需要的是:

> 一段阐述导致版权法发展的社会压力的历史。我们要讨论法律如何应对这一挑战,以及法律地位的社会影响。我们也需评估对已写入法律的版权表示反对的重要意义,并反思这种反对是否另辟蹊径,抑或只为旗帜鲜明地抵制现行法律。(Bowrey 1996, 327)

与鲍雷一样,我们试图考察法律发展的社会背景,并考察政治经济和法律领域之间的相互作用。

鲍雷认为,这段历史不必专门由法律学者书写;确实,从内部视角书写,知识产权的历史代表着一种学科畛域的维持,它将法律呈现为某种异样的、分离的、特殊的事物。

托马斯·梅希贝舍(Thomas Meshbesher)在关于专利法的比较法研究中提出类似观点,并总结道:"外行人(以及许多普通律师)往往将所有专利法问题视为晦涩难懂的、技术性的、法律主义的,甚至是纯粹语言或语词性的……而真相是,一切具有实际意义的专利法问题都灌输着……公共政策考虑。"(Meshbesher 1996, 614)与之类似,我们拒绝在专门法律与政治之间、在定义范围与公共政策领域之间进行这些分割。作为政治经济学家,我们将知识产权法置于国际政治经济中。

我们反对依循法经济学方法的学者常提倡的非政治化观点。例如,虽然理查德·波斯纳(Richard Posner)已经认识到知识产权部署和使用中的寻租和圈地问题,但他得出的结论是:"要取得适当的平衡,就是说确定知识产权的最佳范围需要比较这些收益和成本——而且,在我看来,仅此而已。问题不是概念性的;概念简单明了。问题完全是经验性的。它们是衡量的问题。"(Posner 2002, 12)这忽略了知识产权法律制度何以通过广泛的政治和修辞的路数及策略来建立、发展、维系的核心。几乎所有关于知识产权的解释都涉及知识产权的寻租、垄断和反竞争使用,但波斯纳对知识产权本身的规范化却罔顾其根本的政治本质。

十年前,保罗·大卫(Paul David)也注意到,对知识产权的各种解释未能在经济论证、法律研究和复杂的保护历史之间建立具备分析能力的联系(David 1993, 23)。他强调任何知识产权研究之历史背景的重要性,他说:

第二章 理念与技术

> 虽然西方知识产权史一再上演回应压力的重新定义与重新解释,从而迎合或促成那些最受法律影响者的经济利益,但知识产权结构的诸多总体特征仍反映其起源的遥远历史环境。这些过去的遗产不应被忽视,它们在当代环境中悬而未决的方面也不应被掩盖。(David 1993, 44)

进而其结论是:

> 对知识产权保护在坚持纯粹原则的方面,民族国家没有表现出多少一致性。相反,随着关乎"国家利益"的信息及信息产品在创建与传播方式上的日新月异,知识产权讲求实效地与时俱进。(David 1993, 56)

此外,为了应对新技术和新的社会技术部署的挑战,法律结构发生了转型与变化。我们认为,政治经济学方法是洞识知识产权发展演变进程之复杂性的终南捷径。

知识产权研究素以尖锐的学科界分为特色,这一点如今正让步于更广阔的视野。非律师人士愈发注重从多学科和跨学科的角度分析知识产权。鉴于知识产权的重要性,从书籍到药物、从民间文学到遗传物质(germplasm)的保护,已蔚然成风。有关药品及其他重要社会资源使用权的争议,已然凸显知识产权在现代资本主义中的作用。同样,这些争议也显示出在寻求证成知识产权合法存在之合法性论证上的显著差异。

2.1 知识产权的正当性

　　法律反映社会规范，有时明确旨在（重新）塑造此类规范。法律不是凭空存在的；它受到社会对合法利益或正义的理解变迁的影响。虽然法律可能貌似固定，但法官能够解释法律的范围和定义，以（在立法重新制定之前）适应社会习俗的变化。[1]法律要求的是稳定和明确的证成，不需要制裁力量或威胁的反复施加，而这种证成往往诉诸关于法律控制之作用或目的的非法律的（nonlegal）理念来实现。因此，当知识或信息成为构建稀缺性的法律规则的主体时，就会使用非法律的证成，往往体现为关于回报努力或"有效"利用智力成果的理念。

　　财产本身很难说是自然的：正如沃尔特·汉密尔顿（Walter Hamilton）早已强调，"说司法机关保护财产是不正确的，要反过来说，是司法机关给予保护的才叫财产"（引自：Cribbet, 1986, 4）。法律意义上的财产只能是法律已经规定的财产，它不存在等待被承认之类。财产是特定所有者与非所有者之间社会关系的法典化，表现为所有者的权利。卡尔·波兰尼（Karl Polanyi）提出，劳动、土地和货币可能是商品的观点，需要在从封建主义到资本主义的转变过程中形成一种"商品拟制"。（Polanyi [1944] 1957, 72ff.）将原本非售的产品作为商品出售，需要讲述一个关于这些资源的故事，这个故事不一定与其真实的历史存在或产生过程相

---

[1] 法官的裁决可能预测或跟踪这种转变（本书作者注释为章后注，此次中译本为便于读者阅读理解，将章后注统一改为页下脚注，注释序码依原书，每章连续标码。原章后注所占页码，在本书边码中将不会体现。特此说明。——译者）。

联，而是讲述一种通过市场组织起来的倾向。同样，想要有一个知识的市场，另一种商品拟制也至关重要，尽管有关知识产权的故事并非没有争议。

知识产权这个词本身很晚才出现。虽然该术语本身可能是在19世纪中期使用的（Hesse 2002, 39），但在20世纪上半叶，工业产权这个术语往往占据主导地位，直到20世纪下半叶才终被取代（David 2000）。美国图书管理员莱桑德·斯普纳（Lysander Spooner）在1855年首次使用知识产权这个术语，他主张科学家和发明家应该对自身理念享有永久的产权（Dutfield 2003, 53）。然而，知识产权在1900年之前的美国联邦法院判例报道中只出现1次，而在1900年至1930年的判例报道中则没有出现。随后使用率开始上升（至少在美国法院）：该术语在20世纪30年代使用2次，40年代6次，50年代10次，60年代9次，70年代41次，80年代287次，90年代800多次（Fisher 1999, n105）。保罗·大卫思考对一系列法律的整体描述中所牵涉的"知识的"（intellectual）一词，推测"赋予这些财产'知识'"色彩的明显意图在于引起某些更为强烈的共鸣，使文学和艺术创造力的表达更具文化价值，因而更值得保护。但是，修辞之妙主要在于将不甚连贯的一堆东西标明为'产权'"（David 2000, 14）。所有权的概念有时也装点成为父母般的职责。例如，在版权领域，马克·罗斯（Mark Rose）指出，高度拥护制度的倡导者就对智力创作涂抹上一种"父权"的修辞，从而蕴含（作为与不动产/房地产有隐喻性关联的）财产的论证（Rose 2002）。理念和知识的所有者正巧妙地利用商品拟制为自己牟利。

拟制化也是《与贸易有关的知识产权协定》（TRIPs）的核

心。这个协定包含一个强有力的论点，那就是知识可以被有效地转化为财产。该协定是一个有力的工具，在知识产权财产与已经广泛发展起来的物质财产保护的法律机制之间建立了一种隐喻的联系。这是第一个真正意义上的全球知识产权协定［通过世界贸易组织（WTO）建立强有力的执行机制］，也是第一个在同一套法律机制下涵盖所有形式的知识产权的协定。在协定生效后不久，库尔特·伯奇（Kurt Burch）称，该协定是"一份非凡的具有象征意义的文件"，推进了一种将财产和市场关系作为（新）自由主义全球治理议程题中之义的明确观点（Burch 1995, 216）。该协定本身基本上是由代表12家美国跨国公司的律师和经济学家起草的（Sell 2003, chap.2），堪称一个一边倒的盎格鲁–撒克逊法（Anglo-Saxon law）论述，提出了知识产权的正当性以及知识信息产权化实现充分效益的鲜明观点。

关于知识产权的许多法律论述都假设，实物财产和知识财产之间存在着清晰的隐喻联系。然而，知识产权制度的核心功能之一，是构建一种不必然存在的竞争性。竞争性需要构建，是因为知识不同于实物财产，通常不具有竞争性。在资本主义经济中，竞争性的构建是知识产权的核心作用。虽然同时使用对整体社会效用几乎没有减损，但如果没有激烈的竞争，从使用或销售对社会有用的信息或知识中获利的能力将受到限制或不再可能。诚然，随着拷贝/复制成本（和技术限制）的下降，一些人认为知识产权必须变得更强大，才能继续构建这种稀缺性。[2] 通过使用知识产权造成的知识

---

2 詹姆斯·博伊尔（James Boyle）对这一论点进行深入批判［博伊尔（Boyle），2001年，第9页及其他各处］。

稀缺并不是其法律构建的偶然或衍生产品；它正是知识产权所要实现的目的。

唐纳德·布莱克（Donald Black）指出，法律会随着其他形式的社会控制而反向变化（Black 1976, 107-111）。于是，在一个知识控制可以相当有利可图、使信息或知识稀缺的社会标准却不稳定的时代，诉诸法律愈发重要（对侵权行为的惩罚愈发严厉）便不足为奇。然而，正如汤姆·泰勒（Tom Tyler）论述（特别是关于版权）守法心理时所言，鉴于复制活动（侵犯版权）的本质上属于私人性质，惩罚的威慑便由于执行难题始终存在而大打折扣（Tyler 1997, 224）。一方面，这导致了数字版权管理技术的发展。另一方面，执行方面的问题揭示了版权（以及更普遍的知识产权）有赖于社会标准所支撑的遵守。与杰西卡·利特曼（Jessica Litman）（1991）一样，泰勒认为："法律（和知识产权所有者）对使用的法律限制的理解与消费者的一般理解存在严重差异。因此，泰勒认为，需要更有效地培养公众对知识产权规则背后原因的认识，以便为一种积极的道德氛围奠定基础。"（Tyler 1997, 229）。然而，泰勒期盼发展的这场运动实有悠久历史，我们将在下一节探讨，这场运动关乎正当性叙述并依此运转。

正如前文已述，为了确立的（且为由市场关系支持的）价格，如果尚未存在稀缺，法律就必须制造稀缺性（或竞争性）。竞争/非竞争的分歧并不泾渭分明；最好将其视为一个竞争商品逐渐变为非竞争商品而跨越光谱（spectrum）的连续统一体（Picciotto, Campbell 2003）。知识或信息的特定形式（或条目）既可能基于允许扩大非竞争性使用的创新或革新技术而跨越光谱，或者相反地，也可能巩固从（强加的）竞争性中获得的优势。整个社会对信息和知识的共同使用是共享社会存在的关键要素之一。认识到（信息）稀缺性的法律建构可能会限制这种社会效用，就会促使人们频繁地利用其他理由来证成知识产权制度。

传统上，有两种哲学方法来证成财产，还有一种更为实用的证成，所有这些方法变幻出各式组合，以合法化并支持知识产权［May 2000, 22-29（及其他各处）］。评论家、法律文件和判决都使用这些与财产有关的重要叙述来证成对知识财产的认同。这些理由是《与贸易有关的知识产权协定》的基础，并在提交世贸组织争端解决机制的案件中得以运用。它们在知识产权保护之全球制度治理（以及通过判例而发展）的道路上发挥着深远而重要的作用。

第一组理由支持劳动的应得：在约翰·洛克（John Locke）仍富影响力的表述中，为改善自然而付出的努力应该获得回报，这是以土地改良为模型的。为了生产作物和／或提高资源产量而作出努力，任何为产生这种改良而工作的人都有理由拥有特定的土地。从这一最初立场出发，洛克（Locke）接着论证，也存在以金钱为媒介的权利处置。因此，一切财产即使在最初出售或转让之后，仍皆可以基于它最初是通过某个人的劳动而生产的，从而得到证成。更重要的是，财产也是合理的，因为它通过回报努力以鼓励改善自然。洛克的论点支持财产私有化，认为财产通过对劳动成果所有权的回报来鼓励个人的努力（Locke 1988, second treatise, chap.4）。洛克从未在他发表的任何著作中明确讨论过专利。[3] 在围绕知识产权的当代辩论中,专利和其他知识产权回报的是为其开发付出的努力(为开发专利创新而进行的研究投资;确立商标的营销费用)的论点,已属司空见惯。[4]

然而,有时这一论点还会叠用第二组理由而得到支持:财产与自我的联系这一概念最初由格奥尔格·黑格尔(Georg Hegel)提出。于是,财产的控制和所有权关系到作为社会存在之个体的建立。财产权是个人保护自己免受他人侵犯攻击的权利。对黑格尔来说,国家为财产立法,作为其与市民社会交易的一部分。个人允许国家在某些领域掌权,但通过限制国家用以针对民众个人生命和所有物的财产权利,可以保护自身的个体性(和独立自主)(Hegel 1967,40ff.)。在欧洲大陆的知识产权法中,这支持了创作者对其版权保留的不可剥夺的精神权利,即使是在正式将所有权转让给新的所有者之后。在英美法中,由于知识产权最终可转让性的含义,这

---

3 亚当·莫索夫(Adam Mossof)探索洛克哲学的影响,并总结道,特别是在 18 世纪,洛克哲学对专利作为(部分)自然权利的巩固产生重大影响。鉴于在这一时期许多关于专利的司法意见的图腾地位,洛克对当代辩论的影响仍然显著(Mossof 2001)。此外,罗纳德·贝蒂格(Ronald Bettig)指出:"洛克并不是靠出版著作谋生的……所以他可能不认为有必要为作者的权利辩护。此外,《政府论》是匿名出版的,这表明洛克并不优先主张所有权超越于政治权宜。"(Bettig 1992,141-142)

4 有趣的是,茜娜·瓦伦丁·谢夫林(Seana Valentine Shiffrin)对洛克的细致研读颠覆了对知识产权的洛克式的证成的常见描述(Shiffrin 2001)。虽然她已提出一番理由充分的驳论,然而,(至少)目前洛克式的强调个人努力回报的观点仍广泛用于知识产权论述。

种证成模式的运用得相对没那么广泛。然而，尤其在冒充商标（未经授权使用商标和品牌名称，通常是在不合格的商品上）和盗版受版权保护的材料（例如音乐取样）方面，基于声誉遭到贬损，或（自我）表达的所有权，这种理由有时可以用于主张赔偿之诉。

知识产权在当代政治经济中的作用，往往还有另外第三组重要理由。在这种实用的或经济的论点中，产权的出现表现为对希望在其群体中分配资源之个人需求的一种回应（May 2000, 18-21）。道格拉斯·诺斯（Douglass North）认为，在社会关系中，利益的享受（以及成本的承担）是通过调动有用的资源来实现的，财产制度的产生是为了确保这些资源具有使用所产生的利益（和成本）的功能，从而提高"效率"（North 1990, 34-35）。在这个深具影响的故事中，财产权取代了社会（信任）关系，并允许跨越距离形成复杂的贸易关系。这表明，有效的资源配置是通过市场运作建立的，通过这种市场，财产被交换和转让给那些能够予以最优利用的人。因此，现代经济的发展是以财产制度及确保有限资源有效利用为依据的。在这一证成中，正是这种效率的要求推动了产权的历史发展，而今又为知识的商品化托底。

这段历史旨在表明，财产的出现本质上是功能性的，而不是政治性的。产权被奉为实现分配（allocation）的最有效方法，尽管它们对资源分配（distribution）问题所提供的往往不是完美解决。为了效率之利，财产作为一种制度，通过其法律和社会用途得到复制（和改进）。正是这一叙述，随后对知识为主的工业部门和个人/商业实体在分配和使用知识之际产生影响。如果我们要确保重要的知识和信息得到有效的商业利用，就需要市场机制。而为了形成一个市场，我们就必须使知识和信息成为财产。

用于证实知识产权的另一个常见论点是支持创新的需要，这是第三种理由的一个子集（但也与第一个理由相关）。从洛克的鼓励创新的概念，以及从社会效率概念的第三种理由出发，据此断言，如果没有知识产权，创新将失去动力。为什么会有人致力于一项新发明，却无法从其社会发展过程中获利呢？因此，知识产权不仅回报智力努力，实际上还刺激具有社会价值的活动，最重要的是它能够推动社会的进步。在这一论点的背后，推动着人类对驱使努力的原因的清晰认识：个人回报。任何社会只有通过鼓励和回报个人创造者或发明家，才能确保它将继续发展重要的、对社会有价值的创新，这将使整个社会更有效率。唐纳德·理查兹（Donald Richards）（2002）将这第三组理由与杰里米·边沁（Jeremy Bentham）和功利主义联系起来，虽然我们看到的发展路线远不如前两个具有确切哲学基础的叙事那么清晰，但其本身或许就是对现代政治话语中功利主义无处不在的一个写照。

因此，知识产权的核心目的之一是构建一种稀缺性（或竞争性），使人们能够在市场机制中定价并交换知识，以进一步提高社会效率。在对这一要求的确切陈述中（利用劳动应得的论点），肯尼斯·阿罗（Kenneth Arrow）指出："如果信息不是财产，那么就缺乏创造它的动机。专利和版权是一种社会创新，旨在人为地制造稀缺，而这些稀缺本来就不存在……这些稀缺性旨在为获取信息创造必要的激励。"（Arrow 1996，125）。将知识转化为商品来构建稀缺性，这在现代资本主义的运作中起着至关重要的作用。可知识产权的规范性基础需要持续关注，这源于知识或信息产权与物质产权之

间的一个重要区别。正如阿诺德·普兰特（Arnold Plant）多年前强调，与不动产权利不同，专利（和其他知识产权）

> 不是稀缺的结果。它们是经过深思熟虑的成文法；而且，一般来说，私有财产制度有利于保护稀缺商品，（我们可能会随意地说）倾向于引导我们"最大限度地利用它们"，专利和版权使得创造稀缺性的产品成为可能，否则这些稀缺性就无法维持。虽然我们可能期望有关私有财产的公共行为通常是针对防止价格上涨的，但在这些情况下，立法的目标是通过创造稀缺性来授予提高价格的权力。（Plant 1934, 31）

知识和信息与物质不同，不一定具有竞争性；同时使用并不减损效用。从这个意义上说，在大多数时代中知识（在它被制成财产之前）并不具备物质事物的特征，因此获取价格的能力取决于其作为财产的法律（重新）构建。

正如杰里米·沃尔德伦（Jeremy Waldron）揭示，所有这些关于财产的论述，"如果……我们反过来说，为了更大的社会利益，我们正在强加责任，限制自由，给某些个人施加负担，听起来要令人不快得多"（Waldron 1993, 862）。这就是说，相对于知识产权的所有者，知识产权限制了他人关于其知识产权的一系列行为，因此，非所有者被迫在社会利益层面上牺牲自己的特殊欲望或需求。故而，霍华德·阿纳沃特（Howard Anawalt）认为，知识产权代表了一种特别强有力的社会力量，它们赋予对有价值的加工或表达形式的控制权，并剥夺其他人使用这些加工或表达形式的能力，除非得到所有者的同意，或者建立某种允许使用的合法使用特权。非所有者的权利受到限制，是因为这些权利在法律上的重要性不如知识产权所推动的创新的社会利益。

这种权衡不是自然而然或不证自明的，而是政府干预社会关系的一种表现。考虑到索尔·皮乔托（Sol Picciotto）（2002）所称的"公共福利标准"，过去500年里，政府当局一直努力在公共利益和个人权利之间建立某种合法化的交易（尽管不完美）。由此，罗伯特·莫杰思（Robert Merges）认为，

> 从政府的角度来看，这些权利的主要优势在于它们是"非预算的"（off budget）。也就是说，它们不涉及政府资金的直接支出。因此，知识产权仿佛政府眼中的免费午餐：一种商业人士所恩仰的却也对［政府］预算赤字几乎没有影响的宝贵利益。（Merges 1995，111）

因此，一种具有价值的社会物品可以不计费用地递交，毕竟大多数专利局还通过收费自筹资金。此外，既然政府在知识产权构建中发挥核心作用，讽刺的是，权利范围或期限的限制往往就被视为对市场自由发挥的扭曲，可是，信息和知识的合法垄断权的创造，才是对"自由"市场竞争的扭曲（Picciotto and Campbell 2003）。其实，当我们谈到竞争时，知识产权背后的政治经济更是昭然若揭。

尼尔·弗莱格斯坦（Neil Fligstein）已经详尽阐述，为了管理经济关系而构建的社会结构和制度受制于希望限制竞争的市场参与者的政治压力。与我们在本书中提出的关于知识产权的论点相应，

弗莱格斯坦注意到,"财产权的构成是一个持续的、具有争议性的政治过程",而不仅仅是寻找有效的组织(Fligstein 1996, 658)。这使他关注于财产的控制方面,并明确了国家的角色,因为政府(和立法者)通过干预和构建市场,有助于平衡控制(以及这种控制所服务的利益)。弗莱格斯坦强调,在法律的内容、法律对企业和市场的适用性方面存在着政治上的争论。这样的法律从来都不中立(Fligstein 1996, 660)。最重要的是,"新"市场深受那些强大到足以为其利益塑造新制度结构的市场参与者的影响。在最初的剧变期之后,控制的主导观念被确定下来,并表现为(重新)产生一个有序市场所需的观念。其实,"一个新市场不是凭空产生的,而是由现有的控制观念、财产和竞争的法律观念以及相关市场的现有组织所塑造的"(Fligstein 1996, 665)。市场是通过政治构建的,这一点在知识产权市场中最为明显。

知识或信息的稀缺性以及由此产生的知识产权对社会有益,而非服务于某些强大利益集团,对这套论证的支持颇费周章。因此,诉诸我们前文反复提及的各种理由叙说,也是层出不穷而愈演愈烈了。当然,存在某种程度的社会制度,承认未经授权盗用他人的原创理念或创造性表达可能是有问题的。可是,由于知识产权法至少有部分的(基于"激励"的模糊概念)不确定,商业利益集团就要抓住这一点;所有者就总是迫切要求更多的保护,与此同时(考虑到其他社会技术的变化),关于知识产权强制执行所带来的回报分配,已经催生某种社会上愤世嫉俗(cynicism)的态度(Sykes 2003, 37-38)。回避这一问题的一个明显企图,就是把支持知识产权的理由说成是政治之外的。然而,这些证成的套路,这些知识

第二章 理念与技术

即财产的故事,绝非可以讲述的形成智力成果之财产机制的唯一故事。

本书的关键目的之一,正是把关于如何拥有创新这一观念的发展融入知识产权的历史中。任何基于(正当)回报个人努力以创造知识的进路,都旨在否认或至少淡化一切新知识所必须依托的社会背景和共同遗产。艾萨克·牛顿(Isaac Newton)先生在写给罗伯特·胡克(Robert Hooke)的一封信中有句名言:"如果说我看得更远,那是站在巨人的肩膀上。"[5] 从语言基础到复杂理念的发展,我们在创新之前需要学习很多东西,因此,了解以前的知识对于智力活动至关重要。正如沃尔德伦(Waldron)在版权领域所指出,对复制或剽窃等活动的限制几乎不会危及生命;可是,如果我们看看那些相对长远(less-ephemeral)的知识被知识产权限制使用的领域,可能又会作何感想?知识产权的分配和控制的真正后果,导向的是一种针对普遍保护知识产权有利社会利益的较为批判的结论。

2.2 知识产权史的三角分析

在简要介绍当代知识产权的概况后,我们现在就知识产权史提出我们的分析方法。在过去的二十年里,知识产权已经成为全球

---

[5] 这封信的日期是1675年2月5日。我们感谢尼克·鲍恩(Nick Bowen),他(在私人信件中)建议我们这句格言可能有更古老的根源;罗伯特·伯顿(Robert Burton)(1577—1640年)和乔治·赫伯特(George Herbert)(1593—1632年)也可能是这句格言的来源。"站在巨人肩膀上的侏儒看到的比巨人多",罗马历史学家卢坎(Lucan)将这句话归为狄达库司·斯特拉(Didacus Stella)。

政治经济中最明显的冲突领域之一。即使不是关键资源，知识产权也是未来的关键经济资源之一，但其定义、范围和合法性仍具有不确定性。这并不令人惊讶：在知识产权的历史上，保护/排除与传播/竞争之间一直贯穿着一种反复浮现的紧张关系。虽然《与贸易有关的知识产权协定》似乎是保护/排除立场的最终胜利，充满相伴而生的私人寻租和垄断含义，但我们在随后章节所述历史表明，对当前协议的争论或许将会使得从这一极端立场回移。我们认为，知识产权是一个高度的政治问题，必须从技术领域中超脱出来；这些辩论老是被视为政治进程之外的神秘、专业的技术问题。

我们认为，知识产权的历史一直是知识合法所有权两种不同的特征之间的竞争。一方面是相信个人应该从他们的智力成果中受益，另一方面则是相信这些智力成果具有如此广泛的公共价值，以至于它们相对自由的传播有着明显的社会价值。因此，简单地说，这段历史就是垄断权力或私人权利（限制公众获取）与公众期盼信息流动自由（以创作者的权利为代价）之间的较量。

在这些辩论中，第三组重要观点强调了公共利益对创新和创造力的激励，以此作为私人回报与公共利益之间的一种调和。从这个意义上说，知识的创造本身就是一种公益，而知识产权有助于实现这一点。这种产权可能有助于刺激创新，并帮助小型创新企业吸引投资，将其创新商业化。然而，这种观点也意识到，只有在防止滥用垄断产权的制度到位的情况下，激励制度才能为公共利益服务。过多的产权和/或滥用垄断权力会阻碍创新，从而破坏这一目的。事实上，随后的一些历史例子（特别是詹姆斯·瓦特和托马斯·爱迪生的例子）证实了这一问题。虽然我们并不反对知识产权,但我们担心,在亦如过往的现代环境下,这种平衡过于偏向私人垄断,而牺牲公共产品的传播以及创新。

在涉及知识产权制度的当代问题中,有所谓的专利丛林、二次创作的限制,以及对基础科学至关重要的研究工具的产权。专利丛林是指多个和重叠的专利权,要求那些寻求将新技术商业化的人从多个专利持有人那里获得许可(Carrier 2003, 1090-1091)。例如,已有100多个当事人对转基因(富含维生素)种质"黄金大米"提出了产权。此类索赔不仅增加了交易成本(尤其是通过诉讼威胁),而且由于这些索赔权利的广泛覆盖范围,还可能阻碍研究本身。正如马斯库斯(Maskus)和瑞克曼指出:"越来越多的权利围绕着基因片段、研究工具和其他上游科学研究投入,由此产生的交易成本阻滞了公共和私营行业的研究和发展。"(Maskus and Reichman 2004, 297)甚至研究工具也越来越多地受到专利保护,因此研究工具的开放渠道急剧减少(Rai and Eisenberg 2003, 290-291, 294)。这有可能阻碍开放科学(Rai and Eisenberg 2003, 305)。马斯库斯和瑞克曼担心,这种知识产权的扩张,"可能会根本上阻碍国家和全球提供大量公共产品,……以及科学研究、教育、卫生保健、生物多样性和环境保护"(Maskus and Reichman 2004, 283)。此外,当代趋势有可能危及"国家创新体系"(Reichman and Uhlir 2003, 367),因为任何具体领域的本地平行研究都可能受到最先进研究发生地国家已授予专利的限制。

减少这些危害需要采取明确措施,防止垄断权滥用,以及对创新产生负面影响。在过去,正如我们所述的历史澄清,曾几何时,反垄断政策(或竞争政策)是对某些类型的滥用行为的一种有效检验。专利和版权滥用理论也有助于减少滥用。保持可专利性的高门槛也是对是否提供过多过宽产权的一种有效检验。在设计知识产权保护体系时,将上游和下游研究明确区分开来,也有助于限制对"开放科学"公共领域的侵蚀(Rai and Eisenberg 2003, 290-291; 303)。正如我们稍后将论述,这些议题有着严峻的国际波及面(ramifications)。

我们对知识产权崛起的描述是通过三角法分析得出的,将知识产权的发展与国际政治经济中的物质、制度和理念变化联系起来。我们关注的重要物质条件,是那些控制信息资源(包括定义为知识产权的信息相关技术和创新)的能力。我们还重点研究知识产权的法律构建,以及影响塑造这些法律的理念,即什么是知识产权,更重要的是谁有权主张对知识物品的所有权(以及为什么这可以合法)。

知识产权法的发展一直是一个颇有争议的政治过程,形成了解决方案或制度化的连续阶段。每一项解决方案都改变了游戏规则,组成了新的参与者,改变了其他人的机会,从而重新定义了赢家和输家。每个(国家的、国际或全球的)解决方案都产生了一个新的辩论和争议焦点。这段历史还在继续发展,《与贸易有关的知识产权协定》只是一系列解决方案中最新的一个,随后仍将面临争议和变化。我们也不能强调,这段历史只沿着一条轨迹发展:非但知识产权优势的历史曾经分道扬镳,而且不同的管辖区也进路各异,运用不同的政治论证和解决方案。知识产权的历史是复杂和多面的。然而,我们从这个多元化的历史背景中探寻的关键问题是,任何特定的解决方案都永远不可能成为知识产权及其保护与执行的所谓最终政治经济解决方案。

知识产权观念的转变和技术变革的压力推动了这一持续的历史进程。此外,考虑到拥有(和控制,即使是暂时控制)技术创新能力的分配结果,知识产权经常成为权力的工具,一旦获得,就成为进一步积累权力的基础。但是,与来自控制稀缺物质资源的权力不同,知识产权的持有者不得不通过法律文本来构建这种财产的稀缺性。定义何为知识产权的过程,就是将某些东西敲定为财产,而其他东西仍可免费获得,这实际上以牺牲其他人的利益为代价使某些人受益。其实,不对称的经济实力在很大程度上解释了为什么半导体芯片被确定为知识产权,而民间文学不是(Drahos 1997b)。决定知识产权发展进程的是政治权力,而不是对社会福祉的中立性、技术性的评估。

知识产权的管理,首先是在国家层面,然后是在国际层面,不断受到利益变化的驱动,以建立和加强优势地位。我们对这一问题的关注源于以前认识到,《与贸易有关的知识产权协定》调动了各方利益,产生了一种特定的当代全球化解决方案。[6]我们认为,这一解决方案既非不可避免,也非别无它选。因此,我们试图开始确定可以建立替代方案的依据。其实,若将一个人的分析限定在过去的20年左右,自然意味着知识产品的产权扩张势不可挡,而单纯关注《与贸易有关的知识产权协定》(及其未来)则会强化这一结论。然而,历史图景要微妙得多,并且显露出一种反复凸显的紧张局势,不总是以有利于财产所有者的方式解决。即使是当今扩大知识产权

---

6 参见我们以前的著作(May 2000, 2002b; Sell 1998, 2003)。

的最积极拥护者——美国，关注公众的概念在20世纪的大部分时间里都在专利法中占据主导地位。我们通过考察公共利益与私人保护之间的悬而未决的摇摆，来探索历史中的这种紧张关系。这番研究将揭示知识产权规制演进的根本政治性质，并最终寻求引发一些基于历史的对未来替代可能性的反思。

2.2.1 对知识产权的展望

我们将知识产权史的路径定位在一个批判框架内，区别于罗伯特·考克斯（Robert Cox）所说的解决问题的路径。特别是就知识产权国际史，我们的解释可以作为一种替代功能主义和现实主义的观点。国际政治经济学中的现实主义强调国家权力及其在国际体系中的分布作为主要解释变量。现实主义认真看待权力，但它受制于其国家主义取向，将国家视为利益明确的统一行动者。现实主义过于狭隘地拘囿于作为立法者的国家，在知识产权语境中捉襟见肘，因为促使知识产权保护变化的往往是私人行动者而非国家。[7]知识产权作为一种制度，虽然在法律上依赖于国家的正式立法，但它是通过相当多的非国家活动发展起来的。基于现实的方法缺乏足够空间，既不能识别正在推动新法律（通过新技术授权）的新兴群体，也无法察觉已经破坏过去具体解决方案的技术变革。我们试图证明批判性视角的效用：与（在国际政治经济学中的）现实主义不

---

7 这里的现实主义方法指的是国际政治经济学，而非法律现实主义。著名的范例包括尼斯·华尔兹（Kenneth Waltz）（1979年）、约翰·米尔斯海默（John Mearsheimer）（2002年）、斯蒂芬·克拉斯纳（Stephen Krasner）（1985年）。

同，我们对主要参与者持不可知论，并强调微观和宏观层面之间的联系。

功能主义的财产历史表明，建立产权是为了促进社会经济关系中的效率。许多功能性的历史都是基于这样一种假设：财产制度的出现是响应市场关系中明确信号的需要。[8]当由于稀缺资源引发冲突时，此类冲突的成本超过了建立（并维持）某种财产制度的成本。而有了共同的财产规则，社会行动者就可以免去双方进行必要协商的重复努力。因此，在这种情况下，财产的出现具有一种特殊的功能：经济活动的有效协调。在远距离的经济关系中，无法依赖共同体的信任规范，也无法实施强制力的保护（因为成本，抑或需要各个特定制裁者一次次强制执行的制裁的繁复性），产权制度化正是为这种远距离的经济关系提供可预测性。

功能主义认为，在知识产权竞争中发挥作用的力量和利益产生了一系列"理性的"解决方案或"改进"，它们反映当时的政治经济背景，或满足工业发展特定阶段的需要。正如威廉·费舍尔（William Fisher）所言：从这个角度来看，法律似乎是上层建筑的发展，其背后的生产模式和相关生产关系的变化推动了上层建筑的发展。但这并不是全部。为了完整考察知识产权法的发展，还必须考察一些文化和意识形态因素（Fisher 1999, 6）。其实，虽然乍看之下，功能主义为知识产权的发展提供了一种可行路径，但功能主义分析回避了什么构成效率的问题，进而忽略了谁来定义的问题——为了哪些人的什么效率？

---

8 参见诺斯（North 1990）关于这个故事的经典讲述。

功能主义没有认识到新的解决方案有代表强大行动者和团体以牺牲他人为代价提高自身利益的能力。历史不是线性的，而是由竞争驱动的。功能主义确实常常陷入目的论。知识产权史往往流于对现代知识产权形式的历史回顾，根据当前保护措施的标准去衡量以前的法律解决方案。大卫·桑德斯（David Saunders）已对版权史领域的这些方法进行批判（Saunders 1994）。我们希望避免一种预设，即我们所述历史引向的是将当前解决方案视为一种以知识信息创造财产的法律形式及结构的进步运动。

知识产权保护的历史揭示了一个在传播和排除之间摇摆不定的过程，任何一方都不能以另一方的显著代价标榜一种功能进步。沿着这一光谱，任何一个特定的解决方案都是由于观念、制度和物质力量的复杂相互作用而产生的，而不只是来自作为立法权威的国家，也不是来自某种单一的社会功能的实现。这些解决方案都不是最终的，包括最近被写入《与贸易有关的知识产权协定》的方案。非但知识产权仍然存在争议，而且在知识产权法中恢复公共传播的现代呼吁也未必落败。

由于所有活动都附带成本和收益，财产权的功能主义研究的一个重要议题是外部成本和收益的内部化。相对于非所有者，财产寻求将这些成本和收益附着于产生它们的财产所有者身上（Demsetz 1967, 348-350）。然而，产权法律构建存在持续流动性，部分原因是所有者普遍试图在保持成本外部化的同时获得利益。将累积成本附着于实现收益的财产上是可以最好地服务于社会效率，但对于个人所有者来说，让其他人承担成本更有效率。何况还有一个问题，社会动态比以特定方式实现的单一目标（如社会效率）更为模糊。通过确立谁的效率的定义是指导性的，确立谁的利益得到保护甚或扩大的制度，权力就得以体现。例如，是促进了印刷品有效传播的那些图书"盗版"者，还是得到保障成果承诺所提供的创造和/或维持动力的那些深受保护的浪漫作家或"美国天才"？

尽管效率可能在经济交易中受到重视，仍只是财产作为一种社会制度出现的一个方面，且不一定是首要方面。我们可以抽象地用协调与合作的收益来解释产权。然而，在社会关系的实际历史中，特定的财产制度出现在更加多样化的环境中，包括经济权力的行使、技术变革的影响以及关于谁可以拥有什么的观念变迁。对知识产权历史采取现实主义或功能主义的观点将导致一种罔顾显著变迁而千人一面的宏观分析；这种解释就特定解决方案而言是不确切的。

2.2.2 三角分析与知识产权史

简要勾勒可供对照的两个熟悉观点的差异后，我们进而更实质性地论述三角分析（Triangulation）方法。我们最初的灵感来自罗伯特·考克斯（Robert Cox）确定的物质条件、制度和理念之间的三角联系（Cox 1996, 98）。知识产权法史是知识创造者角色的政治（和社会）观念（理念）、使用知识产权或受其保护的技术特征（物质条件）、知识产权法律建构（制度）三者相互作用的产物。考克斯的三种理想典型因素是一种检验现实复杂性的启发性工具（Cox 1996, 100）。运用类似的三角分析，我们能够对知识产权制度化进行历史解释，对其作为经济组织问题的"理性"解决方案提出异议。不如说，它不过是一套具有系统逻辑的当代霸权的表征，以标榜资本主义市场是解决政治经济问题唯一可行方案这一观点的胜利（或优势）。

国际政治经济学经常关注全球体系中的霸权，但往往将这种霸权直接系于国家权力，这反映了全球体系中现实主义观念的持续影响（Cox 1996, 104）。因循考克斯及其他学者，[9]我们认为这种霸权是通过游戏规则制定的，而不仅仅是（甚至主要是）通过强力。这些规则需要从其内容、起源以及政治竞争的潜能等方面进行审视。正是在这一点上，考克斯关于社会力量的概念对研究知识产权特别有效。它允许将制度定位于自身历史与所关联的物质条件，以及所表现的理念发展的关系中。究其关键，这种方法将这些社会力量定位在（历史特定的）资本主义制度的运作中（Cox 1996, 101）。认识到社会力量在制定规则方面的作用，知识产权制度就牢牢地定位于现代政治经济中，而非疏离于全球体系运作的某些理想化的法律关系世界。

我们感兴趣的是通过知识产权制度建立起来的对特定创新和技术的所有权和控制权，以及这种权力如何支配知识产权法的结构来强化和复制优势。（May 2000; Sell 2003）。某些行动者通过控制特定资源最大限度地发挥其影响力，但这些有优先权的行动者也通过法律使其利益合法化来调动（和再现）其优势。这些行动者利用政治资源捍卫并扩展其知识产权法上的权利，通过利用并捍卫劳动应得的故事（理念）、自我表达和经济效率，从而证明将知识作为财产的正当性。这些故事识别所有者，证成对其知识产权的保护，

---

[9] 尤其是苏珊·斯特兰奇（Susan Strange）；参见图兹（Tooze）和梅（May 2002）。

第二章 理念与技术

论证将知识视为财产所带来的功效，宣显着已然缔结知识产权法律安排之递嬗时刻的合法论证。

考克斯强调在制度视作合法的（legitimated）语境中的话语和制度的关系。当奉行其霸权外交的强者愿意以让步博取默许时，弱者就会默认，且（关键点在于）只要强者能"以普遍或总体利益而非自身特殊利益的方式宣显这种领导力"（Cox 1996, 99）。以保护所有者私权与公共领域可用性之间的"协议"予以彰显，将知识产权的霸权观念装扮成实现一般利益的能耐，在知识产权史上是一个反复出现的主题。在形式上，通过知识产权保护的时效性，知识产权赋予的垄断权与予以公开的公共利益得以平衡。持续保护的时间不是自然的，与功能主义的观点不同，批判的方法帮助我们揭示导致这些稀缺性建构的偶然性和历史环境。

为什么某些结果会成为现实，这是"批判理论"的核心问题。在考克斯的提法中，这种批判理论

> 并没有把制度和社会权力关系视为理所当然，而是通过关注它们的起源，它们如何以及是否可能处于变化的过程……批判理论允许有利于主流秩序的社会和政治秩序的规范性选择，但它将选择范围限制在对现有世界可行改造的替代秩序上。（Cox 1996, 88-90）。

然而，这远不只是"增添历史和搅动"的需要，需要的是一种对霸权（及其复制）的持续历史中各种结构和行为体之间相互作用的敏锐感。因此，在知识产权制度内（与考克斯揭露一切霸权制度

的方式相同），

> 在普遍接受的世界概念与特定历史人群的存在现实之间总是存在紧张关系。在不断变化的物质条件和旧的知识模式之间形成了断裂。这种断裂预示着潜在的冲突，冲突的浮现取决于潜在挑战者的意识变化，及其所求方案的社会图景反差（Cox 1996, 66）。

深受罗伯特·考克斯研究的启发，我们试图开发一种特定的三角分析模式，使我们能够描述知识产权的历史，并从事一个规范性的课题，为当前（有争议的）解决方案确定可行的替代方案。

理念和物质条件之间的差距是理解变化的关键。但这本身是不够的；正如迈克尔·戈杰斯（Michael Gorges）（在他对"新制度主义"的批判中）所揭明，

> 理念本身并不会带来结果。因此，声称理念（和制度）很重要是一回事。另一回事则是要解释，"在那里"的理念如何在特定时间以特定制度形式出现，或者明确指出，由于因变量的超定性（overdeterminded）和其他自变量的重要性，理念是多么重要。此外，这些理念本身产生于社会、经济、历史因素，这些因素本身可能是重要的解释变量（Gorges 2001, 141）。

第二章　理念与技术

戈杰斯还警告不要用某种套路（ad hoc fashion）将变量引入分析，认为制度主义"如果不能成功解释制度变迁，功效就颇为有限，流于未能运用各式各样变量集合的制度主义"（Gorges 2001, 142）。因此，显然需要通过分析和历史/实证来证明我们的变量集如何产生制度变化，但也必须提供各自分离的、数量有限的关键变量。正如前文已述，我们在这方面利用了三个变量——技术变化、（关于知识的）理念、知识产权制度（也塑造了理念和技术变化之间的相互作用）。

玛格丽特·阿切尔（Margaret Archer）提供了一个很好的方法来概念化这些变量之间的关系，尤其是因为她抗拒一种将结构（structure）或能动性（agency）作为社会关系最终决定因素的诱惑。我们所理解的知识产权制度变化恰恰是多重因素决定的；没有一套单一的力量或结构能够单独产生变化，也没有任何力量或结构能够单独抵抗变化。阿切尔认为，单单聚焦于能动性，并给出"自下而上"的因果解释，就会"罔顾传承的（inherited）制度结构、人们对变化的抵制、这种抵制对变化态度的影响，而且至关重要的是罔顾……对能够寻求变化的能动者（agents）的圈定"（Archer 1995, 250）。从任何特定历史序列的开始，都存在着一些被发扬的结构，反映以前（在我们议题中）关于管理知识产权规则的政治经济解决方案。但与此同时，能动者中既有从体制中谋得利益者，也不乏处于不利地位者。

这并不是说能动者具有一种完全的行动自由；他们在某种程度上受其所处结构的约束，但同样地，结构也不能决定他们的行为。换句话说，正如阿切尔强调，"自愿主义具有重要的地位……

但总是受到过去结构和文化限制以及当前可能的政治的束缚"（Archer 1982, 470）。历史上现存的结构本身就是先前社会力量冲突，即先前理念、物质条件、制度相互作用的产物。能动者的行为可能是解决特定时刻的直接原因，但他们仍然身处于更为宏大的结构中，包括物质原因、国家制度以及全球资本主义，这些结构既授权也限制。确实，如果结构上的变化显露现有制度的失灵无用，而且能动者因现状的延续而开始受到损害，这种结构变化本身就可以改变能动者的利益。阿切尔强调，"所有结构上的影响……都是通过塑造人们所感知的自身处境来调节的"（Archer 1995, 196；原文标记强调）。究其议题之关键，就是（在制度化的解决方案中表现出来的）传承的结构与特定能动者持续的（或变化的）利益之间的不等。

简单地说，结构条件并不决定能动者。能动者的力量在于其"阐明共同利益、组织集体行动、发起社会运动以及在决策中行使团体影响力的能力"（Archer 1995, 259-260）。这使得阿切尔辨识两种类型的能动者：初级能动者和团体能动者。初级能动者既无组织也没有明确表达其利益，更未能战略性地参与结构的塑造或重塑。相比之下，团体能动者是"那些知道他们想要什么，能够向自己和他人阐明，并为了得到而组织起来的人；[只有他们]能够采取一致行动来重塑或保留成问题的结构或文化特征"（Archer 1995, 258）。从这个意义上说，受到影响的初级能动者必须发展集体的、团体的形式，以有效地参与到结构变革或守护的政治进程中。团体能动者"在定义和重新定义的结构形式方面更具冲击力，并且是划定系统性断层线（不兼容）是否会裂开……或敛束的关键环节"（Archer

1995，191）。为了取得成功，能动者需要某种形式的组织和表达他们利益的能力。他们需要技术专长、政治权力、资源渠道，包括他们可能希望改变的制度本身。能动者可能会对现状感到不满，意识到结构上的不协调存在减少利益和权力的威胁，但除非他们能够组织一种集体性的回应，否则将无法有效地挑战更正规的团体。

这种紧张关系大量存在于与我们关于世界的理念、得以行动的技术能协调运转的制度中。詹姆斯·马奇（James March）和约翰·奥尔森（Johan Olsen）曾详细论证，政治制度通常是由"适当性逻辑"而非"结果性逻辑"支配（March and Olsen 1989）。法律是至高无上的政治制度，当我们审视知识产权法时，适当性的标准当然是显而易见的。要诉诸的就是，回报和私权的适当性，而非直接后果。马奇和奥尔森揭明：

> 当个人投身于制度时，就会尝试发现规则，并受其教导。当他们遇到新情况时，就会试着将之与已经存在规则的情况联系起来。通过规则和适当性逻辑，政治制度一方面实现了秩序、稳定性和可预测性，另一方面也实现了灵活性和适应性（March and Olsen 1989, 160）。

注意到往往存在一种为适当行为进行事后合理化的要求，马奇和奥尔森强调，一旦做出了一个决策，这种结果性逻辑可能就会出动。这两种逻辑之间存在着一种紧张关系：对执政精英而言的适当性，却可能会产生无法充分获得社会支持的结果。然而，马奇和奥尔森并未忽视"适当性"的意识形态构建问题，他们注意到维系对适当行为的特定认同需要政治上的努力。正如我们所注意，在知识产权领域正是煞费努力维系一种政治立场，即知识产权是处理知识的一种适当方式。可是，以此类推，批判者往往聚焦结果性逻辑；为了支持被视为适当的方式，结果付出的代价是否太大？

以下是阿切尔的观点：当结构上可获得的利益与边缘化能动者的政治化利益之间存在一种不匹配时，这就可能会转化为体制中的紧张与扭曲，

> 遭遇到一些在阻碍的（impeded）制度中有其既定利益的能动者的实际迫切……他们的状况在关键方面由一些转化为实际问题的运转障碍所造成，这些实际问题使得那些日常状况受之冲击的人感到沮丧，并使他们面临着阻碍实现或满足其制度既定利益的一系列迫切中。（Archer 1995，215）

在这些对峙中，关于结构上的解决方案的理念转变开始变得更加明显。尽管受益者试图维护现行制度的普遍性，反对者却力图表明现行解决方案主导理念的制度体现所暴露的断裂。

在我们的三角分析中，这个过程可能受到技术变化的刺激，提醒不利者注意新的可能性；通过知识创造者理念的转变，实为使之更普及于社会；或通过推进（知识产权）制度的发展，实为进一步提高主导团体利益的企图。这些结构上的不协调呈现出五花八门的、"使能动者趋于采取特定行动以促进其利益的情境逻辑（situational logics）"（Archer 1995，216）。阿切尔称为"偶然的不协调（contingent incompatibility）"的这种情况下，现状的复制或延续

阻碍了特定能动者之目标的实现。主张制度结构上的不协调"制约了反对行动,仅仅是为了说明这种团体能动者处于一种状况中,其逻辑是要消除(eliminate)不利于实现其既定利益的那些实践"(Archer 1995,331;原文标记强调)。权利受不法侵害者就是要消除敌对行为。

从这一角度来看全球体系的变化,结构上的不协调可能会刺激行动,但话语策略可以帮助巩固行动,使之条理化、合法化。因此,尽管在整个历史上结构上的不等为改变知识产权保护规则创造动机,却还是重要的(结构上有特权的)利益团体发展新的论点去证成所期望的变化,或是相反地去阻碍制度转变。但是,这些强大的团体无法永远掩盖或隐藏在结构中已司空见惯的不平等。正如阿切尔所言:

> 各种物质利益团体之间相互作用,每一个团体都在自己的辩护中变得能说会道,并能从他人主张中察觉自身的利益,这种相互作用足以阻止退回到不成问题的结构性[解决方案]的任何趋势。这些团体已经动员起来,理念促进它们行动,而且这种主张不会消失,因为它寻求推进的物质利益不会蒸发。(Archer 1995,322)

这表明,维持现状,甚或进一步强化结构的理由和论证,为什么需要在政治舞台上不断重述和捍卫。因为人们感知的(包括技术的和政治的)现实与之前(制度化)解决方案叙述之间的不等越来越大,所以呼吁变化的压力增强,捍卫也就更加热烈。

2.3 知识产权史上的争论与变迁

在历史上，财产已经从所有者所持有的物质财产这一普遍理解，转变为更现代的观念，即财产是可以使用或以其他方式出售给其他潜在用户的资产。然而，正如约翰·康芒斯（John Commons）所强调，尽管这种

> 转变很难引起注意，却是显而易见的，只要商人、雇主和工人被合并在一个小的所有权单位之下，所有的权利都是集中的，企业通过一种在外业主控制的财产合并的信用体系来经营。然后，财产本身的权力与内含个人能力或承认特殊主体权的权力的区别，就变得显著。……当再加上人口的压力，以及对有限的矿产和金属资源、水力、人口中心土地的不断增长的需求，那么，对财产的纯粹持有（hold）就变成了一种保留（withhold）的权力，远远超乎劳动者对劳力或投资者对储蓄的支配，这种权力也超乎早已确立的早期普通法或早期商法的内容。（Commons [1924] 1959, 53）

这种从持有（holding）到保留（withholding）的转变，即限制使用的能力，对我们的知识产权史至关重要，当社会生存所需的资源稀缺时，使用权（财产权）的分配就成为政治经济学的核心问题之一，即使不是唯一核心。

保留权利的能力是控制资源的一个重要机制，对其他人也有重大影响，特别是这种所有权是从本可作为一种社会财富（或公

第二章 理念与技术

共资源）形式建立的资源中分割出来的情况下。正如大卫·拉梅蒂（David Lametti）最近所说：

> 将某项社会财富的最终控制权分配给个人，必然会对其他人产生影响。私有财产赋予财产所有者凌驾于他人之上的权力……［这］让我们看到，资源或社会财富的使用必然是社会的，即使是个人的专有使用。对财产客体的任何行为（甚至消费行为）都会改变另一客体的规范地位。也就是说，一个人可以单方面取消或改变对某一特定客体的义务。（Lametti 2004，48，61）

对稀缺商品的私人控制权包括对社会其他成员的一种外部影响，因为有关资源是稀缺的，并且影响竞争对手。然而，当稀缺性合法化既非无可争议的，也非不言自明时，潜在的影响就更加明显地被政治化了。知识产权的作用是构建控制所需的知识领域的稀缺性，并使其合法化，而不管社会后果如何。

从我们的叙述中举一个例子：如果没有18世纪英国早期的知识产权形式，蒸汽驱动的工业化历史可能会大不相同。当蒸汽机的创新、创造者詹姆斯·瓦特（James Watt）在1769年获得发明专利时，并没有促进蒸汽机的广泛和迅速传播。6年后，英国议会将他的专利延长了25年，在此期间，瓦特继续拒绝许可其发明。长此以往，他可能"阻碍了不止一代人的金属加工工业的发展"（Renouard [1844] 1987）。如果他的垄断地位在1783年结束，英国可能会更早拥有一个发达的铁路系统（Renouard [1844] 1987）。这一特殊创新上强加的稀缺性阻碍了传播而使发展僵化，直到其他人能够指望瓦特的原创见识。

"鼓励"瓦特的创新，可能首先是要为公共利益服务（尽管很难辩称如果瓦特无法为蒸汽机申请专利，他就不会发明蒸汽机）。然而，基于速推/部署这种创新的社会效益肯定没有实现。这与诺斯的评估相左，诺斯认为，持续创新只有在知识产权的建立提高私人回报率后才真正开始。他将瓦特发明的传播和更充分利用的延迟归结为配套技术发展不充分，而非由于保留权利的力量以及这种保留所导致的社会低效（North 1981，162-166）。然而，正是由于使用瓦特专利技术的发动机的传播相当有限，配套技术的发展本身才受到阻碍。

我们关于知识产权制度的历史旨在阐明那些寻求知识产权私有化的人与那些寻求知识产权传播的人之间持续存在的紧张关系。虽然我们专注于知识产权的法律构建，但我们拒绝接受与政治、社会、经济环境相分离的那种法律概念。法律既构成社会、政治、经济斗争，也由社会、政治、经济斗争构成（Hunt 1993）。此外，正如皮埃尔·布迪厄（Pierre Bourdieu）所主张："法律是为万物命名之正名象征力量的典型形式……它赋予从经由其分类操作的现实以最大持久性，是任一社会实体都有力量赋予另一社会实体的最大持久性，是我们归因于客体的持久性。"（Bourdieu 1987，838）虽然布迪厄在此更为普遍地论述法律的作用，但在我们看来尤为印证知识产权法的作用。

布迪厄接着强调，"法律只能在获得确认的程度上行使具体权力，也就是说，只有在法律（可能因案件而异）运作核心中专断性因素保持在不被认出（unrecognized）的程度上"（Bourdieu 1987，844）。在所有的法律中，或者至少在所有的财产法中，知识产权（在关于知识和信息的非竞争性的意义上）可能是最专断的。因此，毫不奇怪，广泛的法外政治力量被动员起来，以确保这种专断性（相对地）未被认出（underrecognized）。反过来，对这一症结的认识以及对这种状况的政治围攻，则反复推动了知识产权法的革新。知识产权的历史化揭示其偶然的结构，明确否认知识产权是一个超历史（transhistorical）的概念。[10]

鉴于法律是成文的，我们不应忽视《与贸易有关的知识产权协定》本身（作为一种最新的"解决方案"）的书写方式的重要性。论及"即将到来的全球法律秩序"，劳伦斯·弗里德曼（Lawrence Friedman）提出，"英语（在全球体系中）的主导地位意味着美国的合同书写方式和法律思考方式可能比其他方式更有影响力"（Friedman 2001，355）。《与贸易有关的知识产权协定》就是一个例子，它非常具体地反映了美国"思考法律的方式"。弗里德曼本人认为，美国在全球法律结构方面的影响力，很大程度上反映了美国"由于各种原因，已在设计符合现代立法需求的制度方面一骑绝尘"（Friedman 2001，355）。这种设定初始结构的能力反映（并再生产）美国对知识产权的法律霸权。现行的知识产权法律结构反映了一组非常明确的能动者的需求（和意愿）（Sell 2003）。取代以前的多元

---

[10] 德霍斯的书（Drahos 1996）是关于知识产权哲学观点演进的最好历史记述之一。该书对知识产权概念的发展历史论述颇详，但在很大程度上，对知识产权与物质的社会关系世界的联系仍未予以推进。

化国际知识产权法结构，是对其显露缺陷所作出的一种重要反应。

我们认为，知识产权从一种法律结构发展到另一种法律结构，从一种解决方案发展到另一种解决方案，已经形成悠久的争论模式，凸显于所有权的私人权利与知识的公共流通之间的紧张关系中。这些紧张局势向竞争双方发出信号，表明在特定时刻有可能重新制定知识产权法。正如考克斯指出：

> 这种发展潜力意味着结构可能发生变化。它可以通过理解现有结构中的矛盾和冲突根源来把握；而且，理解过去的结构转变是如何发生的，可能有助于完成这项任务。因此，确定前后结构之间的突破点（转捩点）成为主要的方法问题。(Cox 1996, 54)。

这引导我们将知识产权制度内部的发展视为核心问题，将这些"突破点"视为知识产权历史轨迹中过往所欠定的时刻。

技术变革和法律运用的转变突出了知识产权制度重构的潜力。此外，通过允许先前解决方案的争论空间，通过一组利益凌驾于其他利益的必然性，任何解决方案本身都可能使知识产权的其他方面发挥作用。由于使用的复杂性和知识产权本身的争议性，出现的制度解决方案可能会旋即妥协。知识创造的理念的转变，可能导致知识产权制度所描绘之创新世界与使用者、创新者所感知世界的不等。技术变化可能会强化已在法律上视为合理的利益，从而导致那些不利者的变革要求。

这些突破点可能揭示出技术和政治变革的临界值，但任何特定时刻都可能是复杂的且多时相的（multitemporal）。认识到从制度解决到争论争端，再到解决方案重新定位的这种持续辩证运动，构成一段从相对无差异的（知识）产权法，到我们今天所见的以《与贸易有关的知识产权协定》形式全球化的复杂补充法律的持续裂变。其实，对知识产权法的"细化"导致诸多复杂而多变的制度因素，使得在当代全球知识产权政治经济中，没有哪个领域的规则可以毫无异议、无懈可击。

因此，在下面的历史叙述中，我们将提出一番批判，即追随考克斯"并不认为制度和社会权力关系是理所当然的，而是通过关注它们的起源，以及它们在变化过程中是否存在以及如何变化，使之成为一个问题"（Cox 1996, 88-90）。我们的明确意图是对功能主义和目的论预设提出质疑，这些预设大抵是《与贸易有关的知识产权协定》所含的当前解决方案的基础。目前的解决方案既不是稳固的，也不是最终的，我们的历史表明，替代进路是可欲且合理的。

《与贸易有关的知识产权协定》并未于全球舞台上完全形成。我们可以得出结论，《与贸易有关的知识产权协定》其实只能被理解为扩大知识产权保护的长期政治进程的最新阶段。我们对知识产权的态度阐明了当前变革要求与历史延续性（和适应性）的结合。知识产权法的每一个阶段都代表着前一阶段的遗产，以及当前技术发展与观念转变的协调。但这不仅仅是路径依赖；它还反映了知识产权的争议性质，以及对法律结构和实践的超法律的（extralegal）影响。

公众对传播与垄断私人所有权的立场争议，基于新兴技术的知识产权范围的冲突，以及私人权利和公共领域之间不稳定的法律关系,都充斥于以《与贸易有关的知识产权协定》为代表的当前解决方案。这些争端凸显了知识产权的历史,不同观点在不同时期各擅"胜"场。其实,虽然当代的理由基于作者或发明者的公平应得或保护自我需求之上,但这些理由是在知识产权发展于前国家(prenational)阶段作为一种法律制度出现之后。[11] 知识产权的正当性通常被认为是超越历史的,但事实并非如此。

基于不断(重新)缔造知识产权史的社会力量的三角划分,我们提供了一个批判性的视角。由此,我们提出重塑知识产权的持续可能性。这番历史拒绝知识产权向更为专有、排除的方向"前进"的任何线性概念。如大卫·韦弗(David Vaver)所洞悉:"试图追溯知识产权混杂物(miscellany)的起源至远古时代,在某些领域是一种时髦的做法,大概是为装点知识产权的自然而然、不可避免;但这种尝试愚昧鄙陋、未能得逞"(Vaver 2001, 128)。确实,主张知识产权在某种程度上的"自然而然、不可避免",歪曲了历史记载,因此我们必须同意韦弗的观点。我们的课题也与知识产权自然而然、不可避免这一观点截然相反。因此,我们建议,诸如韦弗等学者的革新研究可以在我们的方法中找到支撑,鉴于知识产权的解决已经不是第一次受到(政治经济学)批判。

《与贸易有关的知识产权协定》中对知识产权的规范化保护,是各种团体为控制具有经济意义的知识资源而长期斗争的结果。这

---

11 虽然情况大致如此,但弗兰克·普拉格(Frank Prager)表示,要不是16世纪威尼斯的衰落,可能会有一场基于作者或创造者证成知识产权的更快的运动(Prager 1944,719.)。

场斗争本不必然将我们带到这个关头,但它的事实向我们昭示的是,我们需要仔细研究知识产权的历史,并对我们已经确定的非法律变量给予适当的重视。要理解今天的知识产权,我们需要理解它的历史根源,而要理解这些根源,我们需要做的不只是(重新)炮制一种便利的目的论解释,这种解释似乎流行于当今政策导向的圈子。我们接下来将讲述这段复杂的历史。

第三章　知识产权的出现

在对知识产权作出任何正式的法律定义之前，人们曾多次试图控制有价值的知识和信息。新技术推动社会和早期法律革新的发展，最终在15世纪末的威尼斯形成一个公认的知识产权体系。本章第一部分涉及知识产权的史前史，揭示了智力活动的产物中的产权概念的漫长孕育。及至15世纪，关于拥有知识的理念已屡见不鲜。本章第二部分将重点论述"威尼斯时刻"作为知识产权史上的一个关键点。

专利最初是作为特权的授予而出现的，在某些情况下，其显然是为了允许传播特定的技术进步，从而通过创造财富使统治集团受益。当这是授予特权的根本原因时，这些授权伸张的是关乎公众的意旨，即促进鼓励学习和工业发展，即使"公众"在概念上相当有限。这些授权并非基于自然权利或道德权利，而是反映人们所感知的政治或社会需要或未来利益。下面我们将探讨知识产权的一些前身，以及在我们历史上反复出现的关于拥有知识的一些早期理念。

对剽窃抄袭的谴责，对理念窃取的确认，可追溯至有史可稽之初。然而，早期对理念所有权的承认，更多的是作为一种隐秘知识加以保护，而非关切作者在作品传播后仍享有的获得回报的权利。无文字记载历史的社会可能形成某种理念所有权的形态，它通常在于垄断巫术仪式的方式。例如，在美洲土著群体中，这些限制是针对号称有益之特定巫术仪式的所有者，使之按部落习俗只得秘授给指定接班人（Okediji 1995，133），而不是（像版权那样）面向对应于创作者的购买者。就使用而构建某种形式稀缺性的规则，反映了这些控制机制与史前知识产权隐约相联。

3.1 知识产权的远祖

也许，区分信息要素的首创之举便是对货物进行标记。标记可以表明工匠/制造商的可靠性、声誉以及产地。在对所有权争议进行裁决的正式法律产生之前，通过标记来确定所有权的做法早已出现。所有权人做的标记很可能始于给动物身上打上标记，这是所有权的最早标记形式。虽说这一开端早于书面历史，但从洞穴壁画中可以找到广泛的证据，证明割耳标记和其他技术的存在。其实，使用所有者的某种特殊标记，在割下的动物耳朵上标示个性化记号，在农业文化中仍很普遍，现代农业中的耳标（和烙印）方式仍发挥着类似作用。六千多年来（也许是自动物首次驯化以来），全球各地的人们都在他们制造、发现或获得的物品上做了标记，正如杰拉尔德·拉斯顿（Gerald Ruston）所察见，虽然有些标记"毫无疑问是现代意义上的商标……是用于表示来源的标记；另一些则是清楚标明货物拥有者的标记"（Ruston 1955，127）。标记是用于识别所有者，以及与现代商标有关的制造者（这是早期商品上通常可以发现的两个单独的标记）。

常见的标记有三类：识别某个氏族或群体财产的家族标记（如果他们成为商人，该标记也可能属于下一类）；采用的（商业）标志，这在黔首文盲时代（或在正式书写体系产生之前）是识别特定商品的重要方式；带有国家或统治者权威的强制性标志，通常用于确立合法性或确认已缴纳税款。第三类还包括后来的金银纯度标记方法（由特定行会授权，通常依据皇家宪章），以管理用于制造特定商品的金属质量（Ruston 1955，136ff.）。随着正式法律制度的出现，这些做法被法典化，赋予其一种合法性，这种合法性远比其原先在当地社群具有的直接社会意义更为广泛。

欧洲和亚洲的史前遗址出土了陶器和其他家用物品，上面的所有权印记中有大量证据表明，这种做法非常普遍。及至埃及和美索不达米亚帝国时期，制砖人标记其产品，附上在位国王以及用这些砖建造的建筑物的所有者的名字。石工们将承揽者或石工个人姓名刻在此时及随后用于建筑的石材上，如此或许是为根据产量计算其工人团队的工资（Azmi, Maniatis, and Sodipo 1997, 133）。在希腊城邦中，这种承认特定商品可能因制造者身份而具有更高价值的认识，也开始从物质商品传播到文化（和智力）领域。此前，科学技术知识一直通过保密方式得到保护和控制。在古代文明中，来源于政治或宗教权力的知识更类似于当代商业秘密，祭司对外披露将受到严厉惩罚。然而，希腊的哲学思辨激发了知识本身就有价值的观念，这为知识最终的商品化埋下伏笔。

3.1.1　希腊关于拥有理念的理念

知识产权并未（以任何形式）出现于西蒙尼德（Simonides）及其他诗人所在的希腊社会中，但按照我们今天的眼光，他们似乎是第一批成为知识型企业家的"创意人员"。在公元前 6 世纪的希腊文明之前，赞助人"供养（kept）"艺术家、诗人、歌手以及知识分

第三章 知识产权的出现

子,让他们按需演出。在希腊城邦,对赞助既有直接支持,也开始有对公开朗诵及有偿表演(类似于演奏会)的褒奖。

智者据说是第一批通过自由职业教学活动获得丰厚回报的群体。他们似乎并不认为其教学内容从属于任何形式的所有权,尽管他们所教的很多东西(从摔跤到家庭管理)都形成手册。这些作品大多由听众编撰,然后被其他人复制;而尚无真正意义上的出版技术(Masterson 1940, 621)。智者的批评者往往论证,智者任由其理念被写成文字,就无法左右阅读其知识而获益的受众(Blank 1985, 18-19),这种论证的言下之意是智者没有将知识或信息本身视为一种可拥有的商品。当然,智者可能认为,这些手册和其他文本(通过扩大名声)构成他们教学的宣传工具。毕竟智者是思考和行动的老师,而不是确切的知识商品的提供者。

另一方面,诗人创造了一种显然确切的产品:诗歌。西蒙尼德(Simonides)经常被刻画为第一位要求支付诗歌费用的诗人。因此,他是希腊作家们笔下诸多诗人贪婪轶事的主人公(Genteli 1988, 161;Woodbury 1968, 536),尽管或许是因为他足够杰出以至于很大程度上成为诗人标杆。然而,西蒙尼德也不是不能被看作是第一个将诗歌专业化的人,因为货币的第一次社会流通恰逢其有生之年。不过,安妮·卡森(Anne Carson)指出,"相比西蒙尼德式贪婪的细节,人们更反感的是其实质。其实质就是将以往互惠循礼、以诗会友的行为商品化(Carson 1999, 16-17)。西蒙尼德并非唯一一个成功要求对特定作品收费的人。与他同时代的品达(Pindar)也因发表诗作而获得丰厚的金钱回报(Genteli 1988, 162)。货币流通可能是商品化的必要条件,但还不是充分条件;关于诗歌和创造力起源的理念也有待改变。

从公元前6世纪起，在希腊文化中，经常会发现主张作为特定作品作者的诗人，以及在自己绘画或插图上签名的艺术家（Ploman, Hamilton 1980, 5）。姆拉登·武克米尔（Mladen Vukmir）将艺术作品上的创作者标记（和签名）视为"承认艺术活动专有性质的可靠证据"，这是对创作内容的"个人成就的认可和所有权的宣告"（Vukmir 1992, 129）。当然，正如布鲁诺·根泰利（Bruno Genteli）所言，在公元前5世纪下半叶诗人的精神世界中，已经具有"自己的作品质量和技艺成就难以超越的意识"（Genteli 1988, 165）。不过，即使诗人和购买者之间存在合同关系，且这种关系包括提供诗歌，但在现代意义上，诗歌本身属于知识财产的观念并不存在。尽管如此，据说西蒙尼德仍相信"诗歌是一门在市场上销售其产品的艺术"（Woodbury 1968, 536）。在公元前5、6世纪的希腊社会中，我们可以看到创造力这一理念的出现，它将为更广泛的知识所有权奠定基础。因此，在17世纪、18世纪浮现的将作者视为个人天才的浪漫主义观念，正是根植于希腊。

交易方式（及推定市场）的聚合，以及个人化创造力概念的出现，促使诗歌市场的雏形得以发展。更普遍地说，在这一时期，某种形式的市场组织实际上整合了希腊原始经济关系中的互相赠礼模式（Morris 1986）。商品生产者和使用者之间新的交流方式缓慢发展，其对智力艺术的影响不亚于器物。诗歌可能是第一个被（部分）商品化的创作活动，但绝非最后一个。个人作为艺术创造者这一概念的出现不啻一个至关重要、培元固本的时刻，其可能具有一些超越了系于创造者身份的直接的价值。但只有到了罗马帝国时期，更多以市场为主导的活动以及与现代知识产权相关的问题才浮出水面。

3.1.2 罗马发展

在工业艺术中，罗马人对工匠标记的使用延续了早前希腊的做法。其时铭文标记不是为了满足个体创作的成就感，而在于标示税收缴纳，或是宣告国家专卖，且往往还充当立约人与资方通知结算的一种方法。(Ladas 1975, 1: 4)。标记代表每个制造商的诚实或正直，但由于不具有法律地位，标记的创始者对标记侵权没有追索权。然而，罗马法可能允许买方对带有欺诈标记商品的卖方提起诉讼，指控其欺骗（deceit）和意图诈欺（defraud）。此外，根据公元前81年的关于不法侵害的《科尔奈里亚法》(the Lex Cornelia de iniuriis c.) 规定，禁止以他人名义牟利，但没有证据表明这种违法性与侵犯（商标）标记之间存在联系（Vukmir 1992, 130）。因此，可以说已经存在对假冒的早期禁止，即使标记的创始者没有被赋予对标记本身的任何特殊权利。

在缺乏正式法律追索权的情况下，假冒特定商标成为一个问题，这也许并不奇怪。罗马的油灯在整个帝国都有交易，而最著名的制造商福蒂斯（Fortis）公司的油灯尤其值钱。然而，这些灯具和制造商的标记在欧洲各地被当地制造商大量伪造。最后，福蒂斯成了某种灯的术语，而不是其制造商的标记（Azmi, Maniatis, and Sodipo 1997, 134）。同样，在公元1世纪，比利时也生产了仿罗马陶器。由于不通拉丁语，侵权者的标记通常只是毫无意义的字母集合，尽管如此，他们也欺骗了更无知的进口这些罐子的英国人

（Ruston 1955，133）。

　　罗马出版行业，或者更准确地说是有组织地制作多个抄本的行业，在公元前1世纪出现并发展，最初在亚历山大（Alexandria），继而在公元50年至公元100年间转移到罗马。正如以前的希腊轶事，作家也经常得到赞助人的支持，且未能直接从其作品的"出版"中获得资金。然而，随着作者与特定作品销售之间的直接联系，一种新的作者身份模式慢慢出现；不久，文学财产的基本概念就形成了。萨拉蒂尔·马斯特森（Salathiel Masterson）表示，"西塞罗（Cicero）显然对其书籍的销售享有直接的商业利益，换言之，他的出版安排是以版税为基础的"，而且在西塞罗去世后，"有证据表明他的作品及其继续出版的权利由多罗斯（Dorus）从阿提库斯（Atticus）手中购买"（Masterson 1940，622）。因此，尽管在形式上与现代版权没有任何相似之处，但发达的罗马出版（誊抄复制）行业确实认可一些类似知识产权的东西，至少初见端倪。作者与出版商签订复制并经销作品的合同，这表明作者对这些作品享有合法权利得到了一定承认。

　　此外，罗马人似乎区分了作者保护作品完整性的权利与复制权（Ploman and Hamilton 1980，7）。由于誊抄手稿的过程缓慢，罗马文坛的书籍是传阅的，而不是出售的。这种手抄过程有时靠使用奴隶而加快，而在作家受欢迎的地方，他们可能会通过"贸易礼节"将其作品的独家经销权交给某家特定的书商（Vukmir 1992，133）。然而，赋予作者的权利仅限于视之为作者的权利（以防止剽窃），通常没有延伸到对基于作品表达形式的商业产权的确认。此外，维特鲁维斯（Vitruvius）（在公元前1世纪著有一系列被广泛阅读的罗马建筑书籍的作者）和老普林尼（Pliny the Elder）（大约150年后）都不厌其烦地辨识他们引用的前人作者，并且（也许更能说明问题地）流露出对剽窃的敌视态度（Long 1991，854-856）。对作者作品的"窃取"似乎开始变得不可接受，这本身就意味着个人化创造力的理念的早期发展。

我们可以推断，知识产权存在一些典型的形式，但在罗马法中没有已知的流传或记载的案例（Vukmir 1992，130）。因此，关于罗马法中知识产权的任何论说充其量只是猜测。还有一些其他形式的无形财产得到承认（诸如可以暂时转让给其他所有者的奴隶服务，或者继承的转让），拉斯·维斯蒂格（Russ VerSteeg）认为，虽然这些不是作用于知识衍生物的贸易，但对无形资产的这种认识将在日后凝练，以支持早期的现代（受罗马法影响的）版权法（VerSteeg 2000，532）。然而，在整个罗马帝国（甚至更远的地方）进行贸易的许多罗马商品都标有某种形式的商标或制造商标记。虽然这不表明知识产权法已正式确立，但承认知识方面的所有权或许已成其为一种可接受的做法。此外，与其说罗马法是对商业进行社会控制的工具，不如说是公民可用以解决彼此关系之争端的办法（Harries 1999，80）。考虑到进入昂贵的（有时还专断的）罗马法体系的风险，以及对信息（和商业秘密）的初步的、部分的保护，在这一领域没有发现任何私人的罗马判例法也就不足为奇了。

罗马帝国衰落后，这些早期的（以及本质上非正式的）关于知识或智力创造的所有权理念并未完全消失。6世纪爱尔兰发生的一场纠纷，有时被视为第一次相对正式的版权纠纷（Birrell [1899] 1971，42；Gerulaitis 1976，32；Masterson 1940，624；Ploman and

Hamilton 1980, 8; Stearns 1992, 535n118）。[1] 由于当时不存在版权这类东西，这种说法言过其实，但该案仍颇具标志性意义。本案是关于

> 567 年，圣哥伦比亚（Saint Columbia）暗中复制了一本属于其爱尔兰老师菲尼安（Finnian）的诗篇。当菲尼安提出抗议时，争端就诉至国王迪亚姆（Diarmed）面前了。国王认定原件和副本都属于菲尼安，并说道："牛生牛犊，书有副本（To every cow her calf, and accordingly to every book its copy）。"迪亚姆认为这本书是菲尼安的财产，其所有权使菲尼安有权获得其产物，即副本。（Stearns 1992, 535）

虽然所载故事是否曾经发生值得怀疑（参见：Scott 2001, 2nn9, 10），但虚构的面目无法掩盖它作为开启知识所有权之里程碑的光芒。与其说传说的存留是对现实的反映，不如说是让这些令人神往、大有裨益的思想得以流传的坦途。罗马帝国衰落后，法律的断裂并未使拥有理念和知识的欲望化为乌有。在随后几百年中，新成立的行会继续发展知识有价值的观念，并试图建立控制权（和开发权）以保护他们（代表其成员，并对抗行会以外的人）的专业知识。

---

[1] 查尔斯·卡罗尔（Charles Carroll）在私人信件中向我们暗示，这个故事很可能来源于杰弗里·基廷（Jeoffrey Keating）的《爱尔兰历史》（*History of Ireland*）（[1629 年] 1854 年，第 2 章，第 452 页）。

3.2 中世纪、行会知识与向知识产权的转型

在所谓的黑暗时代，修道院是贮藏包括手稿与修士学问的知识资源的宝库。虽然手稿的价值确实很高，但除了认可复制（往往为一系列的复制）花费的大量时间和消耗的实物材料外，没人认为任一特定手稿具有特殊意义。随着12世纪后大学的兴起，这些知识资源被转移到新的机构。然而，建立大学的规章制度往往是为了确保没人可以对书面文字确立专有权利。马斯特森认为，这些规定"有损于作者在原作品中的权利，一般来说，手稿的商人不能拒绝某一大学成员租借副本的要求，即便其目的是再行制作副本"（Masterson 1940，624-625）。因此，在15世纪末授予出版物专利垄断权之前，任何从罗马实践中幸存下来的关于文学财产的萌芽观念，在很大程度上都无济于事。

然而，在中世纪，一种（商标）标记的规范形式从希腊和罗马的实践中得以继续发展。行会需要一种方法来将行会认可的商品与其他商品进行区分，并强制执行特许垄断。古代行会似乎并不认为工艺知识及其在商品中的体现是专有的（Long 1991，864），但在13世纪，行会的态度发生变化。例如，1282年8月28日，在第十届会议期间，帕尔马（Parma）市议会颁布了一项法令：

> 保护本市的行会和工匠，防止对他们实施或可能实施的诸多诈欺行为；——行业或行会中的任何人不得使用该行业或行会中任何其他人的标记，也不得将该标记或类似标记置于刀、剑上；如果该行会中的任何人在刀、剑或其他钢铁制品

上连续使用标记达10年之久,且其他任何人被发现在1年或2年内使用相同标记或其仿制品,……无论是否以其他任何方式盖章或制作,后者不得再在刀、剑或其他钢或铁制品上使用此类标记,且无论是否存在和解或裁决,各种违反行为每项都将处以10磅帕尔马的罚款。(引自:Paster 1969, 560)

在这一时期,欧洲各地的当局通过类似法令,涵盖不同行会的产品。到了14世纪,对行会知识的这种观念已蔚然成风。织工以及紧随其后的金匠[这两个团体在14世纪20年代都获得了亨利二世(Henry II)的特许证],昭然谋求支配自己的工艺知识以获取自身利益。在随后百年中,许多其他行业也出于类似缘由建立行会(Williston 1909, 199)。由于行会是通过垄断来控制贸易的组织,它们试图通过限制本地市场的各类从业者数量,从而形成一种避免毁灭性竞争的途径。

虽然行会从未将其职业中的工艺知识和实践称为知识产权,但他们作为行会成员集体拥有这些知识的说法表明,他们认识到(凭借行会成员身份)建立知识稀缺性可以获得价值。行会确立了两种不同的标记:商人标记(merchants' marks)和生产标记(production marks)。商人标记涉及托运的货物,作为货物失窃或追索的所有权证明。生产标记更像现代商标,由行会系统严格控制:行会成员被要求使用该标记。作为一种监管模式,标记能够追踪瑕疵商品,帮助行会识别并惩罚违规工匠,以维系行会的集体利益。标记也有助于防止非行会成员在行会垄断区域内销售其产品(McClure 1979, 310-311)。虽然商标尚未成为展现特定商人或公司所获商誉的资产,但确实已是象征行会专有知识的关键面相。行会拥有他们的标志,行会以外的任何人都不能合法使用。标记还表明行会的原产地,并证明相关当局已检查和批准该货物。

因此,商标保护可能是第一种与现行法律模式相似的知识产权形式。行会标记确定了谁有权生产特定商品。这些标记构成商品生产(和运输服务)的稀缺形式,从而维持价格并保护行会成员的福利。行会已经认识到,通过将其商品与那些可能未按相同标准生产、未经授权甚至非法进口的非行会商品区分开来,行会标记可以提升产品的竞争价值。行会商品的相对稀缺也确保行会能够获得溢价。

行会还开始意识到,个别会员可能拥有某些知识的专有权。因此,在1432年,热那亚(Genoese)丝绸制造商采用一些通用条款来管理他们的实践。其中一条明确规定:"如果上述行会中的任何人设计了某种图案或图形,其他任何人都不得设计这种图案或图形"(引自:Prager 1952,126)。1474年,佛罗伦萨(Florentine)毛织行会采用一项更为具体的条款,即"已经注意到,某些提花哔叽的制造商通过自身努力发明了提花哔叽的设计和图案,其他许多同类制造商就试图通过诈欺(Fraud)和欺骗(Deceit)手段,从上述制造商处盗窃此类图案"(引自:Prager 1952,127)。用"盗窃"一词充分显示,人们确将这些知识(图案和设计)视为财产。对成员"自身努力"的关注展现出对创新的个性化理解,这是当代知识产权法的核心。

随着工艺知识价值的愈发彰显,它也成为令人觊觎的盗用对象。非行会成员制造竞争商品,用虚假标记会被认定为盗窃。到了

13世纪，未经授权复制有价值的行会标志，其严重性已足以导致侵权行为被视为严重犯罪，并受到严厉惩罚（Rogers 1910, 33）。行会成员强烈抵制廉价的非行会产品，并要求停止生产。例如，在16世纪查理五世（Charles V）统治时期，未经授权的挂毯生产商会被处以断手之刑。于是，垄断生产商可能会宣称品质与耐用的主张，但人们还是认为垄断抑制了竞争。

在许多情况下，脱离行会并掌握行会知识的个人会诉至法院，声称他们的知识具有创新性，并可以因此通过引进某种形式的标记法（marking law）来获得保护。在此类立法举措获得成功的地方，知识就作为一种准财产权形式的保护得以确立，知识本身也被个人化了。以前的共享知识现在视为归个人所有。此外，保护属于个人知识创造者（天才或发明家）的财产为典型的专利纠纷——优先权的争论——奠定基础。毋庸置疑，在16世纪，当时人们关于发明或发现的优先权纠纷愈发频繁（Long 1991, 883）。这样的个人化扼住了行会知识所有权的命门。不是整个行会，而是个体成员成为自身开拓创新的可能的所有人，这为知识产权概念的进一步发展奠定了基础。

3.2.1　早期专利

在欧洲知识产权法律正式化之前，统治者经常利用拨款专门开发别出心裁或前所未有的技术（David 1993, 46）。在所谓的黑暗时代结束时，主权国家提供类似专利的特权，将新工艺或发明引入其领土。1326年，英国国王鼓励引进"新技艺"。P. J. 费德里科（P. J. Federico）声称，这项政策催生了"已知的王室授权给外国人的最早案例"，即1331年国王爱德华三世（Edward III）授予约翰·肯普（John Kempe）及其公司佛兰芒（Flemish）织工的保护书。同样，"1440年，约翰·谢达姆（John Shiedame）获得专利证书，将一种新发明的制盐工艺引入英国"（Federico 1929，293）。又如，在1449年，约翰·乌蒂纳姆（John of Utynam）从佛兰德斯（Flanders）带回一种生产彩色玻璃的新方法，并因此获得独占权利（或专利）（尽管不是他的发明）。然而，他的确承诺将会普及，于是，一旦他的授权到期，该方法也随时可供同行使用（Klitzke 1959，627）。在减少进口、扩大出口的欲望驱使下，技术转让便成为建立专利权的核心所在（Prager 1944，720ff.）。当时，英国落后于一些大陆经济体，国王关注的是工匠和商人如何"借鉴"更先进的工业技术。

早期专利正是招徕能工巧匠移民来到相关国家的一种策略。其实，正如保罗·大卫所指出，统治者希望

> 外国的能工巧匠向英国学徒传授各自的技术"从"；但是，这些学徒一旦臻于游刃有余，就不可能再唯师傅马首是瞻，由此形成一股潜在的本国竞争势力，因而独具匠心的外国师傅显然希望能就此得到保护。（David 1994，134）

因此，授予该行业的垄断权（为期14年；学徒期的2倍）不仅可以实现技术转让，还可以确保垄断期满后培养出一批优秀人才。在中世纪，类似的垄断授权在整个欧洲遍地开花。由于某些经济行业的国际竞争日益激烈（纺织业可能首当其冲），许多统治者已开始优先发展国家的工业能力。

这些发展使弗兰克·普拉格（Frank Prager）将中世纪的某些特权认定为"准专利"，涵盖采矿作业、各种水脉系统以及其他商业活动。但即使这些都是独家授权，它们也不限于新的发明创造，而通常都是建筑许可证的一种形式，或者在许多情况下是持有垄断权的许可证。这些特权制度不一定与现代专利相似，尽管在档案中发现许多类似原始知识产权的专利证书，其中最完善的一套保存在威尼斯档案馆中（Prager 1952, 125）。1398年，萨克森（Saxony）公爵授予一项造纸术准专利，即便该造纸术早在公元1000年的托莱多（Toledo）和1390年的纽伦堡（Nuremberg）已为人所知（Prager 1952, 123）。这项授权的实施，是依托公爵控制的生产所需力量（河流中的水），且依此授权不让其他造纸商用水。

这些法律革新反映出，中世纪的城市经济政策旨在为城市福祉追求重要的工艺知识，以及在某些情况下确实为了鼓励创新（Long 1991, 875）。当有些个人脱离于立足新兴产业的行会并希望主张工艺知识的所有权，却已没有组织的行会来保护他们免受复制和竞争时，这些理念就传播得更为广泛（Long 1991, 881）。此外，通过强调个人权利和基于合同的法律制度，12世纪后罗马法的复兴也可能刺激了知识产权最初形态的观念的发展（Bugbee 1967, 17）。不过，授予专利的理念还可以从中世纪晚期采矿特权的授予中找到蛛丝马迹。

马库斯·波普洛（Marcus Popplow）认为，专利授予的司法实践是授予采矿企业家特权，以及为引入新"技术（arts）"或技能而授予商人（和其他人）特权的惯例发展而来的。这些特权旨在通过授予垄断特权来支付采矿业的高昂成本。"授予开发阿尔卑斯山北部的特权，源于向'第一发现者'授予采矿权的实践，以及有关挖掘排水沟的费用补偿的条例。"（Popplow 1998，107）波普洛继而揭示，当新的提水装置被开发用于排水矿井时，就会遵循这一先例以保护矿主的装置免受未经授权的复制。并非所有的授权都包括禁止复制正在使用的设备的条款，而且15世纪期间，取代禁止复制规定而可以特许施工的特权变得愈发常见，从而使特权者无需实际建造相关设备。威尼斯进一步发展这一做法，允许专业工程师在建造专利所涵盖的机器或设备之前，利用其保护措施防止未经授权的复制，以保障特定项目的投资。

如果必须完全确考原型专利首次出现的时间，那就非菲利波·布鲁内莱斯基（Filippo Brunelleschi）莫属。大约在1474年《威尼斯法令》（*Venetian code*）颁布前50年，佛罗伦萨当局授予布鲁内莱斯基一项类似于专利的权利，用于设计一种沿阿诺河运送货物的成本更低的新船只。在授权申请书中，明确规定了条件："［申请人］不让公众获得这种机器，是为了防止其技术成果未经同意被他人窃取，从而，若申请人对此享有某种特权，就会公开所隐藏的技术并向所有人披露"（引自：David 1993，46）。因此，佛罗伦萨当局是在以对创新者赋权换取发明创造的公开披露。布鲁内莱斯基的这项专利涉及的范围非常广泛，禁止任何人于一定的保护期内未经其同意在佛罗伦萨境内经营任何新的水上运输方式；该授权仅为3年。在此，其意味着未来专利规定的两个极值：范围性和暂时性；至关重要的是，与以往的垄断授权不同，它明确表明该专利依赖于对新颖性的承认（Bugbee 1967，18）。当这艘载石船在阿诺河上首航，其垄断有所减色。

虽然布鲁内莱斯基的授权在一定意义上是第一项创新专利，但佛罗伦萨当局在随后的50年未再颁发类似授权，也未能通过法律法规将其固定为一般法。布鲁斯·布格比（Bruce Bugbee）认为，这种断裂导致发明专利制度"胎死腹中"，其原因可以归结为行会竞争、只得以税收优惠奖励的法令限制（在1447年），以及美第奇家族（Medici family）倾向于以赞助实行统治的风格使然（Bugbee 1967，19）。然而，尽管第一部正式立法是在威尼斯颁布的，知识产权（特别是专利权授予）这一新兴理念的传播仍远不止于潟湖周边地区。

3.2.2 早期版权

专利的早期历史或立法前的历史与个体从业者有关（他们可能但未必是创新者），而版权的早期历史则主要与物质制品有关。罗马灭亡后，关于作者权利的任何斟酌都随同罗马法而一起烟消云散。极少有被视为类似版权的东西得到确认，直到文艺复兴时期，印刷的创新促进了书面知识的快速传播。在此之前的中世纪，盛行的仍是口头文化，而那时当红的游吟诗人要想在作品中保留"文学权利"，只能是将自己的故事烂在心底。解决这个问题的一种方法是如罗马时代般寻求赞助，或者向其他表演者出售自己的歌曲和故事的副本（或者有偿教授他们歌词）（Thomas 1976，23）。无论如何，依靠作者自身的能力来保护其作品权利可谓困难重重。尽管如此，鲁道夫·赫希（Rudolf Hirsch）称，到了14世纪，彼得拉克（Petrarch）"在他的信中坚持认为，在他把作品公之于众（如，出版）前，是否允许或阻止抄袭其作品都属于个人的权利，并且作品的真实性由他独自掌控"。（Hirsch 1967, 8）然而，只有他的声誉和相对知名的作品才使得这样一种禁止在一定程度上成为可能。

随着15世纪机械印刷术的发明，出版和图书销售成为主要行业。图书贸易发展迅速，短短几年就延伸至国际范围。尽管识字地区寥若晨星，通过文本传抄以及欧洲各地修道院的活动，早期市场已初见雏形，拉丁语的印刷也意味着贸易不再局限于国内市场。一旦印刷商开始生产销售书籍，就会寻求一些限制复制的权利，以确保其他印刷商不得复制他们的书籍，从而推动一种法定版权形式的发展。这与行会需要确保其产品不会被非会员的人复制非常相似。但是，版权自勃兴伊始，保护的焦点不再是团体，而是个体生产者。

其实，在古腾堡（Gutenberg）用活字印刷术印刷第一本书仅仅18年后，1469年约翰·德·斯皮拉（John de Spira）就被授予在威尼斯印刷西塞罗（Cicero）和普林尼（Pliny）的书信的独家权利（Robinson 1991, 56）。最初，这项垄断授权旨在涵盖印刷技术的全部内容（不限于特定标题）。然而，德·斯皮拉去世后，即授权几个月后，威尼斯当局拒绝将如此广泛的专利转让给他的继承人。这为威尼斯印刷业的发展扫清了道路（Gerulaitis 1976, 35; Hirsch 1967, 79）。因此，过去保持控制该行业的努力便转向授予某些印刷形式的专利（或特权）。也许最有意义的是，1502年威尼斯当局授予阿尔定出版社（Aldine Press）的阿尔杜斯·马努蒂乌斯（Aldus Manutius）使用斜体印刷希腊文和拉丁文的权利（该授权旋即受到严峻挑战）。

在印刷术出现之前，手稿的绘制者就已经发明一种使用描图纸将单个插图复制成多个副本的初步方法，马塞尔·托马斯（Marcel Thomas）指出，在14世纪，"绘制者之间经常发生争吵，甚至斗殴，指责对方窃取了原始底图这一无价之宝"（Thomas 1976, 27）。在一份昂贵的手稿中，描绘某一事件的插图基于原稿价值而添附的价值也很可观（更好的插图使得手稿更值钱，显然滋生一种"盗窃"占有手稿的诱惑）。而且，根据13世纪以来的行会文件，书商和销售商不仅就其贸易进行概括性的垄断，在某些情况下，他们还将多次复制书籍的垄断权授予那些于此获得订单的主顾（Prager 1952, 134）。所以，在印刷术本身的出现开始促进印刷书籍之前，印刷品得以产权化的基础就已经发展为一个对那些图书贸易参与者而言事关重大的议题。

初步印刷技术的发展消除了书籍生产的瓶颈。复制是一项费时费力的工作，限制了对零售商的文本供应量。尽管印刷术可能已经剥夺了许多誊抄员的生计，书商和零售商自身也只是转向了新印刷品的批发和转售（Pollard 1937, 19-20）。随着印刷业成为一个新兴行业，新成员层出不穷（通常是来自老牌印刷厂的工人自主创业，并与昔日的雇主竞争），生产值钱且畅销的文本的竞争愈演愈烈，伊丽莎白·艾森斯坦（Elizabeth Eisenstein）表示，这引发了关于垄断和盗版的激烈辩论。她进而论述，印刷术"迫使对什么东西属于公共领域进行法律定义"，随着"占有性的个人主义开始成为作家对其作品态度的特征"，导致对某种以前文学"公地"的"圈占"（Eisenstein 1980, 120-121）。诸多为后来版权法奠定基础的法律革新都肇端于15世纪末和16世纪初，当时广阔的威尼斯出版业踟踟于繁荣和萧条之间。[2]

然而,尽管有这些版权发展的先驱者,在18世纪之前,仿佛个人创作天才般的艺术家或作家仍未峥嵘崛起(Woodmansee 1984)。艾伦·麦克法兰(Alan Macfarlane)认为,个人主义最初出现在英国,是由于封建和农民社会的特殊情况(Macfarlane 1978)。如果确实如此,那么知识产权也可能首先出现于英国法。诚然,这样的主张可以基于《垄断法》(the Statute of Monopolies)(1624年)和《安妮法》(the Act of Anne)(1710年)而提出,这两项法律都代表着重大的法律革新(分别代表了现代的专利法和版权法的正式起源),但是——正如上面所述——这并非全部。

雅各布·布克哈特(Jacob Burckhardt)([1860] 1944, 81-103)提出一个著名观点,即个人主义的观念,尤其在艺术领域,可以追溯到文艺复兴时期的意大利。在这一时期,个人的"最高价值被公开宣告"(Lukes 1973, 47),但是,只有当努力的成果开始享有超过其物质载体的经济价值时,知识产权才能发展成为一种制度。尽管如此,在英国立法保护知识产权的100多年前,威尼斯当局在发展知识产权方面迈出了关键一步。继而,随着欧洲经济发展中心向英国和伦敦转移,对知识产权保护的需求也随之增加。因此,虽然威尼斯人在对待知识产权方面作出重大创新,却并未如伦敦的立法者那般在制度上发展知识产权。不过,在我们研究英国法中知识产权制度化的政治经济学之前,还是无

---

[2] 英国印刷业起步较慢,与威尼斯的印刷业相比,其出版更是长期依赖于赞助以及知名人士的需求(参见:Lathrop 1992)。

法绕过威尼斯时刻。

3.3 威尼斯时刻：知识产权的诞生

虽然拥有知识的理念得到广泛发展，但直到15世纪，第一个正式的专利制度才在威尼斯建立起来。一种知识产权的合法和制度的形式首次确立了知识的所有权，并明确用于促进创新。在关于威尼斯知识产权法律创新屈指可数的宏阔研究中，朱利奥·曼迪奇（Giulio Mandich）提出："威尼斯率先连续不断地对发明专利实施某些规则，而不是偶尔授予一项独立垄断权。"（Mandich 1948，206）。鉴于后来的演进，这些规则可谓富有先见之明：如果所谓的创新或发明（新颖性）在共和国领土内已有先前知识，则不承认授权；对实用性（或有用性）有所要求；授权期限有限制（保护期限）；权利可以转让（可转让性）；有一项基本的使用要求，即在一定期限内未使用则专利权丧失，且国家保留强制许可的权利（Mandich 1948，207）。因此，即便其时威尼斯的知识产权尚未定型，但与威尼斯法的这些革故鼎新相比，随后法律完善的历史对知识产权核心原则的实质性影响可谓相形见绌。

威尼斯政府并非一个在随后几百年愈发广泛的意义上的国家。它没有正式的宪法，它的立法、行政、司法机关之间也没有明确分权。相反，习惯和先例引导政府行为，以各委员会权力交叠保障统治的公正（Greif 1995，735）。威尼斯于1474年颁布了第一部专利法。但在随后25年中，威尼斯的创新者和企业家们并未普遍采用新法衍生的专利，尽管这可能也是因为缺乏单一的政治权威来实施新法。即便如此，该法仍证明威尼斯官方关注城市经济的管理，并认识到技术创新对造福城市的重要性。

在 14 世纪、15 世纪，为了垄断而非创新授予专利的做法，在整个欧陆和英国大体相似。诚然，垄断的独特授权［在威尼斯称为特权（*privilegi*）］绝非湮没无闻，而是在许多国家的法律档案中流传至今。但威尼斯可谓独树一帜，在 1474 年 3 月 19 日元老院（senate）通过以下法令：

> 以其巍峨壮丽，我们这座城市及其周边凝聚着形形色色的能人异士，他们天资聪颖，善于发明和发现五花八门、新颖独特的技巧。如果规定，对这些人发现的作品和装置，其他任何人都不得自行制造或利用以攀附掠美，那么能人异士就会发挥其聪明才智，发现并制造对我们国家（state）大有裨益、殊为可贵的东西。
>
> 因此，本院颁布规定，任何人在本市制造任何以前未在本市管辖范围内制造的新颖、独创的装置，一经完善，必须立即在督察官办事处（*Provveditori di Comun*）注册，以便能够使用和应用该装置。在 10 年有效期内，禁止领土内的其他任何人未经作者同意或许可，以该装置相同或相近的形式制造其他装置。而如果有人这样做，上述作者和发明人将可以自行在本市的任一办事处传讯侵权行为人，届时侵权人须偿付 100 达克特，并立即捣毁其诈伪机巧。但是，我们的政府可以根据需要任意使用任何上述装置或工具，只要不会造成作者以外其

他人的使用（引自：Phillips 1982，75-76）。[3]

这是专利第一次受到法律的一般性调整，而不是一种对个别的申请和授予的过程。

此前，一些授权在革新中获得垄断地位，但在该法令颁布之前，并不存在对这种垄断权（或其他准专利）的授予进行彻底革新的必然要求（Long 1991，877-878）。申请人也不必是申请垄断之技术的创新者或创始者。目前尚不清楚的是，该法只是将以过去独立授权为代表的现行惯例编纂成法典（Bugbee 1967，23），还是说代表了一种立法上的突破。即便主要方面是对威尼斯传统创新实践的正式确认，这种前所未有的法律一般化仍令该法颇为重要。

至此，授权不再是基于申请人与当局之间的关系，而是基于申请人满足某些固定标准的能力了。然而，正如大卫（David）所指出，"尽管直到16世纪中叶，许多专利权仍然被授予5至80年不等的独家生产权以及垄断性贸易特权，在1474年至1490年间，实际上根据威尼斯法（Venetian code）颁发的专利其实很少"（David 1993，47）。特权并未被正式的创新专利所取代，而是凭借其与行会控制的经济产业的关系而维持效用。当提出一项可能影响现有行会垄断权的发明或新技术改进时，会基于社会经济效益突破市政府

---

[3] 曼迪奇（1948年）书中提供的译文，与改编自弗鲁姆金（Frumkin）的译文（1947年）的菲利普斯（Phillips）（1982年）译文不一致，与拉达斯（Ladas）（1975年）译文也略有不同。然而，梅（2002b）已完整转载所有四个文本，其高度类似已足以确定我们在此所关注的该法令的含义。

批准的垄断特权。

　　特权从不是无限期的，也不一定具有排他性（它们稀释了以前持有的垄断权），而是受制于统治官方对社会（或市政）效用的评估（Prager 1944，714）。这种回报创新的形式（相对于正式的专利法）在新法规颁布时已有150年的历史。[4] 从12世纪到15世纪，威尼斯官方授予许多特权，有时还针对现有的行业垄断。（通过新技术或新产品）打破一个现有的垄断，往往比发展一个（具有新技术或新产品的）新垄断获得的回报更多，即便新垄断还是可能非常有利可图。

　　威尼斯立法者明确禁止某些垄断；在禁止玻璃制造商行会制造"用于阅读的眼镜"后，这种特权便向公众开放，以便最大限度地普及。在这一新兴的知识产权领域内，威尼斯人已经就知识所有权带来的公共利益与私人利益之间的平衡形成了一种切实有效的方法，这种方法与支持创新相关联（尽管仅适用于实际运转的实践；关于风车的特权包含一个如因设备失效便予撤销的条款）。尤其是印刷术和以书籍传播知识正成为社会生活的关键要素，因而在这种文化氛围中，普及眼镜的社会效用远远超过回报（或有利于）行会成员的要求。

---

[4] 哈罗德·韦格纳（Harold Wegner）报告称，埃里克·考夫（Erich Kaufer）认为威尼斯的制度在很大程度上是从威尼斯征服的蒂罗尔（Tyrolean）地区移植过来的。然而，正如韦格纳也指出，这一观点很少得到其他历史学家的支持（Wegner, 1993, 2-3），尽管马库斯·波普洛（Marcus Popplow）(1998, 107-108) 指出他们的做法存在某种相似之处，但甚少证据表明蒂罗尔地区对威尼斯有直接影响。

这项法令一经采用，（蕴含私人回报与知识公共可用性之间交易的）典型专利与（译自"*privilegi*"的特权化的）私人回报概念就得以正式区别。即便如此，在一段时间内，潜在的专利申请人仍可选择特权，而非从1474年法令的机制来获得保护。尽管有些申请人使用该法令的措辞，但其他人还是继续将申请系于习惯法，特别是在元老院（senate）刚采用该法令的一段时期内（Mandich 1948, 184）。该法令的新颖性，以及与之竞争的垄断授权的存续，确保了知识产权这一新生概念的覆盖范围不是"大爆炸"，而是逐渐扩大。尽管如此，1474年法令作为知识产权的第一次正式制度化，在历史上仍然具有重要意义。

如上所述，在1474年威尼斯法令的正文中可以看出现代专利制度的轮廓。该法的关键组成部分包括一种平衡，兼顾国家所批准公共领域的知识可用、创新者从其智力努力中受益的权利、劳动得到回报的观念。最后一点——劳动得到回报的观念，是鼓励（知识）产权合法化的一个关键理由，在此也许是首次用一般术语表达。在正文中，劳动的应得一目了然："如果规定，对这些人发现的作品和装置，其他任何人都不得自行制造或利用以攀附掠美，那么能人异士就会发挥其聪明才智，发现并制造对我们国家大有裨益、殊为可贵的东西。……"如果这些"天才"的新理念能够得到（依威尼斯共和国利益行事的）元老院的保护，他们就会继续发展新理念。然而，尽管元老院会采取行动确保任何侵权者受到惩罚，仍保留出于自身战略目的使用创新的权利。如果说元老院在一般意义上代表其公众利益，那么这项规定则是首次承认（新兴）国家本身在确保其为了经济发展的进步方面具有重大利益。[5]正如费尔南·布罗代尔（Fernand Braudel）揭明："在威尼斯元老院登记册和档案页上记录的发明专利（无论是否重大）中，十有八九都与该市的特定问题有关。……最多的还是出于对社会的考虑。"（Braudel 1981, 433-434）尽管其时创新的公共利益仍有局限，但宣传（并广泛使用）创新的公共利益与鼓励智力活动"所需"的私人回报之间的核心平衡已初步形成，这也是显而易见的。

历史上，威尼斯官方曾试图利用行会作为平衡城市日常经济生活中公共与私人利益的一种方式（Mackenney 1987, 14）。因此，这一方法对起草法规的立法者来说并不陌生。当时，威尼斯的政治和社会结构实际上大多呈社团主义性质（Mackenney 1992）。然而，知识的个人化开始引起行会的一些问题，因而转向更正规的保护既有助于（重新）建立对有价值知识的保护，也有助于将保护重点从行会转移到个人。虽然社团主义治理结构可能包含公共知识领域代表的一些社会利益的概念，但随着个人作为可识别的社会参与者崭

---

[5] 然而，这一评估无法斩钉截铁。在曼迪奇（1948年）书的翻译注释中，普拉格（Prager）指出，"不清楚该法中的这一但书是否意味着发明人是为（1）政府使用或（2）他人使用而操作该装置的唯一人员…理由（1）至少与理由（2）一样合理。这确实引出一个问题，'操作'（exercitar）与'使用'（usar）的确切区别是什么。法令于此含糊不清；当然，像《1910年美国法》的1918年修正案也半斤八两……"（Mandich 1948, 180n37B）。虽然我们引导读者聚焦法令的第一段，其更肯定说明了威尼斯的改革创新的社会价值，但这项禁令似乎也隐含某种形式的准公共利益，只是不甚清晰明确（但是，我们的政府可以根据需要任意使用任何上述装置或工具，只要不会造成作者以外其他人的使用）。

露头角，威尼斯官方可能意识到要试图平衡其关于城市事务组织的社团主义观与辨识有资格获得回报之个体的需求。因此，这种应运而生的个人主义（独立的知识创造者），连同威尼斯当时相对稀罕的统治结构（非基于个人专制君主），为发展这一知识产权早期观念提供了一个独特机会，其形式是就创新及其传播进行公共/私人的商讨。

早在1297年5月21日，威尼斯委员会曾颁布一项法令，这是威尼斯保护工艺知识的第一次尝试，其中规定："如果一个医生根据自己的秘方制造药物，他也必须使用最好的材料炮制；所有这些药物都必须保存在行会内；所有行会成员都必须发誓绝不觊觎。"（引自：Bugbee 1967, 20）通过颁布这方面的法令，委员会对知识传播的限制赋予法律属性，而不仅仅是行会的监管。虽然行会在形式上是一个独立的组织实体，但元老院仍可选择代表着行会相对于政府的利益却又在行会治理中作用重要的地方官来控制行会。尽管行会的其他官员从自身梯队选任，仍受制于管辖的地方官及其批准的条例。不过，将行会仅仅看作此时威尼斯政府控制经济生活的一种手段，则大谬不然。完善的申诉程序使行会会员能够限制行会官员的行为（Mackenney 1987, 21-28）。尤其是因为元老院希望促进经济福祉，行会会员的申诉可以引起治理行会方式的转变。

因此，行会与威尼斯政府之间有着牢固的联系。通过这些渠道，元老院会得知行会对其知识资源的看法，行会也可能左右元老院成员就同类资源对整个威尼斯价值的考量。自12世纪以来，威尼斯行会一直负责监管商标，以遏制假冒行为，因此，"知识"要素对商品的重要性的概念在该市得以完善确立（Mackenney 1987, chaps. 1 and 3）。此外，对立法进行日常监督的元老院和十人委员会，对来自下级的有关治理问题的压力作出回应也属于公认惯例（Finlay 1980，44-59）。因此，行会可以直接地表达诉求，也可以通过（包括元老院和委员会在内的）全体大会的成员身份表达诉求。1474年的法令正是来自下层的压力加上市政当局自身意愿的结果，这不但看来很有可能，而且符合当时威尼斯的正常政治惯例。

于是，某些威尼斯行会起初会争取说服国家用习惯法支持他们的努力，从而强化对重要知识的控制，这一点凝结于1474年的法令中。即便如此，根据该法授予的一些专利却是授予非威尼斯人的，因此该法实际上可能更有效地鼓励技术的进口。此外，正如上面提到的特权，新知识或创新往往可能侵犯行会的垄断权，因此，尽管行会成员内部的创新受到重视，但行会外部的创新对行会来说却无异于暗礁险滩。无论如何，随着廉价消费品（纺织品、食品）需求的增加，行会发现，自身越来越受到其旧式卡特尔之外其他行业的竞争的影响（Thrupp 1963，276）。从这个意义上讲，行会对威尼斯专利的支持可能是对新竞争和新技术带来的经济问题的反应。通过与元老院的接触，他们的领袖可能会寻求能够（至少暂时）保护他们与知识相关的优势法律。因此，即使威尼斯的专利正式用于保护创新，也可能旨在（至少是行会试图）保护现存的知识，以保护其传统优势免受非行会成员的侵犯。另一方面，威尼斯当局似乎对城市的经济状况有着更为宏阔的关切。

威尼斯的总体经济优势在该法的序言中得到确认，重视"对我们国家具有巨大效用和利益的设备"（Mandich 1948，176）。元老院立法者已经对经济创新（即创新的社会价值）的战略论据胸有成竹。同样，有用性的问题也有明确的表述："[装置]一经完善，以便能够使用和应用。"威尼斯领土内的发明问题（或在当代专利术语中的"新颖性"）也明确规定"以前未在我们管辖范围内制造的任何新颖和独创的装置"将受该法令的约束。根据曼迪奇的说法，在这项法令中，"大概出现了对发明特性的要求，根据这项要求，发明不得是对已知技术的微不足道的、众所周知的应用"（Mandich 1948, 177）。在有关伽利略（Galileo）1594年水泵专利的文件中，显然威尼斯市（直接向委员会负责）的供应商有责任确保潜在的专利授权在授予之前满足这些条件（Federico 1926）。发明的回报与以往的垄断从此泾渭分明，这是开始趋于正式专利审查流程的形式要求。

然而，那些有权审查新颖性和实用性要求的人往往无法完全确定申请书的有效性，因为在许多情况下，申请人仍处于开发其特定技术创新的早期阶段，或者因为以前的专利记录不完整。因此，在许多情况下，授予的专利都附带但书"不能损害先前授予的其他专利"或"并不绝对地推断这是一项新发明，迄今尚未由他人公开"（Mandich 1948, 187；Prager 1964, 271）。如果两名申请人之间存在争议，则供应商（或地方法官）将展开更全面的调查。即便如此，考虑到专利申请缺乏形式标准，没有区分申请模式，调查法官也无法斩钉截铁。1474年的法令是一项生硬而未完善的保护知识产权的文本。如果这些无定论的调查产生疑义，则总是以有利于相关申请人的方式进行解决：记录表明，在1474年至1550年间，没有一项专利申请被元老院驳回（Mandich 1948, 189）。随着历史的发展，这种优待知识所有者利益的现象将成为家常便饭。

另一方面，元老院也充分意识到，该法要求一种装置必须"完善"才能获得保护。相当多的授权还附加进一步的测试，以确保日后能够弥补实用性和新颖性的初步调查的不足。在某些情况下，增加"专利应无效，如同从未发布过专利一样"的条款，以针对发明人在规定期限未能通过测试的情况。如果该装置无法操作，或者被证明不新颖，则专利将被撤销。元老院要求测试不但要显示实际使用的情况，而且要显示与其声称用途一样的成功使用的情况。还规定有些专利任何情况下都只能在成功完成此类测试后才开始生效，因而只是预授专利（Mandich 1948，189）。鉴于列奥纳多·达芬奇（Leonardo da Vinci）观察到，拥有诸如永动机等发明的人经常前往威尼斯申请专利（Popplow 1998，109），故此类测试确实是为了区分哪些专利值得授予，哪些不值得。尽管这一制度可能鼓励了创新，并在某种程度上促进了威尼斯的持续繁荣，但随着时间的推移，其他因素开始将历史潮流引离威尼斯这片潟湖。

当威尼斯还是一个主要的城市经济体和贸易中心时，它吸引着形形色色的工匠和创业者。面对新的贸易路线和其他欧洲贸易中心的崛起，这座城市逐渐衰落，人口流动出现逆转。随着荣华不再，工匠们纷纷离开，带走的是他们的技能、技术以及对知识产权心领神会的了解与认知，毕竟这些在威尼斯已成为风潮。正如普拉格所说，在"大多数地方，采取的专利制度几乎与其在威尼斯的发展如出一辙……威尼斯制定的所有基本规则都保存在后来的体系当中"（Prager 1944，720）。对于这些移民定居地区的统治者来说，专利制度的魅力在于新制造方法的引进对整体经济的效益。争取这些工匠的竞争不容低估，而鼓励他们移民的一个方法，乃是保障他们的特殊技能和技术能够发家致富。

3.4 专利、印刷与威尼斯经济

虽然本章的范围不包括探讨该法令在整个威尼斯经济中的作用，但有一个重要行业仍值得研究。威尼斯的印刷业展示了我们特别关注的三角关系：在此可以轻易发现立法、技术和所有权意识形态之间的联系。15世纪末，在当局摧毁了德斯皮拉（de Spira）垄断印刷行业的企图后，威尼斯成为"印刷之都"。威尼斯与德国有着密切的商业联系，因此当德国印刷商为了追逐最佳市场而搬到意大利时，他们往往选择在威尼斯开展业务（Gernlaitis 1976，2）。[6] 理查德·麦肯尼（Richard Mackenney）认为，这种新贸易是"威尼斯对文艺复兴文明做出的最重大贡献"（Mackenney 1992，61）。正如阿尔杜斯·马努蒂乌斯（Aldus Manutius）所察，当时国内市场十分发达，能将古典文本译为新流行白话版本的学者云集，使得各种印刷活动辐辏于威尼斯。

在此期间，印刷业在三个方面与知识产权有关。其一，印刷本身的实际技术获得专利（最重要的是创新字体，如罗马字体和斜体字体）。其二，一些出版物的内容也朝着版权体制的方向拓展。其三，在印刷术发明后的50年里，书籍流通促使科学技术知识传播

---

[6] 印刷商向威尼斯的迁移，也是拿骚的阿道夫（Adolph of Nassau）洗劫美因茨（Mainz，古腾堡的家乡和早期印刷中心）而使城中的印刷商作鸟兽散的结果（Thompson,［1911年］1968, 8-9）。

日益广泛，这意味着仅掌握"秘诀"不太可能确保垄断使用。技术书籍的印刷（通常取自中世纪文本）可能只编纂了众所周知的方法，但它们往往向更广泛的读者透露有意隐瞒的技术。（Long 1991，860n37）因此，一旦讨论有关技术和"科学"的印刷材料爆炸式增长，并对信息和知识的传播有限性产生不利影响，这些知识的原始所有者或许就会故伎重施于稀缺性，由此保障自身利益。

于是，印刷本身尽管受知识产权规定的制约，仍对知识产权作为正式制度发展所处的政治经济环境产生深远影响。这一新兴的信息可用性公共领域促成了1474年法令对新颖性的明确立场。从此以后，只有在威尼斯具有新颖性，才会授予垄断权。印刷术的出现促使知识持有者寻求保护，但这种保护也仅限于特定种类的（新颖的、实用的）知识。对如今被称为现有技术（*prior art*）的确认，就愈发变成对先前公布的推定为创新的某种或某套特定理念的确认。

随着知识产权制度化的兴起，威尼斯的印刷业兴旺发达。在1474年法令颁布前的两年里，印刷业陷入供过于求的危机。拉丁文经典著作的印刷远远超过需求，导致许多印刷商要么破产，要么任由债权人处置。这种情况导致一些企业的合并，至少有一家印刷企业，即维德利努斯（Vindelinus），落入两位德国企业家的手中（Gernlaitis 1976, 23; Lowry 1979, 13）。通过某种形式的版权，可以避免来自不同印刷商（复制）文本的过度供应。鉴于威尼斯官方对本市经济的关切，这也可能是该法所规定的保护形式的一个促成因素，尽管法令文本中没有任何内容直接支持这一推断。但是，赫希根据对威尼斯工业的理解，坚称为印刷商提供的保护不是"出于顾忌之心，也不是出于公众（对盗版）态度，而是出于特权的经济考虑"的产物（Hirsch 1967, 81）。无疑，在知识产权法更为正式化的同时，威尼斯的工业也在蓬勃发展。

阿尔定（Aldine）出版社是第一家"畅销"出版社，每版印刷量约为1500册，在1474年法令通过后的20年里，该出版社日益活跃。与繁荣的出口贸易相联系，学者们第一次可以不再依赖彼时昂贵稀缺的版本，而得以涉猎经典著作（Eisenstein 1980, 223）。威尼斯印刷业呈现出创新和面向出口的特点。出版商和印刷商都在市场上盈利，即使在准资本主义的早期，（通过降低成本）降低价格以扩大市场的逻辑已经影响到整个行业（Gernlaitis 1976, 10-11, 19）。不过，正如当今的内容提供商，阿尔定出版社和其他印刷商也面临假冒问题。

打击仿造品的策略之一就是为所使用的字体申请专利，许多印刷商试图以这种方式保护自己。例如，1502年11月14日，阿尔杜斯（Aldus）获得了威尼斯管辖范围内所有用斜体印刷的希腊文和拉丁文出版物的垄断权。这是首次对某种印刷字体的使用而非以该字体印刷的作品授予（知名的）专利。这项授权似乎在阿尔杜斯与雕刻师之间造成严重分歧，雕刻师认为这是他的发明，而非阿尔杜斯的。然而，阿尔杜斯继续拥有这项授权，雕刻师弗兰切斯科·格里福（Francesco Griffo）（以及其他人）也未浪费时间去打破该垄断权，引发一场当时威尼斯官方似乎未曾圆满裁决的关于斜体的首次使用与合法所有权的争议（Lowry 1979, 89-140）。最负盛名的印刷商为其昂贵版本争取到赞助，从而整体上摆脱对自身活动利润的依赖。但阿尔杜斯·马努蒂乌斯展现了15世纪威尼斯的现代化特色，利用大量版本带来的规模经济优势，通过价格和可得性与其他版本进行竞争。伪造版本仍然是一个主要问题，即便具备所谓的保护措施（包括在阿尔杜斯一案中，不仅有专利证书，还有教皇诏书）。不幸的是，裁决这个问题的权威并不属于一个单一机构，而且确定复制品的相似性或日期也不甚容易。尽管专利、特权和其他方法都已部署，还是未能釜底抽薪。

阿尔定出版社在1501年使用斜体字加速了口袋经典的传播，从而使出版社在整个欧洲及其他地区广为人知，成为当时最著名的出版社（Allen 1913, 305）。阿尔定出版社声名显赫，以至于1508年，当伊拉斯谟（Erasmus）正在寻找既能出版其《格言集》（Adages）的扩展版本、又能以某种形式保护其作者"权利"的出版商时，就直接找到阿尔杜斯·马努蒂乌斯。一达成协议，伊拉斯谟就搬到威尼斯与出版商密切合作了几年。通过对伊拉斯谟撰成《格言集》的细致研读，凯西·伊登（Kathy Eden）认为作者主要关注其（知识财产）权利［Eden 2001（第271页各处）］。因此，虽然阿尔定出版社在出产品质与分销渠道方面的声誉促成了伊拉斯谟的选择，但他希望从威尼斯保护制度中获得一些优势的愿望也发挥了重要作用。阿尔杜斯·马努蒂乌斯也可能会向他保证该制度非常有效。在前1年，阿尔定出版社成功打赢一场对菲利波·吉乌蒂（Filippo Giunti）提起的诉讼，因为他伪造了出版社的许多文本（Lowry 1979, 156-158）。当涉及斜体字的专利时，这种行动就没那么成功了，但对于伊拉斯谟来说，这些行动是他通过阿尔定出版的一项优势。

到了1518年，带有阿尔杜斯标志的盗版问题愈演愈烈，正如当年《论李维》（Livy）版本序言所证明：

最后，我必须提请学人注意这一事实：某些佛罗伦萨印刷商眼看在校订和印刷方面无法与我们同样勤勉，就只好故技重施。在他们作坊印刷的阿尔杜斯版的《语法惯例》(*Institutiones Gramaticae*)上，他们贴上我们著名的"绕锚海豚"标志。但是，这种行径都不会得逞，只要是对于任何对我们制作的书籍略有了解的人，都会一眼识穿这个厚颜无耻的冒牌货。因为他们海豚的头是向左转的，而众所周知，我们是向右转的。（引自：Azmi, Maniatis and Sodipo 1997，138）

仿冒行为愈发普遍不仅引发盗窃的指摘，还引发基于对劳动合理回报的知识产权辩护；骗子们"在校订和印刷方面无法与我们同样勤勉，只好故技重施"：给假冒劣质商品贴上著名标记。但阿尔杜斯于1515年去世，此时恰逢威尼斯当局撤销之前授予的所有特权，试图消除这类垄断权的广泛滥用（Prager 1994；Hirsch 1967，85），因此，从严格法律条款来看，当年及以后的"盗版"版本正因这些保护措施的终止才趁机浮现。

有许多成功的印刷商认为，通过授予特定义本的特权对版权进行保护至关重要。这样既减少竞争，又建立他们对所选文本的垄断。对某种版权保护形式的愿望，正是通过一些显然似曾相识的实践来唤起。马丁·劳里指出，15世纪90年代，一些提交给威尼斯政府的版权申请书

勾勒出一个奸邪地下组织在行业内"作妖"（sinister）的画面：其代理人嗅到新的重要作品即将出版，便贿赂一些心

怀不满的工人，获得一份副本；隐秘的报社批量生产被盗文本；于是一个便宜的版本比原版更早出现于市场，在这个项目上投入资金和专业知识的可怜印刷商却血本无归。(Lowry 1979，14)

因此，就合法版权问题寻求立法解决的愿望不足为奇。此外，几乎从一开始，威尼斯印刷商就在典型资本主义生产结构中工作，在此组织模式下，保障其产品知识内容的产权愈发重要。[7]

大多数情况下，特权以及1474年后的垄断权（或准专利）被授予印刷商，而非作者。但是，1486年授予萨贝利科（Sabellico）关于威尼斯历史著述的特权，允许"自行选择由哪家印刷商出版，而任何其他出版该书的印刷商将被罚款500达克特"。在正式出版三天前，该授权又以一项特权得以加强，这可能是为遏止关于先前授权真实性的谣言和猜测（Chavasse 1986，26）。[8] 其他授权还包括一项授予佩特罗·弗朗切斯科·达·拉文纳（Petro Francesco da Ravenna）《弗尼》（*Foenix*）一书的权利，以及在1515年授予阿里奥斯托（Ariosto）对其作品《疯狂的奥兰多》（*Orlando Furioso*）的权利，并规定对盗版处以1000达克特的罚款，这表明附着于推定的（putative）知识产权的价值有所膨胀（Rose 1993，10；Eden 2001，270-271）。然而，正如200年后的英国所呈现，关键的参与者是印刷商（或出版商），并非作者。

---

[7] 关于威尼斯印刷业的全面讨论可在格鲁拉蒂斯（1976年）和劳里（1979年）的书中找到。

[8] 露丝·查瓦斯（Ruth Chavasse）(1986年)详细论述萨贝利科出版物的传记和文学背景，以支持萨贝利科而非伊拉斯谟是第一位以写作为生的作家的主张。

为应对争夺有利可图选题的权利竞争，1544 年至 1545 年间，威尼斯的十人委员会制定最早的版权保护正式条款（与授予文本内容专利权不同）。他们的法令"禁止印刷任何作品，除非已向帕多瓦大学的委员提交作者或其直接继承人的书面许可"（David 1993, 52）。与专利法一样，版权在正式制度化之前也存在相当多的惯例。1493 年以后，威尼斯内阁开创了一个先例，给予丹尼尔·巴巴罗（Daniele Barbaro）10 年的独家出版权，允许他出版已故兄弟埃尔莫拉奥（Ermolao）的书（其与威尼斯当局的密切关系无疑促成此项授权）。在 1517 年之前，任何书籍都有可能被授予垄断权。这导致印刷商和出版商争先恐后地购买有利可图的选题，要么为了立即出版，要么为了出售垄断产品。

1517 年，元老院将此后授予特权的对象限制为"新的和以前未印刷的作品"，以减少诉与反诉的数量（David 1993, 51）。然而，问题随之而来，数年内特权授予如雨后春笋般涌现，1534 年元老院规定只有在 1 年内出版该书，特权才能继续有效。此举旨在阻止人们囤积未出版的选题，并刺激贸易的持续扩张（Gernlaitis 1976, 46）。但是，伪造版本的问题依然存在。

1549 年，威尼斯所有印刷商、销售商最终被组成一个行会，从而可以保存作品的完整记录（以监管未经授权的再版），并在压制异端文学方面给予教会一些策应（David 1993, 52）。此时，作者（亦如印刷史以来的大部分作者）依赖于出版商，以确保其作品是通过受保护的（有版权的）合法正规途径出版的。保护取决于行会会员，这种垄断与许多欧洲行会自身对知识所有权的看法并无二致。

无论如何，法律的正式措辞未能带来一种形势的变化。十人委员会在1544年法令中规定："除非作者或其直接继承人已声明，同意并以书面形式提交给国立教育大学教育［改革（Rejomatori）］委员会，否则本市印刷商不得以任何语言印刷或出售任何作品"（引自：Mandich 1948，204）。此言似乎表明版权属于作者。诚然，这可能是第一次将系于创造个体作者的某种权利合法化：当然表面看来印刷商和出版商似乎居于次要地位。然而，关于印刷本身的实践，以及禁止生产特定类似文本的专利制度的运转却要弱化作者地位。缺乏复制手段的权利，威尼斯的版权持有人（亦如现今状况）便受制于有意印刷他们受版权保护文本的印刷商或出版商。

尽管如此，普拉格认为，"在寻找出版商时，作者更愿意去威尼斯，而非去任何其他城市。造成这种偏好是由于版权传统的影响，至少不亚于造纸原料和印刷技术方面的优势"（Prager 1952，135）。当然，据1474年法令授予专利，印刷技术优越性也得威尼斯知识产权制度的支持。值得注意，由于每本书都印有表示授予专利和作者正式版权的出版社"标识"，因而知识产权的观念就通过威尼斯出版社主导的出口市场得以传播。但是，教会审查制度最终导致了威尼斯图书贸易严重萎缩。尽管1564年《特兰托会议信纲》（Tridentine Index of 1564）*已有一些不利影响，但正是1596年的克莱门特禁书目录（Clementine Index of 1596），对印刷作品的合法类型进行严格限制，导致印刷商大量外流，公布后数月，威尼斯出版社从125家下降到40家（Logan 1972，76）。在这一点上，与围绕威

---

* 1564年特兰托公会议发布关于禁书的十项规则。——译者

尼斯衰落及其竞争对手（最重要的是伦敦）崛起的广阔议题如影随形，专利和版权的历史转移到英国。

威尼斯时刻形成了一个根深蒂固的制度框架。在威尼斯，一些类似于现代知识产权的发明在一定程度上是为了应对新的革命性信息技术的发展。印刷术改变了可以有效利用知识和信息的环境。它改变了游戏规则，不管是秘密工序与技术、特权知识的拥有者，抑或只是重要学问渠道的拥有者，要从中获利都得遵循这一规则。在这个知识环境剧变的时期，从业人员和政治当局进行了创新（或详细诠释新兴的实践），产生新的产权形式。在15世纪，知识产权制度化不但与以前的习惯做法直接相关，而且仍然只是提供保护的一种方法。申请人根据所需保护的种类，可能会申请与1474年法令相关的专利，或者申请特权，或者试图通过行会保密来保护知识或信息。保护方式顺应并关乎知识所有者的需求。

当然，威尼斯成功统治印刷业（当时的一项战略技术）与知识产权的出现存在巧合，这可能意味着某种因果关系。按照对专利的一般证成，这种联系不言而喻。然而，尽管以普遍原则形式呈现知识产权，威尼斯时刻仍揭示着，从立法渊源来看，知识产权并未过度关注理想化的个人及其权利，而更像一种城市/政府衍生的战略，用于发展竞争优势和有效的经济组织。何况，在被司法权威采纳之前，知识产权的核心理念是在行会（私营部门）中发展而成的。1474年法令旨在巩固并提高威尼斯在许多工业行业上的地位，以应对15世纪末开始困扰其商业帝国的问题。然而，促成这种应对方式的驱动逻辑的并不是立法者，而是知识所有权正式制度的获益者。随着知识产权的制度化，无论随后还会主张何种正当化理由，知识所有者而非创造者的权利和利益，才被视为立法革新的核心。

3.5 其他地区

诸多对知识产权的回顾始于17世纪、18世纪英国法院的法律革新，爬梳这段历史之前，我们还得先简要勾勒另一些知识产权史的重要发展，尽管它们相对独立。这些发展饶有趣味、引人入胜，可让我们在已详考的历史脉络外寻见通往产权制度的其他踪迹。这一领域还有待更多研究，那将有助于在前述法律轨迹外另辟蹊径予以重述。

窃取理念的概念也在犹太人的社会实践中发展：这要求希伯来语《塔木德》（Talmud）（犹太教口述律法的汇编）的报告者在做出口头陈述时，都要表明补述内容和新的原则的编者。这一要求源于《耶利米书》（Jeremiah）第23章，该章指出："耶和华说：那些先知各从邻舍偷窃我的言语，因此我必与他们反对。"（引自：Hazan 1970, 24）。维克多·哈桑（Victor Hazan）认为，这解释了至少追溯至公元70年的犹太法的重要原则，即把他人之言当作自己的话来说是非法的（Hazan 1970, 25）。尽管对先前作者的引用难以成其为一种产权，但作者身份应当报告给后来的听众，就此而言还是承认了作者在某种程度上享有对某一特定理念的所有权。

中国人亦发展出在意大利乃至欧洲引发知识产权思考的诸多技术创新，但他们自己尚未形成知识产权的观念。而且，授予由国家准许的垄断专制的理念，也构成汉代及后世王朝的经济政策中的一个关键部分（Barron 1991, 321）。在欧洲，垄断理念为专利法奠定了基础，就中国而言则不然。同样，欧洲使用活字印刷术（引发印刷业"古腾堡革命"的创新）的约前 500 年，中国人已经运用这种印刷术（Febvre and Martin 1976, 71-76）。可是这一技术未能充分发挥，部分是由于汉字数量庞大，还因为按照中国人的眼光，活字终究与书法根深蒂固的（且备受重视的）传统背道而驰（Febvre and Martin 1976, 75）。虽然个人创造力颇受重视，但除了借助颇费周章的板（plates）或块（blocks）（这两种方法在汉字印刷中都广泛使用）的雕版印刷之外，这么一种机械形式复制的表达在中国还是行不通。还有，在印刷术初创后的大部分时间，其他地方都出现印刷商所要积极应对的（能阅读的）受众市场。然而鉴于识字率较低，所以这样的市场在中国相对缺位。

安守廉（William Alford）对此颇费笔墨，不管经济和技术的因素如何，中国未出现某种形式的知识产权，实缘于其政治哲学的根源：儒家思想（Alford 1995, 19ff.）。其复杂社会关系模式中对往昔的重视，使得中国人崇尚信手获取出处各异的历史知识。尽管中国王朝可能已在诸多方面展露些许酝酿知识产权发展的因素，可是缺乏必不可少的政治诱因，中国的发展就未能达致诸如 15 世纪威尼斯及其他欧洲城市的显著成效。

在朝鲜，朝廷热衷于以书籍印刷传播知识，并在 14 世纪末、15 世纪初资助政府印刷厂开发新的印刷术以满足这一政策。其前三次铸造活字分别在 1403 年、1420 年、1434 年，先于古腾堡发明的活字印刷术，但看来同样没有知识财产理念的平行发展。

在其他地方，尽管艺术表达的实践高度发达，巴厘人也未采用知识产权原则；他们将艺术性和创造性（或创新性）活动视为集体理念的表达。因为他们本身就不存在知识分工来识别特定类别的知识生产者，所以也就不需要或不希望识别艺术或技术（art or technology）中新表达或新理念的创始人。同样，由于缺乏强调个人在相当程度上对自身理念拥有至高无上权利的哲学结构，巴厘人对知识产权的概念仍很陌生（Ploman and Hamilton 1980, 4-5）。

这些简述的例证可以进一步强调我们在本书中所提出的中心论点。知识产权是三个特定社会领域发展的结果：技术领域、法律/政治领域和哲学领域（关于个体知识生产者的概念化）。而且，只有在现代资本主义及其全球化扩张的历史中，这三个要素的结合才能产生世界贸易组织《与贸易有关的知识产权协定》（TRIPs）中所强化的知识产权法。在下一章，我们将回到归这番历史，并考察更常被奉为知识产权滥觞的17世纪、18世纪的英国。

第四章　贸易与作者及发明的浪漫观念

虽然我们关注的是威尼斯时刻，但 16 世纪的其他发展也预示着英国的法律革新。威尼斯法律对欧洲大陆的影响显而易见：即佛兰德斯（Flanders）和安特卫普（Antwerp）以及法国王室建立各种形式的专利，通常授予威尼斯人进口各种制造技术（通常是玻璃制造）的权利。然而，这种授权是以对个人授权作为形式；并没有规定授权的一般立法（Bugbee 1967，27）。虽然很难确证这些大陆发展对英国法律的制定影响多大，但不可能完全没有。

早在 16 世纪初，威尼斯就已经成就政治稳定、宪法卓越的神话，尽管这在一定程度上是该市自身宣传的产物。政治稳定且持久意味着威尼斯的治理模式受到意大利和整个欧洲政治阶层的重视（Finlay 1980，27-37）。在 17 世纪早期，英国政治阶层常将威尼斯比作当世罗马，奉之为良性政府的典范，甚至在 15 世纪末，英国的立法者就已经十分赞赏威尼斯的政治实践（Fink 1940）。任何具有威尼斯特征的立法革新都会得到支持，不可能未经细致考虑就拒之门外。尽管如此，虽然威尼斯的治理颇具影响，但到英国政府着手制定专利法，关键要素却是独特的英国化。不过，在研究英国法律革新之前，我们还是简要考察可能对英国专利法和版权法产生另外一些影响的其他地方的发展。

4.1 从威尼斯到伦敦：欧陆的发展

至 16 世纪中叶，威尼斯对创新的保护逐渐在国外广为人知。威尼斯玻璃吹制工经常将威尼斯模式介绍给统治者；他们带来制造玻璃的新方法（让玻璃成为一种商品而非奢侈品），并且知道这种方法在威尼斯可以受到专利授权的保护，因而也就试图在所移居的国家寻求垄断权（Frumkin 1945, 144）。来自君主的一纸专利证书便允许他们就引进方法享有有限的（但有时可延期）垄断权，交换条件往往是通过指导学徒来转让技术优势。毕竟这些玻璃制造商打破了威尼斯制造业的垄断权，就不可能再回到威尼斯，那样将难逃一死。

1551 年，法国王室首次授予特权——将威尼斯玻璃制造技术 10 年进口特许权授予威尼斯移民特修斯·穆蒂奥（Theseus Mutio）（Mandich 1948, 206）。同样，尼德兰政府在 16 世纪后半叶也授予一些特权，且通常是授予意大利人。例如，1541 年，一群威尼斯玻璃制造商在安特卫普获得授权（Frumkin 1947, 52）。当然，授权也不局限于意大利人。法国本地人阿贝尔·福隆（Abel Foullon）于 1554 年获得的也许是法国的第一项发明专利。他的测距仪获得了 10 年的授权，不仅包括出售发明的权利，还可能获得仪器附带说明书的准版权（Bugbee 1967, 25）。马克西米利安·弗鲁姆金（Maximilian Frumkin）指出，尽管王室要求披露，但为确保其他人无法盗用发明，该技术并未公开（Frumkin 1945, 145）。即便如此，福隆在 4 年后仍获得"无马马车"（老式汽车）的新专利（Frumkin 1947, 53），这表明，不管前项授权表现如何，发明人与王室仍然关系融洽。

在其他地方，德国早期的专利授予往往与采矿有关，如1484年早期撒克逊人的专利授予布拉修斯·达尔马蒂斯（Blasius Dalmaticus）用于矿山排水；1535年授予来自勃兰登堡州奥诺尔兹巴赫的一名贵族一项为期8年的用于矿山的水泵垄断权（Frumkin 1947, 53）。1545年，国王查理五世（Charles V）授予汉斯·赫德勒（Hans Hedler）一项12年的风力和水力发电厂建造专利（Klitzke 1959, 620）。事实上，从1530年到1630年的一百年间，德国各级政府[从皇室到地方的选帝侯（Elector）]似乎已经颁发了大约100项专利授权。当时的德国法律以日耳曼习惯法和罗马习惯法的结合为基础，与盎格鲁-撒克逊国家的普通法一样，法律实践是通过法院判决而非正式立法发展确立的。因此，汉斯约格·波尔曼（Hansjoerg Pohlmann）认为，到了1600年，专利权的授予已经"具体化为具有法律约束力的习惯规则"（Pohlmann 1961, 123, 125）。甚至在1551年申请授予舒尔茨（A. Schultz）一种铸造方法的权利，其文本明确指出："根据帝国历史悠久的做法，新事物（对艺术有用和有益）的发明者一直享有被授予的权利⋯⋯并且（公平地）享受他们努力所得的初前成果。"（引自：Pohlmann 1961, 126）创新得到确认和回报，这被奉为一项永恒的原则，而非看作一项新的法律实践。

在16世纪和17世纪期间，德国各州专利被驳回往往是由于不满足事实理由，包括对新颖性和实用性的初步测试，而非因为涉诉法院恩惠他人（或其他方面）而驳回。该实践表明某种形式的专利审查（包括外聘专家来评估申请书）（Pohlmann 1961, 126-129）。其中一些申请书似乎也涉及授权的公共利益。波尔曼提及一项申请，其唤起申请人"为了共同利益，特别是为了采矿技术的利益而公开他们新发明的装置"的意愿（引自：Pohlmann 1961, 130）。因此，授权中关乎公共的这一方面也开始调动起来。与德国的政策相映成趣，17世纪，帕斯卡（Pascal）家族（父子）在法国努力发展一种专利审查形式。弗兰克·普拉格认为，虽然与法院向个人实际授予的专利可以区分开来，但他们研究如何编写专利规范，以及创新如何得以编纂成法于专利授权中，这项工作具有一种显著的深远影响（Prager 1964）。申请书有时包括关于发明或实际操作的声明，作为证明其主张真实性的一种方式，而帕斯卡父子试图为这些陈述的形式和内容设置一些标准，以支持授权。

16世纪中期，许多意大利人在安特卫普（当时是尼德兰的一部分）定居并建立新产业。1560年至1580年间，在尼德兰发布的23项专利中，有5项是意大利人的专利（Walterscheid 1994a, 714n68）。在尼德兰联邦，申请人必须明确说明专利授予所涵盖的事项，其中许多规范由专门设立的委员会审查。与其他国家一样，新颖性仍然具有地域特定性，首次进口的技术或创新才足以获得专利（Walterscheid 1994a, 714-715）。亦如威尼斯，印刷业是一个重要的工业部门，专利授权是用来为企业家创造盈利机会的。到了17世纪，独家许可证作为尼德兰印刷业许可证的一部分，适用于需要印刷特定书籍的学科领域（最重要的是神学和宗教文学），而更大众化的作品只要获得一般许可证便可印刷。然而，正如保罗·阿布拉斯特（Paul Arblaster）揭示，"为了享受排他性的好处，印刷商可以自行申请这种具有法律强制力的作品垄断权，即使该作品实际上并不需要申请独家许可证"（Arblaster 2001, 182）。这些自愿申请的独家许可证反映出竞争解决方法中的一种利害关系。

在 16 世纪早期，诸如伊拉斯谟等作家开始获得与他们的印刷商完全区别的声誉，从而给印刷行业带来一些问题。当然，尽管威尼斯在准版权或雏形版权保护方面有所革新，但欧洲大部分印刷贸易仍只是在重印最初由他人印刷的"未经授权"的书籍。伊拉斯谟可能摸索出一种对付此类复制品的策略。在 1516 年的一封信中，伊拉斯谟的巴黎出版商巴迪乌斯（Badius）写道："如今您已声名煊赫，只要大作一出新修订本，即便盖无出新，人们也将趋之若鹜。"（引自：Allen 1913, 320）当然，同样地，出版商重印未经授权的版本也可能会利用修订或"新版"的说法。即便如此，作者声誉（以及获得作者最新作品的愿望）显然在该行业发挥作用，这表明一种更为个人化的作者身份观念以及"崭新性"（newness）价值的浮现。

在 17 世纪，法兰克福书展（Frankfurt Book Fair）是（国际）行业的重要组成部分，而法兰克福市议会则立于寻求限制未经授权复制书籍的方法的潮头。在每次展会结束时，印刷商都须向市长出示他们将在明年展会之前出版的书籍清单。因此，当特定书籍见于多份清单，就得解决谁有特权印制这些书籍的问题。未经议会同意，任何出版商不得将书籍带到书展，因为这一步骤就能够限制版本复制（Thompson [1911] 1968, 83-85, 99-108）。然而，展会的规模、卖家的国际性以及销售的卷数均意味着这些措施的有效性尚不清楚。由于这些清单也被用于审查目的，而非仅为保护出版商"权利"，就可能因各种情况而不甚完整。

然而，经过"三十年战争"（1618—1648 年）的剧变，这些重要的实践、习惯和法律发展在很大程度上让步于欧洲知识产权法更广泛的历史发展（Pohlmann 1961, 122）。[1]这场冲突其实瓦解了中央集权的帝国法律结构，诸多法律革新也随之消失。德国后来的知识产权法律制度就只好追溯到19世纪了。虽然尼德兰因"三十年战争"消除印刷行业的主要竞争对手而受益，却并未导致雏形版权保护方面有所创新。如果说这一时期还有什么作者权利相关的问题，那就是由于缺乏法律的禁止，尼德兰出现大量"盗版"欧洲其他地方书籍的现象而导致声名狼藉（Bugbee 1967, 49）。[2]

最后，在论述英国在专利和版权方面的革新之前，还应简要提及迄今为止商标的发展。到了15世纪，许多城市的商人行会都建立商标注册处（handelsbuecher or Livres de Commerce），记录本地和外国（商业）标记。据杰拉尔德·拉斯顿（Gerald Ruston）称，来自但泽（Danzig）的一些书籍（1420年）中列出该市以及英国、阿姆斯特丹（Amsterdam）和热那亚（Genoa）商人的标记；还有另一本来自安特卫普的书籍（1556年）中也有威尼斯和热那亚商人的商标（Ruston 1955, 139）。此外，市政当局往往对侵犯这些标志的行为进行处罚。帕拉丁选帝侯（The elector of Palatine）公开绞死一名客栈老板，因其在劣质葡萄酒瓶上使用吕德斯海姆（Rudesheimer）的标志，违反刚通过的禁止性法令。在整个欧洲大陆，在金银线织

---

1 由于篇幅有限，无法详细介绍德国图书贸易的历史；但在汤普森（[1911] 1968, chap.1, 3）的书中可见其详。

2 讽刺的是，莱顿（Legden）和阿姆斯特丹（Amsterdam）的埃尔塞维尔（Elzevir family）家族是主要的"盗版者"之一（bugbee 1967, 49），他们的公司［现名为爱思唯尔（Elsevier）］后来成为科学期刊的主要出版商之一，目前经常使用版权体制作为其高订阅价格商业模式的主要因素，因而受到抨击。

物上使用虚假标记被视为"造印（coining）"（伪造货币），因此也常处以死刑（Ruston 1955，141）。中世纪的行会制度已经催生广泛的法律来惩罚未经授权使用（贸易）标志的行为，其强有力的防卫一直延绵至今。

在16世纪，为了行会信息目的而进行标记的要求延伸到一些概念或类似财产的可转让性上。例如，在1547年的吕贝克行会章程（Guild Statute of Lübeck）中，面包标志不是系于个人，而是企业，并允许在企业出售时将其作为资产的一部分进行转让。（Paster 1969，560）英国的枢密院和欧洲大陆的其他各种机构使用商标来控制和影响其管辖范围内的经济发展。然而，尽管标志正在朝着更现代的商业资产角色迈进，但其本身仍是通过使用，而非一项授予或奖励建立起来的。

在确定17世纪（专利）和18世纪（版权）有关知识产权的革新并非史无前例之后，我们现在开始来研究1624年《垄断法》（the Statute of Monopolies）和1709年《安妮法》（the Act of Anne）中广受承认的法律革新。鉴于在诸多关于知识产权兴起的描述中，这些时刻浓墨重彩，我们也将对这些英国立法的背景进行详细考察。其旨有二：第一，它们毕竟是重要创新的立法设置，尽管可能不是前所未有；第二，由于被普遍视为现代知识产权的诞生，因此它们对围绕知识产权的辩论富有当代影响。

4.2　英国的专利革新

直到17世纪初，在许多欧洲国家中，专利的授予都受制于变幻莫测的政治权力和个人关系。尽管整个欧洲都在朝着更正规的专利授予制度迈进，英国却是第一个利用系统的专利授予和后世版权授予的方法，来建立相对现代的知识产权管理立法的国家。法律革新的这一阶段之所以出现在英国法，一个可能的原因是，相比法国、意大利、德国的政治结构，英国是唯一具备社会、政治和经济条件，可以制定更健全的法律授予某些接近现代专利的垄断权的国家（Federico 1929, 295）。英国立法还反映王室过去百年的做法和政策，百年来，技术引进和重商主义观念一直是王国政府政策的核心要素。

杰里米·菲利普斯（Jeremy Phillips）提出一个强有力的例子，来证实伊丽莎白王室关注到威尼斯和欧陆实践知识的线索。1559年，雅各布斯·阿康提乌斯（Jacobus Acontius）似乎获得英国首次明确为创新而授予的专利。阿康提乌斯在威尼斯居住期间注册了一项专利，移民后就带来了创新者理应获得其发明相关的某些利益和权利的观念（Phillips 1982；另见：Klitzke 1959, 634）。这虽值得一提，但由于采取专利革新的做法也存在许多国内因素，这种直接联系还是不应过分强调。

值得注意的是，雅各布斯·阿康提乌斯在向伊丽莎白申请专利时提出的论点：

> 那些通过探索发现对公众有用的东西的人，理应获得一些出于权利和努力的成果，没有什么比这更光明正大的事情了，因为他们同时放弃了所有其他的获益方式，在实践中付出沉重代价，且经常遭受巨大损失，正如我所经历的那样。我

> 发现了最有用的东西——新型轮式机器以及用于染色和酿酒的新型熔炉——在无惩罚的情况下,这些东西一旦面世,就会未经我的同意而使用,而疲于开支与劳作的我将得不到任何回报。因此,我请求您禁止任何人在未经我同意的情况下,使用任何类似的、不管用于研磨还是切割的轮式机器或熔炉。
>
> (引自:Phillips 1982;Klitzke 1959,634)

在此,我们可以看到发明者作为回报的合法接受者的观念,这一点在给授权本身的评论中得以强调:"在他的诉求中:发明者理应得到回报并受到保护,以免他人从他们的展示中获利。"(引自:Phillips 1982,71)揆诸史册,这似乎是首次同时援引自然权利和劳动(或努力)来证成专利授予合理性的哲理结合(Mossoff 2001,1274)。在重商主义者以战略原因支持授予专利之余,至少这位发明者已经察觉专利授予对自身福祉的好处,并且可能已经想到任何关乎权利的回报,而非奖品或奖金。

伊丽莎白一世(Elizabeth I)的重臣威廉·塞西尔(William Cecil)[后受封为伯利勋爵(Lord Burghley)]主要将专利授权视为吸引外国技术的一种手段。都铎(Tudors)王朝通过奖励德国军械商、意大利造船商以及垄断各种交易和技术的意大利玻璃制造商,既鼓励了民族工业,又维护了国家安全(Federico 1929,294)。正如克里斯汀·麦克劳德(Christine MacLeod)所阐述,在涉及某种技术或创新的引进时,专利权人"被要求立即实施他们的'发明',并通过向本地工人传达必要的技能来确保其持续,[并且]如果不满足这些条件,则可撤销授权"(MacLeod 1988,11)。但是,随着立法的成熟、秘密或新程序的披露并不重要。相反，塞西尔（利用当时的重商主义逻辑）更感兴趣的是既通过国内生产减少进口，也通过出口任何特定专利认可的商品，从而扩大贸易。如果一项授权可能损害那些已经活跃于特定行业的人，那么这些专利很少会被授予；毕竟如果授予，就会引起诸多侵权问题，需要法院处理有关其合法性的争论。

在伊丽莎白登基之前，已经存在一个合理设定的授权程序，伊丽莎白王室的做法未必具有革新性。伊丽莎白王室经常颁发专利，要么用来支持经济困难的朝臣，让他们从垄断中获利，要么用来奖励宠臣亲信（代替其他职务奖励）。此外，这些授权也授予专利权人权力，赋予平民与官方同等的（至少在授权范围内）监督、搜查和扣押侵权者商品的权利，以及对侵权行为进行罚款和予以处罚的能力（Walterscheid 1994b, 864）。这一做法产生大量有争议或令人反感的授权，其就特定业务领域所授权的个人，既非发明者，甚至不是专家。有些授权还是在工艺（或衍生产品）已经广为人知的情况下授予的。淀粉、盐、纸张、硝石、玻璃都归于女王宠臣（或债务人）的控制，导致价格大幅上涨（这也是价格问题成为1624年法令一部分的原因之一）。

1601年，英国议会试图通过一项法案，改革英国政府授予专利证书的做法并缓解公众不安，此后，女王本人亲自着手改革这一做法。女王的大臣们无法阻止议会的立法，因此，为了保留一些权力，她废止垄断授权的糟粕，并允许法院不受其约束地审查其他授权。于是，虽然她保留颁发授权的权力，但这些授权受到司法审查，以及那些受害者或其代表的质疑。这些改革并未持续，类似的问题在詹姆斯一世（James I）统治下再次出现。

1610年，詹姆斯在一份被称为《奖励书》(Book of Bounty)的声明中对他将授予的专利类型进行分类。专利被授予"新发明的项目，这样它们就不会违反法律，也不会因为提高国内商品价格而危害国家，或损害贸易，或造成其他不便"（引自：Hill 1924，408）。这些观点成为1624年法令的一部分。但在该法令颁布之前，新的议会于1621年调查各种专利下的侵权行为，废止许多专利，并要求其他专利在法庭上审查（Federico 1929，302）。尽管英国王室（尤其是查理一世）在某种程度上继续滥用授权体制，但1624年的法令首次将构成普通法上专利的合法做法编入法律。

正如威廉·科尼什（William Cornish）所说，1624年《垄断法》（the Statute of Monopolies）中规定的英国发明专利"显然是出于良好的经济原因，作为反对王室垄断运动的例外而制定的……那些将技术理念带到王国的人，即使不是他们的理念，仍属于'发明人'"（Cornish 1993，50n10）。此外，保罗·大卫辨析，早期英国专利可以延长7年，达到14年的期限"不是任意确定的：7年是学徒的服务期限，因此提供的保护至少要持续两代受训者"（David 1994，134）。对学徒指导的重视减少了对专利进行详细具体说明的需要，因为实际使用技术的培训便提供了所需的传播。当然，在伊丽莎白统治时期，对大多数（如果不是全部的话）专利权人来说，指导"本地学徒"是一项关键任务（Klitzke 1959，639）。而在该法令颁布以前，授权的期限为10年或20年，偶有7年的倍数。[3]

---

[3] 参见赫尔姆（Hulme）(1896，145-150) 书中列出的从1561年开始的早期专利授权。

第四章 贸易与作者及发明的浪漫观念

1624年《垄断法》第6条规定了（现代意义上的）专利，将专利排除于该法的禁止范围：

> 兹宣告并规定，前述的任何宣示均不适用于今后任何授予新制造品的第一个真正的发明人的、在本国独占实施或制造该领域各种新制造品的、为期14年或以下的专利证和授权[这种专利证和授权的新制造品是做出这些专利证和授权之时其他人不使用（shall not use）的]。在此期限内，任何他人不得使用。授予此种证书和特权不得违反法律，也不得抬高物价以损害国家，破坏贸易，或者是总体上不便利的；上述14年自今后授予第一个专利证书或者特权之日起计算，该证书或者特权具有本法制定以前所应具有的效力。（引自：Federico 1929，303）

虽然这只是把以往实践编纂成法，但该法最终为评估申请提供了一个明确的基准。它还首次规定授予专利的固定（明确）期限，并将专利的法律设施从法院（court）转移到司法机构（judiciary）。总的来说，这一排除的主要路数，似乎仍是遵循塞西尔上世纪的政策——支持和鼓励有利于英国贸易的创新的发展或进口。

5年后，爱德华·科克（Edward Coke）爵士对该法的评论指出，要使发明专利在第6条规定的豁免下有效，它必须具有七项属性：

1. 专利期限不得超过14年；
2. 专利"必须授予第一个真正的发明人"；

3. "这种专利证和授权的新制造品是做出这些专利证和授权之时其他人不使用（shall not use）的"；

4. "不得违反法律"；

5. 不得"在国内抬高商品价格危害国家"；

6. 不得"损害贸易"；

7. 不得是"总体上不便利的"（Walterscheid 1994b, 876）。

虽然许多术语可能表明与现代法律有着重大的连续性，但我们仍应推敲斟酌，随着时间的推移，含义之间存在差异。[4]因此，第2条标准实际上包括第一次引进英国，而第3条标准似乎类似于现代的"新颖性"概念，这里更关注的是使用（或"实施"）而不是实际的新颖性本身。然而，这在当时被解释为，如果发明的知识已经为人所知并被（以正当或不正当的方式）使用，就不能颁发专利。这可以解释为什么说明书不是强制性的，因为如果说明书落入不法之徒手中，在专利认证前披露，就会损害它本身的应用。

有趣的是，在柯克的评注中，该法中的"不使用"（shall not use）一词被"没有使用"（did not use）一词取代。后者表明某种关注，即关于专利对目前没有正在进行的活动的限制（这反映了之前共同行业对授权的使用，但更表明对创新的关注）。前者更像是一种现代对非专利权人未来活动的限制（这可能反映出一种允许专利继续覆盖现有行业的愿望，柯克要抵制这种实践）。柯克援引"不得违反法律"的规定，禁止仅仅因有所改进而获专利；合法专利必

---

[4] 这段和以下段落总结了沃尔特谢伊德（Walterscheid, 1994b, 876-879; 1995a）提出的观点。

须是某种创新。至于最后两点，则彰显重商主义对英国具有持续的重要性。

正如麦克劳德所言，虽然旨在"禁止王室滥用其分配权力，但该法由此充当专利制度基石的角色，却是一种阴差阳错的附带效果，亦堪称历史奇谈"（MacLeod 1988，15）。正是该法关乎专利的例外特征，而不是降临于其他垄断权的禁止，允许了专利得以存续。因此，当基于确认知识"对象"产权的垄断权得以被确认之时，它们的可能范围就被视为一个不只是给予公平回报的问题。对它们的确认就是一种例外的妥协，而不再是对垄断的一般允许。确实，柯克的评注试图将授权限制在创新实践。

然而，即使是这一例外规定，当时也不乏批评者，弗朗西斯·培根（Francis Bacon）和塞缪尔·哈特利布（Samuel Hartlib）都认为提供给发明家的保护还远远不够。当哲学家和评论者思考关于创新本身何以应当被促进时，直接授权和国家资助往往是更好的选择。这使得威廉·佩蒂（William Petty）在1648年主张建立一个由国家资助的研究机构，以便频繁、快速地开发有价值的创新和技术。在某种程度上，英国皇家学会（Royal Society）在18世纪就开始扮演这一角色。

无论如何，在政权交替期间，很少有专利得到支持，而垄断的滥用在大众看来是英国内战的主要原因之一（MacLeod 1988，16）。因此，后来的斯图亚特（Stuart）君主们改弦更张或许是势所必然。虽然包括专利授权在内的垄断仍颁发给朝臣及其食客，但除玻璃制造业外，已经不再使用颁发涵盖整个行业运营授权的做法。即使是白金汉（Buckingham）公爵在政权交替后对玻璃（其产品质量越来越让威尼斯人担忧,威尼斯人自身的工业秘密也日益被移民侵犯)的垄断权也只是针对特定流程,同时允许在权力期限内为另一步骤流程另行颁发专利。其实,这种垄断似乎让英格兰的玻璃制造业受益匪浅,使得玻璃价格降低、质量提高(MacLeod 1988, 26)。这一变化反映了在王政复辟后,专利的措辞中述及一项发明行使"专有使用与收益",已无意于禁止使用其他方法生产相同或类似的物品。

虽然在17世纪的最后25年里,政府采取直截了当的重商主义措施支持国内产业和进口替代,但这不等于一项充分发展的提供专利的产业政策。授予专利权是为了让王室如愿开展业务或商业活动,尤其是当此类活动可能会触动特定行会的活动领域规定之时。然而,王室的利益主要集中在货币和军用物资领域,因此,尽管其他发明通常不受专利保护,但任何涉及战争的行为(尤其是在公海上)都易于得到王室保护,以便增强国家安全和军力投放能力。即使存在专利授权,王室和军事当局也可以径直处理与安全有关的事务,而无须顾及由此授予的任何权利。在随后两百年间,这种妥协仍是专利权人面临的一个问题,却并不出奇;毕竟威尼斯法就已确定,在涉及管理当局利益的情况下,并不保证专利得到保护。

1624年《垄断法》不包含任何关于专利公开说明书的元素。一些专利申请,如常被注意的罗伯特·克拉姆普(Robert Crumpe)在1618年的专利,包含了对现在被称为"现有技术"的非常详细的论述,但这属于例外而非常规操作(Walterscheid 1995a, 783-785)。虽然说明书在18世纪早期更加充分显露,但直到颁布1883年《专利法》(the 1883 Patents Act)后,审查(而不只是注册)才具有强制性,尽管此前威尼斯和德国已有初步实践。[5] 与尼德兰或法国不同,英国颁发授权时没有对权利主张进行实质性审查,而是留给法院裁决存在争议的授权。

专利开始被运用作兼就特定产品原创性和真实性的权利主张,发挥行会长期把持的作用。正如麦克劳德所说,"既有的城市商人不会在这些专利推广的价值上吃亏,毕竟随着行会的保护外衣越磨越破,他们愈发感受到竞争的寒意"(MacLeod 1988, 87, 188)。这并不意味着行会没有反抗。1688 年至 1718 年间,钟表匠协会花费五百多英镑来击败威胁他们集体生计的三项专利和两项行为。其他行会试图对授权提出异议,却并不总是成功,一些行会开始骚扰申请人,试图阻止授权进程。不管行会是不是创新的一种阻碍,它们作为专业知识传递者和保护者的角色都受到专利使用扩张的严重冲击,这些专利的使用削弱了行会代表其会员所作的努力(有时直接与行会的努力相抵触)。

如果认为一个成熟的现代专利制度是随着《垄断法》而面世的,那就错了。在接下来的 200 年里,显而易见的是,这项"本质上是否定形式的"立法并未建立起一个满足工业革命中发明者需求的机制(MacLeod 1988, 1)。基于王室特权和制定法文件,枢密院(The Privy Council)拒绝将管辖权让与法院,将专利留在了一个鲜有问津的无人地带。缺乏一部固定的专利法导致了混乱,但也引发关于现有渠道的诉权如何合理化与合法化的激烈辩论(Mos-

---

[5] 西伯恩·戴维斯(D. Seaborne Davies)对早期英国专利说明书详加考述,但他认为,专利说明书的前身"是落在岩石地上的种子"(Davies 1934, 272)。

soff 2001, 1277）。因此，在东印度公司为被告的专利垄断案中，雨果·格劳秀斯（Hugo Grotius）受托为东印度公司辩护。亚当·莫索夫（Adam Mossoff）表示，这是"专利发展的重要里程碑"，因为它确定法院将接受自然权利哲学家作为专利问题的知名权威。但在本案中，格劳秀斯对财产权（要求使用和占有）的观念仅限于早已存在的有形商品，这并不利于专利权人（Mossoff 2001, 1281-1282）。尽管存在诸如此类的疑义困惑，专利仍慢慢成为工业实践中被接受的一部分。

随着越来越多的创新和工业技术受到专利保护，寻求在"冒充者"获得授权之前的专利保护的新改革的重要性与日俱增。如果可以获得保护，那么发明家和企业家就想要这样的保护来抵御竞争。然而，这仍是一个复杂而昂贵的过程，故而尚未得以充分利用（Federico 1929, 305）。但是，专利权的授予确实开始将创新转变为可转让财产，这些财产可以买卖、转让，以及（在某种程度上）细分以获取资金。从这个意义上说，申请授权的吸引力成为新兴资本主义社会日益市场化的一部分。

对专利的诉求并非某个新时期发明和创新的结果，其本身有着深刻的社会根源。麦克劳德得出的结论是，如果专利"可以作为一种衡量标准，那么它主要衡量的是人们不断提高的对专利制度存在的认识，以及相应的抵制抑或投机。这本身就是促进交流（尤其是伦敦与各地之间）以及全国市场整合的征兆"（MacLeod 1988, 157）。因此，专利制度的兴起扩张与创造性关系不大，而更多地与资本主义市场组织模式的兴起、扩张及日益制度化相关。对人类创造性的哲学认识无疑在这些新"权利"的正当化中起到一定作用，但仍须置于当时更广泛的政治经济变化范围内。

无论该法意在何为，即使它确实为后来的专利实践奠定基础，但随后百年，议员法庭仍以类似于法律通过之前的方式进行裁决（Walterscheid 1995a，773）。部分是因为很少有人希望在普通法法院以其显然新奇的权利去检验王室的授权，部分是因为枢密院保留了对专利有效性的重大权力，使得普通法活动无法轻易进行。直到1752年枢密院放弃这一角色，有关专利的裁决才最终进入普通法法院（Walterscheid 1995a，775）。从这个意义上说，尽管《垄断法》推动专利和现代知识产权的法律基础的发展，但现代制度仍有待建立。知识产权起源的下一个重大发展出现在大约百年之后，并围绕着艺术创作、作者身份、版权的"发明"这些理念展开。

4.3 英国的版权革新

尽管英国在专利方面的革新是整个欧洲立法发展历史进程的一部分，但在版权方面的法律革新更为本土化。自15世纪以来，英国印刷商一直参加法兰克福书展，因此，对于相对具有国际意识的书商来说，威尼斯和欧陆保护书商对出版物的"权利"的理念即使未必被采纳，也早已为人所知。法兰克福书展亦是一个学者和作家可以会面交流思想、签订合同，并安排其作品在国外出版的地方（Thomson [1911] 1968，57-59）。当然，我们不难设想他们可能会谈及作者报酬，因此其他国家的作家不会对威尼斯的制度闻所未闻。

尽管如此，与80年前的专利立法相比，18世纪初制定的新版权立法更直接地缘于英国国内的政治需求，更接近其传承至现代的制度。威尼斯的书籍在 17 世纪广泛出口到整个欧洲，保护书籍免遭未经授权复制的特权观念也通过这一途径传播开来。或许受威尼斯实践的影响，1501 年，康拉德·策尔蒂斯（Conrad Celtes）获得特权，可以将甘德谢姆修道院（Gandersheim）的赫罗斯威塔（Hroswitha）作品集出版德语版本，6 年后又获得第一个法语版本的图书出版权（Hirsch 1967, 85）。盛行于 14 世纪和 15 世纪威尼斯的行会垄断出版模式，是这一时期管理大量印刷作品的重要蓝本。

在英国，王室于 1557 年通过授予英国皇家特许出版公司垄断权的方式，将这一新兴行业与之前其他行业一样组织成行业垄断。为了管制反动性书籍的出版，玛丽·都铎（Mary Tudor）王室授予该公司搜查任何印刷商或销售商场所中未经授权作品的权力。正如大卫所指出，"无论审查制度在他们看来是反感的还是向往的，他们都具有强烈的经济动机，通过压制未经官方许可的出版物来加强垄断"（David 1993, 53）。英国版权的直接根源在于英国政府留意审查制度相关的产业/行业上的管制。尽管在 15 世纪末，王室出于重商主义的原因支持印刷术引进英国（印刷术已被证明是一种战略技术），但它作为一个商业部门不断扩张仍令历代君主忧心忡忡。一个寻求具有高销量潜质的作品的行业，也无暇去顾忌所印刷的作品反对王室统治。因此，产业控制总是需要在经济发展问题与特定统治者的审查要求之间取得平衡，而且在《垄断法》中，詹姆斯一世明确将印刷（连同创新）排除于垄断的全面禁令之外，以允许这种控制继续进行。

在早期阶段，典型的版权不是对特定文本进行保护的措施，而是行业成员不受其他印刷商竞争而自由出版的权利。确实，在 1533

年，亨利八世（Henry VIII）通过禁止进口国外装订的书籍（违者将被没收），以确保英国的销售商免遭国外竞争。销售商自己也可能进口书页（sheets），但利润还是通过垄断成品书而获得的。这很可能是为了扶助新产业，但也意味着（亨利八世宣布英国脱离罗马教会自立门户后可能的政治不适背景下）外国文本的流动遭到管制（Bugbee 1967，50）。印刷业终将取代誊抄出版，但在17世纪，（相对）大规模的手稿誊抄复制仍是作家"出版"作品的另一种途径。

鉴于皇家特许出版公司（the Stationer's Company）的审查角色，誊抄出版物便盛行于边缘地区，因为对于许多持不同政见者来说，这是确保其观点更广泛传播的唯一途径（Love 1993，189）。即使是对于稍有訾议的作者来说，由于行会垄断印刷业，在许多情况下，誊抄出版也为其作品复制提供了更加有利可图的途径（直至印刷的经济规模效应显现，誊抄已无法企及需求的水平）（Love 1993，59）。由于篇幅所限，无法对《安妮法》（the Act of Anne）之前百年的誊抄出版领域进行拓展论述，[6]不过手写复制文本仍表现为一种书商垄断的（即使小规模的）重要替代。虽然我们只是推测，但鉴于作者经常使用誊抄和印刷两种方法，想必也会对印刷领域的抄本主张相当程度的控制。

尽管在第三章提及圣哥伦比亚（St. Columbia）争议的主张，但可能更堪称第一次"版权"争议的，是关于温金·德·沃德（Wynkyn de Worde）撰写并于1523年出版之著作的"盗版"。与后来的

---

[6] 哈罗德·洛夫（Harold Love）（1993年）颇为细致地调查了这一现象，在此只能略为展现其在这一领域的渊博学问。

许多争议一样,这一争论涉及原版的廉价重印。"授权"的第二版(10年后以王室特权出版)明确抨击廉价版印刷商盗版作者作品的情况。然而,这个案例没有得到很好的记录,[7]所以第一项授予作者本人而非销售商或印刷商的特权或专利,乃是1530年授予约翰·帕尔斯格雷夫(John Palsgrave)法文教材的特权。不过,帕尔斯格雷夫作为皇家牧师可能使其得享特殊待遇,而且授权本身只有7年(这是标准的系于学徒制的授权期限)。在这个时代,垄断往往还是基于内容和出版商的控制而组织起来的,即便个别情况下曾是与实际作者有关的。

伊丽莎白王室广泛颁发限制性的垄断权,不是仅对某本书,而是针对整个类别的书籍(如法律书籍),这削弱了行会为所有会员利益而控制交易的能力。通常,特权持有者无法满足大众对书籍的需求,这就刺激了未经行会许可书籍的"非法"供应。这些其他的印刷商为了掩盖自己的踪迹,不仅复制了垄断期间的文本和排版,还在扉页上复制专利权人的姓名和详细信息。他们自己则辩称(应该补充说在法庭辩护中),这么做是因为行会垄断者的产品价格高、质量低。这些论点并没有让王室相信自由放任的价值,1559年,伊丽莎白颁布了一项控告"出版非法、异端书籍和报纸"的禁令(引自:Bugbee 1967,51),要求所有出版物都获得许可,这是一种随后百年(在过渡时期君主和国会都)被大量运用并完善的控制形式。

---

7 这个案例由温德姆·布朗(W. F. Wyndhatn Brown)(1908,56)简述,但没有出现在我们可以得到的其他报告中。

1586年，星室法庭（the Star Chamber）颁布了一项法令，明确规定特权可以从父亲传给儿子。对于图书行业中较为贫穷的人来说，显然有利可图的书籍也许永远不会再像待版书籍那样回到行业中。因此，他们对伪造这些书籍谋生并不感到内疚。这些印刷商组织严密，虽然不断有压力制约他们的活动，但在整个16世纪，他们似乎成功扰乱了行会的活动。[8] 从本质上讲，行会试图代表其会员垄断新的印刷行业，而对于所有熟练工和学徒来说，要是不侵犯授予给行会会员的广泛的许可，就得不到多少机会施展技艺另谋利润。作者的利益几乎没有被考虑；任何关于版权的新生观念几乎都与印刷商和书商的生计有关。

16世纪末，原本通过（在技术方面和实物机械控制方面）垄断技术而主宰皇家特许出版公司的印刷商开始对拥有复制权的销售商失去影响力（Feather 1994a, 199）。随着印刷业的膨胀，学徒队伍中涌现出更多的印刷工。这项技术越来越为人所知，且唾手可得，这导致即使是在皇家特许出版公司内部（和外部），对生产功能的垄断权也会被稀释。然而，拥有复制权的销售商仍设法维持对某本（或某类）新旧书籍的垄断权。到了该世纪末期，行会的权力转移到了销售商手中，尽管他们对行会的控制并不比印刷商的统治更有利于作者个人。

在17世纪的大部分时间里，皇家特许出版公司继续以成员注册制度对新生的版权制度进行一定程度的控制。然而，在过渡时

---

8 在贾奇（Judge）的书（[1934] 1968）中可以找到关于这些活动详细而有趣的描述，这些评论就是基于该书。

期，他们的垄断权被废止了，这并不是出于对版权的任何敌意，而是反映了新统治者不信任审查制度，也不信任斯图亚特家族乐此不疲的垄断权。随着星室法庭的消亡（同时结束了皇家特许出版公司的垄断地位），新议会禁止行会会员"未经作者支持或同意而印刷或复制任何东西"（引自：Rose 1993, 22）。这项禁令并不是对作者权利的特别认可，主要是为了确保能够追查诽谤性或亵渎性的文学作品，匿名作品则由印刷商负责。

议会的这一立场使得作者许可与复制权之间建立了联系，随着几十年后《安妮法》的出台，这种联系日益成为版权发展的核心。其实，《安妮法》强调作者作为文本制作人的角色，并且主要是以一种修辞手段而非基于作者的权利，对书商以前的垄断地位予以抨击（Patterson 1968, 147）。并非所有的作者都认为议会的法律必然符合自身利益。在《论出版自由》（*Areopagitica*）（1644年）中，约翰·弥尔顿（John Milton）痛斥了这些新法律的实施，但另一方面，他明确排除对法律的这一批判涉及"应当留予每一个体自我复制的部分"（引自：Bugbee 1967, 52），这表明尽管也许只有修辞意味，对作者权利的诉诸仍得到一定传播。

虽然先前审查制度在1660年有所恢复，但其在17世纪后期的衰落仍然导致1694年（支持书商的垄断地位）《许可法》（the Licensing Act）的失效。加之印刷商数量的增加，在接下来的15年里，书商面临着不受限制的竞争。他们的控告和申诉最终使其在1709年的《安妮法》[全称是：为鼓励知识创作授予作者及复制权购买者就其已印图书享有一定期限权利的法案（A Bill for the Encouragement of Learning by Vesting the Copies of printed Books in the Authors, or Purchasers, of such Copies, during the times therein Mentioned)]中获得一些新的保护。[9]该法是第一部正式的版权法,它有两个核心问题:鼓励编写对社会有用的书籍,以及(对印刷商来说更重要的)防止广泛存在的盗版。作者或其权利受让人在有限的时期内保留出版此类作品的专有权:现有作品的版权为21年;新书为14年,另有额外14年的延长期限。皇家特许出版公司必须对所有作品进行登记,并注明谁的作品被分配给谁,以及谁拥有该作品的印刷权(名单向所有人而不只是向行会会员开放)。该法还建立"版权呈缴"制度,要求所有出版商将其书籍或其他出版物的副本留存于给九家"缴存(deposit)"图书馆(包括皇家图书馆、牛津大学、剑桥大学等),一直延续至今。

该法在很大程度上承认皇家特许出版公司在现行普通法下的作用(与《垄断法》一样,在许多方面将现行惯例编纂成法)。相反,上个世纪后半叶对王室特权和许可法的使用,削弱了书商登记制度的效力(Walterscheid 1996:97),因此,《安妮法》通过建构一个单一制度,在一定程度上明释了版权的授予。该法回应了书商寻求制定法保护的要求,但通过时间限制和超越行会的开放注册,限制并约束了那些首先申请者的操纵力(Patterson 1968,13)。1709年颁布的法令规定了两种形式的版权:新书的制定法版权;这是一种书商对已出版作品之版权(但自该法生效之日起延长至21年)

---

[9] 正如爱德华·沃尔特谢伊德(1996,96n101)所指出,关于该法的年代有些混淆:"它于历年的1709年颁布,并于1710年4月生效。但在当时英国一年的开始之日是3月25日。"只有到1750年的《历法》(Calendar Act)才规定了现代年份,因此人们对《安妮法》的年代是1709年还是1710年有些困惑。

的延续；以及忽略任何对授权之限制的印刷专利（涵盖所有类别的作品——其中历书和法律书籍是最突出的垄断）（Patterson 1968, 143, 148-149）。因此，《安妮法》并非充分发展的单一版权制度，而是保留该领域先前的某些法律复杂性，同时使得保护要素转向现代模式。

许可法（从1662年到最后一部，于1679年失效）实际上允许书商获得永久版权。这些法律还禁止未经版权人同意的任何书籍的印刷（或进口），违者所交罚款由版权人与王室瓜分（Davies 2002, 11）。后面这一点则是《安妮法》的一个重要方面，即旨在承认并确立作者控制其作品的权利。此外，该法还承认通过价格申诉制度扩大廉价图书供应的公共利益。所有这些都浓缩在该法的前几句话中，阐明其总体目标：

> 鉴于印刷商、销售商和其他人最近经常在未经作者或所有权人同意的情况下，擅自印刷、重印和出版他们的书籍和其他作品，或导致这些书籍和其他作品被印刷、重印和出版，如此危害甚烈，往往损及他人及其家族；因此，为了防止将来发生这种行为，为了鼓励有学问的人撰写有益的书籍……（Davies 2002, app.1, 371）

书商可能顺水推舟，利用作者对其作品拥有权利这一新兴观念来推动这项立法的确立（Abrams 1983, 1142），但对作者身份的确认也确实是该法自身立法理由的核心。

在该法出台之前的作家中，值得一提的是，丹尼尔·笛福

(Daniel Defoe)[经常被认为是英国第一部小说的《鲁滨孙漂流记》(*Robinson Crusoe*)的作者]认为,需要通过立法来"制止一种在英格兰普遍存在却无法律予以惩罚的盗窃行为,即:一些印刷商和销售商印刷他人的书籍"。(引自:Feather 1980,29)笛福认为,这不仅剥夺了作者应得的报酬,还导致未经作者授权的以作者名义出现的拙劣重印本和删节本;《安妮法》正是部分体现了对作者权利的直接捍卫。因此,第一部版权法是由于图书行业和作者自身对议会的施压总和,以及一些拟议的图书行业法案未能成功导航立法进程后的结果。[10] 其实,正如约翰·费瑟(John Feather)揭示,书商"认为该法案是为了保护他们,不是为了保护作者,当然也不是为了支持作者在作品出版后享受其作品的利润"(Feather 1980,36)。该行会的代表设法修改该法草案,使其更倾向于这种保护的观念,并抑制对作者权利的法律承认。

《安妮法》展现出现代版权法的四大核心原则:承认"自然权利"、对作者劳动的"合理回报"、创造力激励,以及一些明确的社会要求(Davies 2002,13-17)。前两个原则反映了约翰·洛克更广泛的影响,以及此时出现的个人化产权的新政策,而第三、第四个原则代表一种更关乎公众的版权作用的观点;即对创造力的激励,以及建立"免费"文本之法定公共领域方面的公众利益。

虽然在很大程度上承认并实行现存的行会惯例,但还是值得注意该法涵括一种对作者自己拥有版权的可能性的确认。以前只有

---

10 在费瑟(Feather)(1980年)书中详细描述了尝试通过该法的历史。

印刷商可以享有版权，现在作者/所有者（也就是说非行会成员）也可以寻求保护。为了防止再次引入版权的垄断，该法规定一个可选择的（非行会）版权登记册，从而打破行会拒绝登记特定文本以否认作者版权的任何企图。不过，莱曼·帕特森（Lyman Patterson）认为，作者在该法中的权利不应被夸大："作者为获得自己作品的版权而采取的步骤与其他任何人一样"（Patterson 1968, 13）。作者的权利并没有高于印刷者的权利，而是平等的："作者获得版权与其他人获得版权的唯一区别是作者不必购买权利。"（Patterson 1968, 146）尽管帕特森不太重视这种区别，但对我们来说这种区别看来是根本的；毕竟除了（至少是新作品的）作者，还能从谁那里最先购买到版权呢？这正是作者创作的作品进入财产领域的一个重大进展，即文学财产明显商品化。

与将专利作为副产品的《垄断法》一样，《安妮法》主要关注于规范印刷贸易，其次才关注为作者设立潜在的普通法版权。最重要的是，该法将文学财产的问题与审查制度分开，并引发一场关于作者财产权含义的新斗争。该法明确区分作者作品的权利与（书籍本身的）复制手段，而且"书籍和其他作品"一词暗示着版权可能会扩展到其他形式（Stewart 1977, 85）。随后的版权历史在一定程度上就是在描述这种潜在范围的扩大。

尽管已经有《安妮法》，可是在1769年米勒诉泰勒（*Millar v. Taylor*）案和1774年德纳森诉贝克特（*Donaldson v. Beckett*）案这两个著名案件之前（这两个案件在所有的版权史叙述中都具有里程碑意义），版权的核心所有权问题尚未在普通法法庭得到充分检验。这些案件发生之前，书商曾多次试图通过进一步修订《安妮法》的立法，使其垄断权得以延续，但均未成功。[11]尽管米勒诉泰勒案确立的先例随后被推翻，但该案最终阐明作者职能与版权之间的明确联系。该案的焦点在于关乎版权性质的司法意见，正是这些意见（而不是判决本身）在版权的历史叙述中变得极其重要。

在支持一种普通法的版权（而不只是制定法版权）时，阿斯顿（Aston）大法官得出结论："一个人可以在他的身体、生活、名誉、劳动等方面拥有财产；简言之，任何可以称为他的东西……［而且］我不知道，也无法理解，还有什么财产比文学作品更明显地属于一个人，不，就是没有"（引自：Patterson 1968，170）。还有，曼斯菲尔德（Mansfield）勋爵同意这一立场，认为应维护作者的权利，

> 因为一个作者理应从自身的创造力和劳动中获得金钱利益，这是合理的。没有作者的同意，另一个人不应使用他的名字，这也是合理的。由作者决定何时或者是否出版其作品，这是适宜的……同样适宜的是，应由作者选择，他会信任哪家是严谨的可以印得精确信达；哪家是诚信的，委托给它才不至于被添枝加叶。（引自：Davies 2002，30；Abrams 1983，1153；Patterson 1968，170-171）

曼斯菲尔德接着说，如果没有这种控制，作者就无从对出版的

---

11 参见帕特森（Patterson）(1968，154-158）书中描述的在国会的一系列失败尝试。

作品行使正当的决断权。

帕特森（Patterson.）得出结论，"阿斯顿大法官和曼斯菲尔德勋爵的两项意见实际上表明，版权包含作者的两项基本权利，一项是获得劳动回报的权利，一项是保护其名誉的权利"（Patterson 1968, 171）。众所周知，耶茨（Yates）大法官并不同意占多数的支持原告出版权的观点，他审视的不是该权利得以确立的基础，而是其社会影响。着眼于确立永久有效版权对传播的限制，耶茨认为版权应限于《安妮法》中确立的制定法权利；实际上，出于公共利益的考虑，保护应该受到限制（Abrams 1983, 1155）。他强调，"（如果永久版权被颁布）公众可能会感觉到的是各种不便后果……而不是文学的进步和传播……这将阻滞文学的发展；或者至少可能对文学产生极大的负面影响"（引自：Davies 2002, 30）。相比在本案中只显露为一种少数派观点，耶茨的担忧其实是更为普遍的感受，况且米勒诉泰勒案这一先例只持续5年，尽管案件本身并未上诉。

第二个相关案件——德纳森诉贝克特案，最终解决了18世纪英国版权不稳定的问题。大法官们推翻了作者或其受让人（书商）享有普通法版权的观念，取而代之的是《安妮法》所设计的有限保护。在米勒诉泰勒一案发生之前，实践中出现一些混乱和分歧，但都随着裁决中书商所主张版权的永续性而终结。然而，德纳森诉贝克特案明确了支持有限版权的立场，体现了对垄断权的怀疑以及在作品印刷中与公众相关的利益（正如耶茨的不同意见所阐述的）。

该案的结果终结了版权属于出版商权利的观念，并坚定了版权属于作者权利的依据（Patterson 1968, 172-179）。其时许多评论者指出，尽管书商声称购买的是书籍的永久性垄断权，定价却无法

第四章 贸易与作者及发明的浪漫观念

反映超过若干年的预期收入。实际上，正如柯林斯（A. S. Collins）所澄明："如果说销售商在1774年之前一直是为永久权付费，那么这一相反的裁决之后版权价格想必是严重下跌。其实却没有下跌，甚至保持了近年来的稳步上升，这就确凿证明与永久性无关"（Collins 1926, 80）。因此，德纳森诉贝克特一案建立起有时间限制的版权制度，并拒绝将文学财产与不动产进行直接比较（尽管不动产与知识产权之间的隐喻联系仍富有余地）。

在18世纪，对音乐作曲家的保护并不如对文学作家的保护一样成功。即使是作者可利用的、相当混乱和不确定的制度也未涵盖音乐作品保护。作曲家可以尝试获得特定作品的专利或特权，1709年后的60年间，大约有16项这样的授权。然而，由于印刷乐谱在该世纪的爆炸式增长，大多数作曲家都受到从某一行业所获回报的支配，而这个行业就是靠未经授权复制和发行越来越知名的标准化音乐作品而兴旺发达的［Hunter, 1986（第277页及各处）］。不过，正如彼得·奇穆克（Peter Tschmuck）所说，没有确凿证据表明这对作曲家而言存在问题。在18世纪末，维也纳迎来（在我们现在称之为"古典"音乐方面的）音乐创作多产的时期之一。但由于缺乏对创作作品的版权保护，作曲家经常将特定作品出售给多家出版商，未经授权的版本也就得不到保护。作曲家和出版商之间固然存在显著冲突，但也很难说创造力遭到扼杀（Tschmuck 2002）。维也纳的音乐家和作曲家大多靠表演谋生，而作曲主要被视为表演的条件，而非复制和销售的产品。

1774年，在（演出利润相对较低的）英国，两位著名作曲家［C. F. 阿贝尔（C. F. Abel）和 J. C. 巴赫（J. C. Bach）］就巴赫的一部由朗文（Longman）和卢基（Lukey）出版社印刷的未经授权版本的作品向大法官提起诉讼。1777年，当案件最终审理时，曼斯菲尔德勋爵得出结论，认为《安妮法》涵盖音乐作品，因为它明确规定了"书籍和其他作品"，因此音乐将被视为（此前在德纳森诉贝克特案中正式确定的）版权立法的一部分（Hunter 1986，279，着重号是后加的）。除了将版权扩展到艺术家–雕刻师之外，这种扩展还为可能通过版权而商品化的活动的不断拓展奠定基调，从而在19世纪，雕塑作品（1814年）、戏剧作品（1833年）和美术作品（1862年）也得到保护。随着岁月的推移，越来越多的创作者开始享有与作家类似的权利。

一旦1709年《安妮法》所规定的28年期限最终付诸实践，持有版权的出版商就无法永久地从每年重印流行图书谋利的交易中获利。为了找到可以在21年的法定期限内保持垄断地位的新书出版，书商需要与作者打交道。这可能会促使他们比过去更慷慨地采取行动，而且通过让作者在行业中处于更强势的地位，作者的权利也变得更有效力（Feather 1987，25）。这一时期还见证了从精读（专注于几本可以阅读和重读的书）到泛读（一次性系列阅读书籍）的转变，随着识字率的提高，这一转变极大地拓展了新书市场。主张作者权利扩大的要求，以及作者作为一个社会体面人士形象的出现，意味着诸如笛福或法国的狄德罗（Diderot）等能以著述为生的作家，俨然成为胸怀抱负之作家的重要榜样（Hesse 2002，32）。个人创作者开始逐渐登上知识产权法的中心舞台。

既然版权和专利在时间和范围上都受到限制，那么更广义的知识产权（权利）概念就呼之欲出了。早期专利反映了统治者为本国经济获取新技术的愿望，而版权的兴起更多的是由于版权管理行业带来的压力。随着印刷业变得更加成熟以及技术变革降低出版成本，对竞争的监管愈发紧迫，而创作个人的重要性仍然权重较小。专利可以授予任何以自身理念诉诸法院的人，版权则是印刷商和书商试图获得出版权以免于他人竞争的结果。早期的英国版权是一项法定权利，而非自然权利；它规范了文学作品副本的制作，而非为了授予作者财产权。

正是技术和经济的变化，推动这种关乎合法或"有效"知识所有权之明确观念的法律制度的发展。为国家经济发展而获取新技术的需要，以及印刷带动的图书市场的扩大，是建立早期知识产权的政治压力的重要因素。这些重要的变化还导致了其他政治压力，即在发展中的资本主义经济各产业中，将其他创造流程的产品（包括印刷的纺织品图案和其他艺术家的手工艺品）纳入版权法的保护范围。不过，国家之间的差异仍然至关重要。

4.4 现代早期的知识产权

首先在英国，随后在整个欧洲（最后在 18 世纪末的美国），版权和专利的概念开始作为一种社会事实而广受接纳。个人以某种方式"生产"知识的理念在欧洲大陆日益盛行，并促进知识产权的发展。这并不是说这些理念没有受到批判或争议，也不是说所有形式的现代知识产权都已被同等接受。相反，立法遵循特定的国家道路，并取决于特定国家司法所根植的社会法律文化，以及经济发展的形态和轨迹。

例如，在19世纪，虽然商标的资产价值开始得到更广泛的认可，但在整个资本主义世界的广告业兴起之前，商标几乎没有实际的经济意义。不过，在18世纪，除了那些王室可能要求判处死刑的范围之外，民事案件中商标侵权的损害赔偿金已经开始上升。例如，在1777年卡布里埃诉安德森（*Carbrier v. Anderson*）一案中，法院判决原告获得100英镑的赔偿，因为被告在其制造的五块手表上使用卡布里埃的名字（Paster 1969, 565）。但这些案例更多是一种例外，而不是一种规则。其实，正如爱德华·沃尔特谢伊德揭示，虽然知识产权在这一时期的英国确已出现，且专利垄断有时具有类似权利的特征，但是"在1791年的法国法律之前，没有任何地方对产权或专利权有任何法律保障"（Walterscheid 1994b, 715；着重号是后加的）。因此，直到18世纪末，还不能说正式的知识财产权利已经制定；在其正式历史的前150年里，知识产权与其说是一项权利，不如说是一种特权。

关于（在英国和其他地方）从封建社会关系向新兴资本主义模式转变，已有众多探析，亦聚讼纷纭。然而，我们在此只关注与知识产权历史直接相关的问题，也意识到这种聚焦会让那些期待一套关于"大转型"的政治经济学宏阔论述的人感到失望。鉴于技术革新在叙述现代资本主义潮流中的核心作用，专利有助于鼓励进一步改革创新的论述颇为常见。

亚当·斯密（Adam Smith）在其《法理学讲义》（*Lectures on Jurisprudence*）（1766年出版）中将专利视为"无害排他性特权的罕见例子"，在支持发明方面大有裨益（MacLeod 1988, 197）。在其著名的《国富论》（*Inquiry into the Nature and Causes of the Wealth of*

Nations)（1776年首次出版）一书中，斯密将专利和版权视为垄断，理由是它们是"国家可以补偿（公司）冒险进行危险而昂贵的实验的最简单、自然的方式，而公众随后将从中获益"（Smith [1776] 1993, 418）。然而，在这一时期最著名的专利垄断授予中，关于公共利益的论述稍微有些难以维系。

由詹姆斯·瓦特（James Watt）的专利导致的纠纷引发了有关知识产权的重要问题，而且由于蒸汽动力在许多行业都很常见，这些纠纷对技术进步以及法律领域都产生了广泛的影响。如果我们要寻求与最近的历史的相似点，关键在于注意瓦特并不希望获得某一特定蒸汽机的一项专利，而是希望获得蒸汽机"减少燃料消耗的方法"的专利。他已经明白，为了一台特定的发动机去申请专利，将导致竞争对手对其所制作蒸汽机的一些细微变化作出具体说明，并主张其蒸汽机属于一项新发明（Robinson 1972, 120）。因此，为了限制"围绕"其专利进行"发明创造"的可能性，瓦特谋求一项范围更广的涵盖技术方法的专利，故而一旦获得批准，该专利基于其说明书而受到质疑也就不足为奇。

在瓦特胜诉的主要案件［博尔顿和瓦特诉布尔（*Boulton and Watt v. Bull*）］中，判决的关键在于专利授予是基于蒸汽膨胀力的原理，还是利用这种力的实用方法（Robinson 1972, 122）。瓦特并未对蒸汽动力原理主张所有权，但保留足够广泛的阵地，从而确保大多数发动机侵犯他的专利。当其工作的某些方面过于重要而不能以专利显现时，他的公司就依赖于商业秘密进行保护。因此，他们用来提高单个发动机性能的蒸汽指示器从未获得专利，而是在工作中秘密使用以提高发动机性能，这一创新赋予他们明显的竞争优势

（Frost 1991，147）。这表明他们对与公众相关的专利申请熟稔于心；受到如此保护的信息势必流入公共领域。如果使用的同时可能暴露方法，那么专利保护更有效；如果使用的同时能够隐藏方法，则商业秘密保护更合适。

瓦特对其发明的保护之所以成功，与其说是因为专利制度，还不如说是因为他处理专利的独特方式，以及法院对其行为的宽容；这两个因素都源于其名声，而非其创新。瓦特实际上成功避开完全披露其发明的要求，而且，用约翰·法雷（John Farey）的话（其在几年后向专利特别委员会作证）来说，"想制造蒸汽机的工程师不得不去他的工厂，或者对他制造的发动机进行仔细检验来窃取他的发明知识，这就像他从未拥有过专利一样困难"（引自：Robinson 1972，138）。换言之，瓦特为其发明寻求私权保护，同时避免通过具体说明来向公众充分披露。这一方面可能是因为司法部门尚未充分理解专利本身，另一方面是因为马修·博尔顿和瓦特通过社会关系及财富，能够对法庭产生有利于瓦特的决定性影响（Robinson 1972，138-139）。这一优势对其他大多数专利权人来说望尘莫及。

瓦特及其商业伙伴认为，中央蒸汽专利的期限不足以收回他们的投资，尤其是在授予专利后，瓦特不可能立即制造出一台正常运转的蒸汽机。为此，1775 年，在专利有效期的第 6 年，瓦特向议会申请延期（Frost 1991）。议会对事实进行审查后给予延长期限，使瓦特享有了一项为期 31 年的发明专利。这给蒸汽技术的供应方面带来两个问题。首先，除非潜在用户愿意等待，且有能力支付授权使用费，否则只能接受劣质发动机，或制造非法机器。其次，在某种程度上，瓦特的专利也在至少 20 年间抑制、限制这项重要技术的进一步创新。这两个因素产生显著影响，使蒸汽驱动的旋转运动的发展停滞了数年，直到瓦特的商业伙伴能够使他确认其实用性。

同样，高压蒸汽也必须等到专利结束才能得到完善和使用（Frost 1991，145-146）。其实，这项专利与康沃尔的采矿业格格不入，以至于在19世纪初，各种矿主和其他人促成一种更为集体性的创新方法，在《莱恩引擎报道者》（Lean's Engine Reporter）中披露了他们对蒸汽机的改进之处。乔尔·莱恩（Joel Lean）是康沃尔郡（Cornish）著名的"矿长"，他巡视全郡，每个月都会发布一份关于改进和新增发明的报告。亚历山德罗·努沃拉里（Alessandro Nuvolari）认为，这刺激了更多的创新和技术改进，并导致理查德·特雷维西克（Richard Trevithick）放弃对高压蒸汽的任何专利申请（Nuvolari 2001）。在此，（瓦特）专利授权的充分利用让创新者产生一种反应，他们并不认为专利是刺激发明活动的最佳方式，而应寻求一种更为集体性的创新模式。在某种程度上，相对较小的康沃尔郡矿主群体却大大增加了在专利制度外开发技术的可能性，可即便如此，仍暴露出专利并不能完全支持所有的商业活动模式。因此，专利有助于创新传播的观点并不是对此时制度的效果的直接描述。

无论如何，人们普遍认为瓦特是一个智力超群的工业天才，这有助于他试图控制其天赋创造出来的工业成果。在此，牛顿力学对个人天赋认识的影响是不容低估的。曾笼罩着宿命和命运的地方，如今上帝只成为宇宙的初创者（仿佛就是最初给"时钟上了发条"）。人类作为发明的推动者，登上了中心舞台。天意及发现皆被发明所取代。随着自然权利的理念开始深入人心,并对英国社会产生影响,对创新的权利断言便与创新智慧、创造天赋联系在一起。

发明与努力联系起来;例如,伯纳德·曼德维尔(Bernard Mandeville)在《蜜蜂的寓言》(*Fable of the Bees*)中强调,技能和勤奋是一切进步的源泉(MacLeod 1988, 209)。通过不断使用而提高的工匠们的心灵手巧,直到18世纪仍然是工业和工艺改进的主导观念。但随着时代的发展,(工业和技术的)发明和创新的产权观念也得以发展。产权论述在专利申请中(尤其是在瓦特的专利申请中)愈发明确,关于理念或知识中可能存在一些与产权相关价值的观念更为普遍(MacLeod 1988, 198; Walterscheid 1996, 100)。在该世纪的最后10年,法国大革命给予知识产权观念一次深远而重大的推进。

在法国和美洲殖民地,英国专利保护的普通法传统遭到拒绝,而建立起基于托马斯·潘恩(Thomas Paine)式"人权"观念的权利本位的法律架构。1790年,法国国民议会宣布:"不将工业发现视为其作者的财产……将是对人权的违反"(引自:MacLeod 1988, 199)。同样,正如我们稍后所述,虽然美国法中与公众相关的专利法、版权法要素也颇有延续性,但新兴的美利坚合众国对知识产权的保护仍是直接基于个人权利的观念。在这一时期,知识产权的观念进入政治经济关系的主流中。

18世纪期间,专利授权的价值不断增长,不仅使人们对获得专利授权的兴趣增加,利益受损者也可能面临更多挑战。随着大规模制造业的发展,为所需投资提供初始保护的能力变得越来越有吸引力。专利是一种获取资金的方式,这些资金流向伦敦,而相关发明实际上却从未真正投入生产（MacLeod 1986）。在经历一系列"投机（stock-jobbing）"丑闻和南海泡沫（South Sea Bubble）后，政府开始不信任股份制企业，担心股市投机猖獗。因此，在 1720 年至 1832 年间，政府经常在专利授权中植入一项条款，如果获得专利收益的人数超过 5 人，则该专利失效（尽管 1832 年后的 20 年中，增加到 12 人）（MacLeod 1988, 55）。政府这一举措很可能遏止某些企业对发明和创新申请专利，尽管当然难以证明。无疑，到了 19 世纪，这降低了专利对于一批新兴的大公司集团的效用，这些公司将在 20 世纪主导知识产权领域。

沃尔特谢伊德认为，由于人们认为英国法院系统对保护新兴的知识产权颇为抗拒，18 世纪关于保护专利和版权的正当性讨论有所扩大（Walterscheid 1996, 102-103）。洛克式的财产所有权是对某种趋势的政治修辞手段，1750 年后，洛克思想常在有关专利和版权保护的争议中被提及（Mossoff 2001, 1297-1302）。因此，一种个性化的个体形式的政治哲学的浮现，连同其优美描绘一并融入了版权和专利所表达的商品化法律形式中，似乎便顺理成章了。正如彼得·贾西（Peter Jaszi）所言，《安妮法》中确立的"作者身份"概念，尽管尚未完全发展，"却堪称引针之磁，准备好汇集未来百年的内容"（Jaszi 1991, 471）。一直以来，销售商和书商将作者身份作为保护其财产的修辞性武器，如今作者身份的概念被作者（重新）夺回，以服务于他们（不同的）利益。这番变迁还有一点如贾西所察，那就是表示作者输出成果的术语"作品"（work or works）一词的兴起（Jaszi 1991, 472-475），这一变化在于将作者职能的概念紧密渗透于商品和新兴资本主义社会关系的论述中［导引了一种态势，即劳作（work）理应得到财产上的回报，即如洛克所言］。

到了18世纪末，发明被视为一个综合的问题，而非分析的问题。发明变得无穷无尽，而不仅是过往延伸，并在此时萌生持续创新的观念。克里斯蒂娜·麦克劳德认为，

> 这种对个人努力和"天赋"的日益强调，催生了一种对发明的"英雄主义"解释，这种解释在19世纪变为现实，那时发明家和工程师确已被誉为民族英雄。就此时而言，发明在很大程度上仍是默默无闻的成就。……然而，此时发明已被视为个人成就；他们不只是上帝的代理人，而且，如果没有他们的努力，就不能有天赋保证另行发明。（MacLeod 1988, 220-221）

鼓励个人扮演天才和英雄的角色，证成了暂时中止自由市场以允许理念拥有者从其发明获益的观点。因此，有关专利的《垄断法》的例外，看来是回报创新的绝佳手段。尽管美国革命和法国革命为保护创新制定真正的新法，英国人仍然继续采用一种奇怪的混合法，作为一种例外规则，而非一种实在法。终至19世纪中叶改革才势在必行，但此前相当长一段时间，英国法仍得以继续调适修补旧法以行新举，正如同工艺模型的调适，而不是合成新物（synthetic innovation）。

到19世纪知识产权法再次兴起时，欧洲的发展再次开始对英国立法产生影响。在法国，类似于版权的权利的思想最初是随着16世纪早期既授予作者也授予出版商的书业特权（privilèges en librairie）而产生的。这些授权通常限制在10年的垄断期内，旨在

让投资者收回其原始支出,一旦授权期限届满,该书就会进入"免费复制"的领域。即使这些授权是给作者或印刷商/出版商的,可由于印刷和发行的成本,作者通常会将获得的授权转让给印刷商而得到一笔固定金额(Birn 1971, 136-137)。然而,通过这种方式获得的授权有所争议,巴黎以外的许多印刷商都不肯承认它们施加的限制。在该世纪的大部分时间里,书业特权都受到挑战和修正,[12] 同时愈发趋于一个开始承认作者权利源自某种自然法观念的制度。就这个意义而论,法国的发展是朝向作者作为创作个体就自身努力享有一定权利之概念这场壮阔的运动的构成部分。尽管旧制度中已有所规定(至少在概要上),但革命者仍认为有必要制定一部采纳这种作者概念的新版权法。

与英国《安妮法》的基调不同,在大革命后的法国,版权被视为一种作者权利,是通过创作行为确立的自然权利,而非由法律文件创造的实在法律权利,只是说通过立法得到承认,或更准确地说得以正式化(Burkitt 2001, 159)。于是,作者自然权利的观念(一种天赋的权利)发现其作为一种授予财产权正当理由的起源。不过,这种"作者"的个体化受到作者应服务于公共领域之共识的调和。因此,尽管作者终生享有这些权利,但废除作者死亡后仍享有的权利,将会对公众有所启迪(Hesse 1990)。革命法虽然赋予作者新的(道德)权利,却也是第一部明确承认公共领域存在的法律。诚然,这一领域显然已蕴含于早期英国法,但在 1793 年 7 月 19 日

---

12 伯恩(Birn)(1971 年)和黑塞(Hesse)(1990 年)的书中详细叙述了这些事件。

的法国法律中，公共领域（及其利益）才成为一个被明确承认的法律实体。[13]

在发明的财产保护领域，法国立法者看来显然更留意于英国人如何处理这些问题。旧制度为确立发明的垄断地位而实行一种特权制度。在18世纪，法国制度以有助于确保发明进入公共领域的专利申请的公开审查为中心，尤其是通过维护全部被授予特权的机器的公共存储库（Hilaire-Pérez 1991, 919）。除了特权制度，商务局（the Bureau of Commerce）还实施一项财政奖励制度，直接奖励给发明家（资金来源于对法属西印度群岛的商品征收的进口税）。在某些情况下，当发明人声称未得足够回报并因而对其技术和创新的传播进行限制时，这种奖励就可以使国家进行干预。[14] 然而，在该世纪后半叶，这些制度安排开始受到将海峡对岸经济加速发展归功于英国政府自由主义政策的那些人士的批判。

法国大革命初期，专利备受反对，但到1791年，一群不满的发明家向国民议会请愿，要求制定专利法条款并援引英国制度。法国的专利法才于同年颁布（Frumkin 1947, 55-56）。颁布该法之前，法国曾出台一系列法律，赋予外观设计明确的财产地位，直到颁布1787年法才告终。继1711年第一个法律之后，这些法律皆旨在扶持法国纺织业，而且，这些法律都导源于丝绸制造行会，而非通过

---

13 卡拉·黑塞（1990年）书中详细论述法国的争论以及导致这种向明确的公共领域转变的一系列立法变化。

14 路易莎·多尔扎（Luisa Dolza）和莉莲娜·希莱尔·佩雷斯（Lilianne Hilaire-Perez）（2002年）的书中论述了约翰·凯（John Kay）（他从英国将飞梭和梳理技术引入法国纺织业）的案例，作为法国当局如何援助权利持有人的具体例证。

这些法律的各个政府（Prager 1944, 730）。其实，大革命前法院是否有意承认纺织品领域以外的工业（或知识）产权还远未可知。

直到1791年法，知识产权才最终在法国得到更广泛的确认，尽管仅4年后革命者们就放弃这一立场。1795年，法国重新引入回报的观念（即回到以前专利法大抵所依托的特权观念），随后的法律评论开始认识到，知识产权法的规定下对权利授予进行限制的必要性与整体的产权理论之间的紧张关系。因此，1844年的专利法对知识产权只字未提，法国高等法院甚至在1887年宣布根本不存在知识产权这种东西（Prager 1944, 735）。另一方面，国家对发明的控制在整个时期都很重要，如果发明人试图在他国管辖区为其发明获得专利，则其在法国的专利就会失效（Khan 2002, 16）。这一限制法国创新在国际上传播的企图表明，无论关于在信息和知识中对产权观念的适当使用的讨论如何，创新所有权的重要性持续影响着国家政策。

虽然法国和英国可能非常希望限制新技术的传播（尤其是纺织行业），但在其他地方，出于重商主义的原因，特权和其他形式的准专利的运用仍在发展。例如，在维克多·阿玛迪斯（Victor Amadeus）努力使皮埃蒙特（Piedmont）完全独立于法国统治的尝试下，像弗朗西斯科·苏阿尔兹（Francesco Suarz）这样能够带来（这里指染布）重要技术的工匠就被授予特定技术的垄断权。这些授权使工匠能够从技术开发中获益，同时要求当地人学习相关进口技术（Dolza and Hilaire-Pérez 2002, 27-28）。即使这些授权未必备受支持，但在维克多·阿玛迪斯（Victor Amadeus）退位前1年，政治抗议促成皇家商务委员会（Royal Council of Commerce）的成立，其

105　职责是监督以及继续颁发特权。该世纪下半叶，委员会一直在努力平衡社会（对培训和新技术的）需求与所有者从其（通常是进口的）创新中获利的愿望，直至新出现了关于自由贸易的争论，才开始冲决委员会法令所立足的一些重商主义主张。然而，在此显而易见的是，随着个体统治者察觉在新兴国际经济潮流中发展经济的重要性，通过类似专利的垄断的授权对技术进行调整的理念在欧洲大陆颇有政治共鸣。

　　在知识产权史的现代阶段，我们察见关于拥有知识和信息的观念，这种观念已经发展数百年，并在新的工业社会（最明显的是当时经济最发达的英国和法国）的推动下渐次变迁，新工业社会中的财产不只是占有，更是建立经济关系的基础。知识产权的观念从英国向外传播，与随着封建制度转变而新兴的资本主义制度实践相互联系。19世纪初，拿破仑时期的法国在欧洲大陆的扩张，导致西班牙等国采取以法国模式为基础的专利立法。认识到个人主义是美国知识史的中心，美国宪法——有别于欧洲通常将专利特权授予最先申请专利者（无论他们是否是发明者）——承认创新伊始，便确立对抗其他申请人的权利。在美国宪法起草者手中，理应赋予具有创新精神的个人以权利，开始成为授予知识和信息产权的关键理由（呼应法国具有革命性的1791年专利法，该法规定发明人就其发明拥有自然的产权）。在此之前，一些北美殖民地已经开始立法授予某种专利，不是作为君主的授权，而是作为发明人（自然）权利的实现；其中，1691年的南卡罗来纳（South Carolina）可能率先而行。下一章中论述授权到权利转变的巩固，以及迅猛的工业革命与新兴现代资本主义制度的相互作用。

第五章　19世纪：技术发展与国际法

　　正如我们描述知识产权的确认与保护的发展史所揭示，这一过程涉及三个主要因素之间复杂却可辨识的关系。首先，它揭示了所有权、作者身份和发明理念或观念的转变。这些理念明确了什么是财产，以及谁应向其主张。其次，这段历史反映了创新组织以及技术生产和分配的变化。第三，制度变迁与这些不断变化的理念和物质条件密切相关。这些法律变化的制度化改变了权力关系，不可避免地以牺牲其他人的利益为代价赋予某些人特权，但也受到欲增进自身利益的特定行动者的影响。目前为止，我们已经描述知识产权的一般理念和具体表现形式的蹒跚发展，其引导着可辨识的早期现代权利体系渐次演进。这些（知识产权）财产权处于新兴的全球资本主义的更广泛的历史结构之中，并有助于再现或改变这些结构。根据人们所处国别的不同，假冒知识产权可能被解释为盗窃，或实现公共利益的一种重要社会政策工具。财产的定义取决于时间、地点、利益构成及当前竞争程度、经济发展阶段及政治经济权力。就知识财产过去与现在作为公共政策工具而言，所有这些因素都息息相关。

　　正如我们所确述，历史变化几乎不是线性的。知识产权史恰是一部争鸣史。在哲学、技术或制度压力下，知识产权理念中固有的紧张关系反复出现。威尼斯时刻之前的两千年所出现的问题，持续影响着随后日益国际化的知识产权历史。因此，本章重点介绍19

世纪至20世纪初法律中的一些关键时刻，即特定思想与经济环境再次融合，赋予特定的能动者特权，并改变知识产权制度。

我们首先论述知识产权作为公共政策的理念，继而描述19世纪法律的多样性，展示不同国家利用知识产权政策鼓励经济发展的道路的多样性。这种多样性凸显出一系列可能的知识产权保护方法，1850年至1875年的"专利争议"便是一个例证。这场争议最终以有利于知识产权的方式得到解决，标志着知识产权法及国际贸易关系史上一个关键协定的横空出世。下一节将论述这一决议在《巴黎公约》（Paris convention）和《伯尔尼公约》（Bern convention）中的多边制度化。然后，我们将研究托马斯·爱迪生（Thomas Edison）将专利操作为一种商业战略的传奇，以及美国版权法中"雇佣作品"原则的合理性；最后，我们将论述德国化学工业的新商业模式和专利卡特尔的兴起。

5.1 作为公共政策的知识产权

天赋异禀和创造天才的浪漫主义观念为知识产权的地位塑造了一个威武的形象。确实，这些财产权利倡导者经常会运用这些浪漫观念，以此证明个人创作中自然权利的天经地义。但正如我们所察，这并非思考此类权利的唯一方式。在18世纪下半叶和19世纪初，社会功利主义挑战个体智力创造中普遍自然权利的主观观念（Fisk 2003, 9-10；Woodmansee and Jaszi 2004, 2-3）。功利主义观念强调的则是发明创作的社会或集体过程。这些竞胜学说揭示了知识产权创造发明于个体、集体模式间固有的持续紧张关系。作为一项公共政策，功利主义观念旨在回报发明创造和传播，而自然权利或浪漫主义观念则赋予管理权，或在创造后"管理"财产的权利。

马克·莱姆利（Mark Lemley）恰如其分地将这些观念区分为"事前"（在功利主义/公共物品正当化的情况下）和"事后"（在浪漫/私人回报正当化的情况下）（Lemley 2004, 129）。如威廉·费舍尔（William Fisher）阐述，在激励发明创造/公共利益的理由下，"与其他'垄断'一样，专利和版权属于危险手段，只有在绝对必要时才能用以促进某些明确的公共利益"（Fisher 1999, 11）。相反，浪漫主义者/私人回报支持者认为，扩大知识产权保护范围势在必行，以图激励现有的版权所有者保护其创造的一切作品。因此，据莱姆利说，在这种观点中"最优权利仿佛是永续的：要是所有权能够对使用给予激励，那么这种管用的权利……就不应终止"（Lemley 2004, 135）。纵观知识产权史，这些大相径庭的哲学理念深刻影响着其政策，莱姆利看来，事后证成严重违背市场（Lemley 2004, 148-149）。因此，即使现代资本主义的发展开始加速并扩张，其市场化、商品化的逻辑也严格界分着政治见解。

纵观历史，无论有意与否，知识产权保护始终是公共政策的一种形貌。知识产权既可服务，也可阻碍特定的发展目标。前文已述，在14世纪，专利是授予为主权国家引介新技术者的特权。受到限制进口、促进出口这一重商主义目标的启发，统治者试图在其领土上延揽能工巧匠。此外，各国之间知识产权政策的多样性大概也是其不同发展阶段的一部分。技术领先者通常倾向于对创新进行强力保护，追随者则倾向于获取而非保护。在此，詹姆斯·瓦特的朋友理查德·阿克莱特（Richard Arkwright）的案例颇具启发意义：

有别于瓦特专利案，阿克莱特的专利纠纷彰显了知识产权政策的公共政策面相。与瓦特经历相左，在阿克莱特的案例中，促进获得和使用其发明的社会利益优先于对发明创造的个体控制权。该案判决引起一个反向运动，即改变有利于私人财产回报的格局，以（重新）确定瓦特已然获得的保护力度。

1781年，阿克莱特提起第一起侵权案件，涉及他持有的纺棉方法专利，但法院判决专利无效，因为他没有披露发明，而是"处心积虑隐藏保密"（引自：Moore 1998, 20）。四年后，他以涉嫌专利侵权为由，起诉邻居彼得·南丁格尔（Peter Nightingale）。南丁格尔的辩护再次聚焦于专利说明书，即一名适任人员能否据此制造机器，但这一次法院作出有利于阿克莱特的裁决。巴林顿·摩尔（Barrington Moore）认为，这场胜诉实际上使阿克莱特的处境更糟，因为兰开夏郡（Lancashire）的纺织厂现在都担心之后要被迫支付许可费才能使用阿克莱特的设备。同年，该纺织商试图使法院宣布裁决无效，并最终胜诉，阿克莱特因其含糊不清的专利说明书而丧失专利。据摩尔说：

> 兰开夏郡纺织厂的法定代表人站在公众和国家利益的道德制高点。阿克莱特的专利代表了一种垄断。对该专利的法律承认将使本已富裕殷实的阿克莱特还能剥夺成千上万辛勤民众的生计。此外，它还将招致英国已领先世界而如日中天的纺织行业逐渐衰落。（Moore 1998, 21）

最终，阿克莱特两项专利都丧失了，两次审判花费了1911英镑（Jeremy 2004，6）。本案表明，财产所有人不见得自动胜诉，法院会试图平衡不同的公共目标。

该判决反映出法院一如既往的假定，即知识产权应被视为授予特权，这些特权被明确确认为反垄断规则的例外。将专利视为特权强调的是临时性和不稳定性，并特别强调这种事实，即当这些授权有悖于其他重要社会目标时，可以授予也就可以剥夺。兰开夏郡纺织厂的案例归权利于劳工，并维持英国经济霸权，反对垄断的权利。不过，该案又成为激励专利权人行动的另一种政治动力。其深远意义在于，阿克莱特在法庭上的败诉，唤醒人们对专利权的一种更为强烈的诉求。

1785年，在法院撤销其两项专利后，一些专利申请者和一个"公认的专利权人协会"开会，决定"联合起来捍卫各自的权利，并商定一种向议会提出申请的方式，以更好地保护他们的发明"（引自：MacLeod 2004，14）。制造商首先关心的是保护其对工厂生产不断增加的投资。克里斯汀·麦克劳德（Christine MacLeod）强调，19世纪制造业利益在塑造专利制度上发挥了主导作用。制造商最关心的是"其知识产权的安全以及制度的发展，这些制度将减少管理知识产权的风险和不确定性，主要是以一种廉价、快速的方式解决专利所有权与侵权纠纷"（MacLeod 2004，14）。同样，由此可知，知识产权立法的发展往往受利益驱使，以确立并巩固优势地位，尤其当这种优势地位受到法院或立法展露的公众意图威胁时。历史揭示一种反复浮现的紧张局势，其并非总以有利于财产所有人的方式得到解决。每有一个瓦特，就可能有一个阿克莱特；私人权利与公共社会福利之间的平衡，仍是法院审议程序中关乎国计民生而聚讼纷纭的问题。

5.2 法律的国际多样性

19世纪的知识产权体系是不同国家法律和知识产权管理方法的拼凑。作为一项公共政策，迄今为止，大多数国家都采纳知识产权政策，以激励有用的发明进入本土，并方便公众阅读广泛的出版材料。这些政策包括引进专利、强制许可、"实施"要求、公民与外国人的差别待遇，以及（按照现代水平来看）薄弱或松散的知识产权保护。例如，早期的英国专利制度旨在将外国技术引入英国，授予专利特权的对象不是发明家，而是那些将发明公之于众的人。相比之下，早期美国专利制度就旨在鼓励国内创新，同时拒绝保护外国技术。而且，美国版权政策也旨在促进学习、公众获取，以及公共领域的保护（Patterson, Joyce 2003）。一般来说，创新者倾向于寻求更高水平的知识产权保护。模仿者和技术"后进"则寻求以最低成本甚或免费方式获得知识产权。[1]

英国以采矿、蒸汽机技术以及纺织工业的机械化主导了第一

---

[1] 并非所有情况都是如此。正如麦克劳德所述：由于对瓦特的分离式冷凝器专利的愤恨不平，康沃尔的（Cornish）工程师们对专利体制置若罔闻。1813年至1852年间，康沃尔（Cornwall）的与蒸汽相关发明专利所占的份额下降至全国专利总数的1%以下。这段时间之初可以看到，理查德·特里维西克（Richard Trevithick）和亚瑟·伍尔夫（Arthur Woolf）在康沃尔的锡矿和铜矿安装了（未获得专利的）高压蒸汽机，高煤价使当地的热力效率受到格外关注（MacLeod 2004, 12）。另参见我们在第四章中对康沃尔实践的讨论。

次工业革命（约从18世纪80年代至19世纪40年代）。不过，棉花行业的勃兴并未促进专利保护，部分是因为该行业最初的组织方式所致。[2]正如麦克劳德所指出："一种大量制造的大范围扩散，往往是在偏远的村舍，这使执法变得非常困难……（1770年后）棉花和精纺毛纱进入工厂，导致这些行业专利激增。在以工厂为基础的行业中，专利不但更容易监管，而且随着这些行业呈指数级增长，潜在价值也水涨船高。"（MacLeod 2004, 10）同样，从潜在专利权人的角度来看，直到1852年，英国专利法管理仍有诸多不足。专利权人面临着烦琐官僚主义的迷津、专利获取和保护的高昂成本，以及阻滞诸多努力起诉潜在侵权行为的深深的不确定性（MacLeod 2004, 6）。因此，就像瓦特与其蒸汽指示器的情况一样，创新者往往依靠保密协议或限制性契约来保护他们的新技术发明。

在欧洲大陆，法国拥有一个发达的专利制度。1791年法国建立专利制度，包括引进专利、专利权仅限于法国（法国专利权人不能在国外申请专利），以及所有专利必须在授予两年内在法国实施的要求（Beatty 2002, 127）。西班牙第一部官方专利法在拿破仑入侵后于1811年由法国人实施；因而理所当然接近于法国法。西班牙统治者在1820年和1826年稍加修改，但基本轮廓保持不变。帕特里西奥·萨伊兹·冈萨雷斯（Patricio Saiz Gonzalez）将西班牙的专利制度描述成主要以法国法律为基础，进而更普遍地基于一个"其

---

[2] 这种情况与当代软件生产分散管理、广泛分布的情况并无不同。该行业在融入专利体制之前就已繁荣发展。关于行业在缺乏专利保护情况下的发展，参见莫杰思（Merges）（2000, 2229-2230）。

政府试图在知识产权上发展出创新、现代化并实现经济增长的追随者和后来者国家"的新兴实践体系（Gonzalez 2002, 51）。在19世纪30年代中期，以及1849年至1878年间，西班牙政府积极清理了大量未在规定时限内实施的发明和引进专利（Gonzalez 2002, 67）。其实，在1826年至1907年间，75%的注册发明于三年内失去垄断权，这些技术信息进入公共领域。因此，在19世纪的大部分时间，西班牙用对公众开放的明确承诺来平衡知识产权保护。

在荷兰，1860年至1865年间，每年授予的大部分专利还包括在国外进行的发明（140项中至少有124项）。然而，似乎许多公民不认同授予外国人这种权利使之受益。一个代表中小型企业的荷兰压力团体成功地游说废除《专利法》，认为其"阻碍了工业发展，不利于国家的繁荣"（引自：Cullis 2004, 39）。这一政治压力导致荷兰人在1869年完全废除专利制度。由于荷兰人是经济和技术领域的"追随者"，罗杰·库利斯（Roger Cullis）认为这"为小公司和初创企业保驾护航，使其免受诉讼干扰而提高生存机会"（Cullis 2004, 40）。不必支付特许权使用费，荷兰人就可以大大降低成本，生产出与外国产品同等质量的产品。然而，尽管仍处于保护的国际制度之外，荷兰政坛关于国家立场的道德性争论仍在继续。最后，由于贸易伙伴的反对，以及政府因孤立主义立场而陷入的尴尬境地，荷兰于1912年恢复专利法（Schiff 1971, 77-81）。对许多荷兰企业集团来说，传统外向型（贸易）的导向，最终让他们接受非本国人也享有同等权利。

在瑞士，1850年至1907年间没有全面的专利法，因此当时许多瑞士公司可以自由模仿或改造他人的发明。其实，虽然一些州陆续颁布特权法规，授予一些早期形式的专利，但直到19世纪末，联邦层面上的知识产权保护几乎不涉政治利益（Ritter 2004, 470-473）。而到了19世纪80年代，瑞士的政界和商界精英就专利问题展开激烈的政治辩论。撇开道德立场（在此，如同荷兰人，许多瑞士政策制定者发现自己相对于国外贸易伙伴来说处于尴尬境地），许多立法者会担心缺乏专利立法，使得经济和/或政策领域面临国际报复（Schiff 1971, 89）。正如埃里克·希夫（Eric Schiff）所言，虽然国际和国内压力导致瑞士在1888年颁布专利法，但这"可能是当代颁布的最不完整、最具选择性的专利法"（Schiff 1971, 93）。最重要的遗漏是化合物的专利，但在德国和美国政府（应其化学部门的要求）的持续压力下，瑞士于1907年修订法律。该修订延至化学过程，即便50年内在瑞士仍无法对这些物质申请专利。

在大西洋彼岸，1790年和1793年的美国专利法赋予公民发明人更多的权利。只有发明人而非"引介人"可以申请专利，而且他们适用该制度成本低廉，费用约为英国人的1/20，这旨在鼓励国内广泛参与。美国法律还包括直到1908年的实施要求（Merges 2000, 2221）。1836年之前，不但外国人和外国发明没有资格申请美国专利，而且当非国内申请被允许时，他们要支付更高的费用（Beatty 2002, 126-127）。另一方面，鉴于支撑了英国专利立法基础的垄断危险论，美国制宪者还明确限制权利授予程度，确保版权和专利期限都应严格限制，以服务于公共利益（Ochoa and Rose, 2002）。因此，出于明显的政治原因，美国的制度设计立足于歧视，从而有利于美国发明者。歧视外国人符合公共利益，是一项鼓励技术转移的普遍政策。正如大卫·杰里米（David Jeremy）所言："如果剥夺公民和外国人引进外国发明授予专利的可能性，就可以在不增加发明人垄断权额外成本的前提下，将外国发明引进美国。美国就以比其他国家以更低的成本获得世界技术。"（Jeremy 2004，3）英国与美国专利法之间的这种不对称，有利于处于"追随的、发展中的美国经济体中的发明人，而非工业化程度更高的、领先的英国经济体中的发明人"（Jeremy 2004，4）。国民待遇的概念在20世纪末的美国专利政策领域居于核心，要知道，这在19世纪尚付阙如。

于是，英国和美国在版权法上的冲突便不足为奇。英国作家和出版商抱怨海外普遍存在对英国书籍的盗版行为。在美国与许多其他国家，翻印外国书籍完全合法。不管如何，查尔斯·狄更斯（Charles Dickens）等英国著名作家作品的重印，在美国是一个如火如荼的行业，而对英国版权所有者来说，则是一个巨大的损失。例如，在1843年，一本狄更斯的《圣诞颂歌》的美国版售价为6美分，而英国版售价为2.50美元（Hesse 2002，41）。英国图书行业认识到，这降低了潜在利润，消除了正版英国图书的主要出口市场（Feather 1994b，154）。英国和美国的作者都向美国政府游说，要求美国承认外国版权申请，但均未成功。之所以美国作家也与之利害攸关，是因为美国出版商倾向于出版不受版权保护的英国作品，而非受版权保护的美国作品（Nachbar 2002，45）。正如卡拉·黑塞（Carla Hesse）所揭示，这导致美国作家呼吁国会"取缔廉价重印未经授权的英国作品，促进美国文学发展"（Hesse 2002，41）。然而，美国出版商利用公众利益的话语来捍卫自身立场而大功告成。1842年，费城（Philadelphia）的一家重要的出版社谢尔曼和约翰逊（Sherman and Johnson）向国会发出以下呼吁："英国文学的所有财富都是我们的。对我们来说,英国作品如生命空气般徜徉而至,光临我国,不征税,不受阻,甚至不须译;难道我们应该横征税款,让知识、道德之光的照耀蒙上阴影吗?难道我们应该修筑堤坝,去阻挡知识的洪流吗?"[3] 当作者和出版商的利益对立时,还是出版商的商业利益胜出一筹。

于是,平恕而论,当时美国政策反映了公共利益的功利主义证成(Perelman 2002, 16; Vaidhyanathan 2001, 8)。作为一个"文学和科学创作"的发展中国家和进口国,美国力图保留引介领先国家的理念、科学发明、文学创作的权利(Hesse 2002, 40;另见:Goldstein 1994, 182-183; Clark 1960, 26-29)。相比之下,法国、英国、德国等净出口国则援引黑塞所概括的"自然权利教义",强调的是"普遍的道德权利与经济权利,使作者能够掌控自己的创作和发明并获得报酬"(Hesse 2002, 40)。到该世纪中叶,欧洲人通过谈判达成广泛的双边版权协议网,促使越来越多的人要求将这些协议编纂成体现自然权利主张的国际条约。然而,美国人不愿涉足,尤其是美国政策制定者,直到19世纪80年代末才开始认同欧洲人的版权主张。

5.3 从专利争议到《巴黎公约》与《伯尔尼公约》

在1850年至1875年间,一场争论在两派之间展开,一派主张

---

[3] 美国国会:《参议院会议决议的政府纪要》(*Public Documents Printed by Order of the Senate*),第27届国会,第2次会议,第4卷,第323项。

以专利制度保护创新发明,另一派则认为这种保护与国际自由贸易体系的需求相左。这场争论显露出自由贸易与知识产权的紧张关系,却也反映我们所关注的知识产权的内在紧张关系。[4] 贸易自由主义者批判知识产权的垄断特征,并试图废除专利制度,因为他们认为发明是社会的、客观的,是技术变革的产物,而非个人天赋的结果(Fisk 2003, 9)。以当时大量的同步发明的例子为支撑,他们认为,人们是否真的需要专利激励才进行发明尚成疑问(MacLeod 2004, 5)。反对阵营以及形成的委员会则是要保护发明人的权利;专利律师、工程师以及大公司将从持续的专利立法中获益,他们也动员政治力量支持专利权。然而,并非所有发明人或商业利益集团都支持专利;那些曾经与之针锋相对者对该制度的受益者几乎不抱幻想。

专利废除主义者聚焦于三个主要(似曾相识的)论点。第一,他们认为,关于拥有知识产权的"自然"权利主张掩护了知识产权法律建构非常必要的观点,然而知识产权与物质(竞争)财产不同,并不具有稀缺性。第二,虽然承认关于公正回报的论点有一定影响,废除主义者仍指出,回报未能公平分配,真正的创新者也很少获得这些回报。第三,尽管有所谓的"发明激励",但一旦第一项发明获得专利,专利其实就是一种对竞争发明者的抑制因素。此外,纵观历史,在不依靠知识产权的情况下,人类似乎也总能开拓创新(Machlup and Penrose 1950)。然而,为了使商业利益集团相信废除专利的理由,并提供只是改革的一种替代方案,最初反对专利制度的人还建议创设一种直接资助以及政府支持发明活动的制度

---

4 库尔特(1991年)对英国的论战进行了全面论述。

（Batzel 1980，192）。这些理念未能说服企业家，他们对那些政府干预素持怀疑。虽然专利废除主义者确实引发一场直截了当的辩论，但在很大程度上依赖于实用主义的论证——这就为改革而非消除专利开辟了道路（Batzel 1980，199）。最终，支持者们调动起类似于今天所依赖的正当性叙述进行辩护，旗开得胜。正如马克·贾尼斯（Mark Janis）所揭示，虽然批判者偃旗息鼓，但是专利的支持者们共享着"专利废除主义者所宣扬的诸多关切"，尽管他们反转了废除主义者的论证（Janis 2002，947）。

主张废除专利的人认为，拒绝为外国发明授予专利的国家将因此获得非公平的竞争优势，因此建议废除专利，以重建自由贸易。相反，国际主义立场试图扩大专利的范围以阻止这种企图，用约翰·斯图亚特·密尔（John Stuart Mill）的话说，"这种企图如果真的成功，将借自由贸易之名进行自由盗窃"（Mill 1871，2：552）。因此，知识产权国际化的一个核心要素就是直接回应关于专利的不足之处，尤其是对外国人"盗窃"的突出质疑。但与当代论证形成鲜明对比的是，自由贸易的倡导者将知识产权视为一种不能在不同司法管辖区之间得到支持的特权，因为它约束了内含知识产权主张的商品的自由贸易。这场政治争论可能是自由贸易者最后一次齐心协力，申明知识产权是非法的，根本上抵牾于自由贸易。[5]

因此，通过广泛宣传支持专利所有人对侵权人的权利，也许

---

[5] 关于这一立场的当代论述，参见贾格迪什·巴格瓦蒂（Jagdish Bhagwati），他将知识产权的国际保护比作黑手党的非法勾当（引自：Nisse 2003；另见：Bhagwati 1998）。

更重要的是由于对自由贸易本身支持的衰退，专利保护的倡导者最终获胜（Machlup and Penrose 1950, 4-6）。1883年，通过增加通向专利制度入口的改革，英国国内的专利纠纷得到解决，进一步推动专利纠纷解决方案的出台（MacLeod 2004, 5）。一个更加开放的体制，加上开始视自由贸易小于总体利益的政治转变，使得认为专利限制自由贸易的反对者势头减弱。主张废除专利者也支持一项国际协定，因为正如穆林·库尔特（Moureen Coulter）指出，"国际协定的理念是能让持续的国内保护变得可以容忍的唯一东西"（Coulter 1991, 176）。知识产权仍被视为对贸易的限制，但只要这些限制符合国家利益（并适用于所有国家），就不再遭受质疑。在未来百年，这种对国际贸易与知识产权潜在冲突的坦率承认将从主流话语中消失。另一方面，值得注意的是，这一时期标志着知识产权作为一种可接受的、合法的垄断形式这种正当话语的完全发展；其时的话语开始在绝大多数的叙述中剔除贬义的"垄断"一词。

此后，知识产权通常被视为对智力劳动的直接回报（洛克财产权理论），作为个人与其创新相关联的不可剥夺权利的一部分（黑格尔），或者最明显的原因是经济"必要性"，以确保资源的有效利用。在日益发达的工业化国家，知识产权的理念为政府、决策者和商业利益集团所接受，部分是出于实用主义的原因，部分是由于19世纪60年代和70年代的强烈游说。这为旨在操控知识的产品的国际市场在多边法律结构的基础上正式形成铺平了道路。

确立专利权正当性是解决问题的另一个重要节点。到19世纪末，所有者拥有知识产权的权利，通过与物质产权的类比不言自明，这代表全球知识产权结构发展的一个关键时刻。虽然在经济组织和生产中改变知识利用的技术方兴未艾，尽管制度发展步履维艰，但基于所有者权利的知识产权理念在政治上日益固化，仍对下一阶段的知识产权立法国际发展至关重要。限制完全自由贸易的反对意见的式微，为进一步协调专利保护的跨境承认扫清障碍，使之取代了当时基于地域划分的规定。复杂的双边条约被新兴的跨国多边公约所取代。

知识产权观念的这一重要转变伴随着经济和技术变革，这些变革共同造就管理知识产权的多边机构。知识产权（包括专利和版权）于是成为新型投资和生产商业模式的基础。大约从19世纪70年代到20世纪初的这段时期，所有权观念发生转型；与此同时，经济和技术领导权从英国转移到美国和德国。蒸汽机、纺织机、机床的发明以及纺织、钢铁、造船业的发展推动第一次工业革命。约从1870年到1914年的第二次工业革命则由化学、钢铁、石油、电力行业推动。

第一次世界大战爆发前的四十年间，交通运输的显著改善和电信技术的商业发展促进了全球贸易的迅速扩张。在美国，铁路发展创造巨大的国内市场，并促进大规模生产，推动了美国经济的增长。此外，壮大的规模经济（部分原因是美国国内市场的扩大）被日益扩大的市场中的大公司所主导，从而为工人和其他无产阶级带来可观收益（Resnick and Wolff, 2003）。因此，新兴的美国企业资本主义通过发展技术和建立组织提高生产力，同时显著提升工人生活水平（尽管这些进步对个人来说可能是不稳定的），从而为新时期的资本主义奠定基础。至此，大公司能够在技术和组织优势的基础上（在全国化和日益全球化的范围上）支配市场行业。新兴产业

（及领先行业）使美国能够利用其丰富的原材料，德国则得益于其完善的科学教育体系。

众所周知，"创造神话"的发明家如托马斯·爱迪生和沃纳·西门子（Werner Siemens），正是乘风破浪的掌舵人。显然，这些商业领袖渴求更高的专利保护标准，并要求保护公司的研发成果。1871年美国最高法院的一项判决［美国诉伯恩斯案（United States v. Burns）］导致1791年《专利法》的修订，允许雇佣合同包含一项条款，要求雇员向雇主转让专利或其他发明权。[6] 其实，正如威廉·金斯顿（William Kingston）所说，如果没有法律变动，"内部研究实验室和车间的研发将无法获得资金，如爱迪生在门洛帕克（Menlo Park）的研发"（Kingston 2004，4）。在德国，为促成1877年的《德国专利法》，沃纳·西门子担任了德国议员。由于西门子公司的研究实验室需要大量受雇的发明人，西门子希望确保其专利属于公司，而非属于公司雇佣的个体发明人。与美国一样，1877年的德国法律也规定雇员向雇主转让专利或其他发明权的条款，这是我们将在后文中回顾的一项重大法律进展。

1873年，奥匈帝国在维也纳举办了一次世界博览会。美国发明家拒绝参加，因为他们担心自己的发明得不到充分保护，德国的发明家也有同样顾虑。这导致奥匈帝国通过了一项为外国人提供保护的临时法律，以鼓励外国发明家参与博览会；该保护将持续到博览会期间。在这一妥协之后，由于德国和奥地利专利代理人和工程师

---

[6] 美国诉伯恩斯案（United States v. Burns），载《美国法院判例汇编》第79卷［79 U. S. (12 Wall.)］，第246页，1871年。

们大力游说,政府仍举办1873年维也纳大会,以纾解发明人的顾虑(Dutfield 2003,55)。沃纳·西门子的兄弟、西门子公司的创始人威廉·西门子(William Siemens)主持大会,德国与会者占多数,158名与会者中只有13人代表其他国家的政府(Porter 1999,265)。维也纳会议认可了国际专利保护,但保留了支持作为公共政策工具的强制许可。其时的首要目标是建立一项制度,令国家承认并保护外国投资者和文学艺术家在其管辖范围内的权利(Okediji 1995,137)。1878年和1880年的巴黎会议进一步发展这一理念,1883年最后一次会议批准并签署《巴黎公约》,至1891年解释性的《马德里协定》(Interpretative Protocol in Madrid)尘埃落定。1883年《保护工业产权巴黎公约》(1883 Paris Convention for the Protection of Industrial Property)涵盖了专利、商标、工业设计[World Intellectual Property Organisation(世界知识产权组织)1988,49-50]。成员国还组成保护工业产权国际联盟(International Union for the Protection of Industrial Property)。因此,专利争议最终得以平息,胜利者的观点载入了这项新的多边条约。

私营企业行动者(包括48个商会)在1878年巴黎会议上表现抢眼。托尼·波特(Tony Porter)指出,这些私营企业行动者实际上是在要求各国"提供一种制度,由此可以达成新水平的协定"(Porter 1999,266)。此外,美国和德国的利益在这些讨论中的作用,标志着从追随者到谋求加强保护的引领者对知识产权的偏好的根本改变。[7]随着欧洲大陆各国政府放弃自由贸易,欧洲的反专

---

7 关于德国立场演变的精彩讨论,参见:Kronstein and Till 1947。

利情绪烟消云散,而实力雄厚的工业领域要为其产品寻求保护。荷兰在1869年废除专利制度,但在1910年恢复。1887年,在德国的压力下,瑞士终于颁布第一部(现代)专利法;但如前文所述,实现的覆盖范围还远远不足。[8] 认为国际压力完全取决于每个国家的道德立场是错误的(尽管这确实有一定分量)。特别是在瑞士的情形,德国化工行业的利益以及阻止不断壮大的瑞士化工行业窃取其创新成果的愿望,促使他们要求修改立法。一如既往,亦如未来,商业利益在施加变革的政治压力方面举足轻重,即使这种利益过去(以及现在)往往被道德论证所掩盖。

在版权方面,法国、比利时、瑞士出版商之间的激烈竞争,以及遍布欧洲的双边条约的繁密之网,促使人们寻求一个更为广泛的多边协议,将国民待遇原则纳入其中。然而,各国政府很快对互惠条约不再抱有幻想,因为其效果从来都不平等(Goldstein 1994, 181)。19世纪上半叶,许多国家拒绝与法国达成这种协议,认为法国协议利于法国,但1852年拿破仑三世(Napoleon Ⅲ)颁布一项法令,规定伪造外国作品为应受法国刑事惩罚的行为(Clark 1960, 134)。实际上,这意味着法国将版权保护扩大到外国作品,而不管这些国家的立法是否保护法国作品(Goldstein 1994, 181-182)。在法国提出这一倡议的10年内,又有23个国家与法国签署版权条约,反映出建立版权国际治理的总体意图,其前提是利益共享相对

---

[8] 正如金斯顿(Kingston)所言:"德国化工行业资助了瑞士的三次全民公决,直到它获得了想要的专利立法,以防止当地公司搭德国发明的便车。"(2004, 5)另参见里特尔(Ritter 2004)关于在当时瑞士政治审议中德国压力作用的论述。

公平。

1858年，法国作家维克托·雨果（Victor Hugo）在布鲁塞尔（Brussels）召开一个作家和艺术家大会（Congress of Authors and Artists），确认国家对创造性艺术家和作家的国民待遇原则。随后于1878年，在巴黎世界博览会（Paris Universal Exhibition）同时举行的巴黎会议上，雨果成立了由他担任创始主席的国际文学协会（International Literary Association）[后来的国际文学艺术协会（International Literary and Artistic Association）]，该协会举行一系列会议（伦敦1879年、里斯本1880年、维也纳1881年、罗马1882年），最终于1883年由努马·德罗茨（Numa Droz）主持在伯尔尼召开大会，该公约及后续公约明确规定以《保护工业产权巴黎公约》（*Paris Convention for the Protection of Industrial Property*）为范本，制定多边版权协议（Ricketson 1987, 49ff.）。这一历程最终诞生《保护文学和艺术作品伯尔尼公约》（*Bern Convention for the Protection of Literary and Artistic Works*，1886）。然而，美国被排除在伯尔尼之外，因其版权中保留要求作者在华盛顿特区注册作品，并将副本发送给国会图书馆的规定。这些条款不符合《伯尔尼公约》，因公约规定在任何成员国授权出版后，版权就自动获得。伯尔尼公约签署者不得要求注册作为授予版权的先决条件。

这两个最初的多边知识产权协议的基本原则包括非歧视、国民待遇、优先权（保护第一个发明或创造的人，而不是先提交或复制的人）。在这些原则下，各国可以自行通过各自立法，但有义务将其立法保护扩大到成员国的外国人。这些公约既没有创造新的实体法，也没有为成员国制定新的法律；相反，它们反映了已然由国内法合法化了的成员国共识（Okediji 1995, 137）。只是，这一共识在大西洋彼岸反响较晚。

19世纪英美两国之间的版权战日益激化两个美国派别的对立，要求在竞争与安全之间达成某种妥协。黑塞认为，"贸易保护主义者、印刷商工会和出版社的财富来源于盗版英国文学作品，他们反对一切国际协议。另一方面，本土作者的拥护者与自由贸易及国际版权的支持者联合起来，主张作者的普遍权利"（Hesse 2002, 41）。直到19世纪80年代，面对来自中西部新的"便士出版社"的残酷竞争，东海岸的老牌出版商才改弦更张。精英出版社基于自身利益认知转而致力于国际版权事业，使得趋向国际版权的运动看起来越来越像一种经济救赎之源，而非毁灭（Woodmansee and Jaszi 2004, 11）。黑塞认为，这些出版商之所以改变经营策略及知识产权异议，是因为：

> 他们意识到，相比新生代出版社，他们与外国作者签订在美国执行的独家版权协议更具优势……其时，包括艾萨克·芬克（Isaac Funk）神父在内的美国神学家都谴责"文学盗版的国内罪行"（这曾让他得以盗版《耶稣传》而发财）违反了第七条诫命。（Hesse 2002, 42）

因此，不断变化的国内市场和国际领域，共同促使一些（尽管并非所有）美国出版商改变版权立场。

犹如过去情形，战线仍划定于版权竞争与控制之间。美国版权联盟成立于1884年，代表美国的精英出版社，如普特南（Putnam）、霍顿（Houghton）、斯克里布纳（Scribner）、哈珀（Harper）。这些出版商竭力游说版权的革新。尽管哈丽特·比彻·斯托（Harriet Beecher Stowe）和马克·吐温（Mark Twain）等美国著名作家已经主张美国为外国作品提供版权保护，但相对促成政策改变的出版商的呼声只是锦上添花。尽管存在道德论证，但他们（而非竞争对手便士出版社）支付得起复制外国作品的许可费用。美国被排除于《伯尔尼公约》之外，这促使联盟推动美国法律的修改，以符合《伯尔尼公约》，即便南方民主党强烈反对任何接受外国竞争、开放美国市场的努力。为了安抚印刷工人工会，最终妥协于1891年编纂的《蔡斯法》（Chase Act）中，其规定只有作品在美国的出版不迟于原籍国的情况下，外国作者才能获得版权保护，外国人的作品必须在美国印刷，或者按照美国的排版印刷（Feather 1994b，168）。这一所谓的印制条款直接违反《伯尔尼公约》，因而直到1986年该条款到期之前，美国始终游离于协议之外。不过，1891年国会与英国签署了一项国际协议，要求相互保护版权（Hesse 2002，42）。由于美国国内的政策，《巴黎公约》和《伯尔尼公约》试图终止的此类双边协定仍在沿用。

5.4 托马斯·爱迪生：专利作为一种商业战略

正如19世纪80年代末，毁灭性的竞争促使美国老牌出版商在知识产权保护方面的利益得到重新定义，类似动力也驱使更强有力的专利保护的改头换面。在第二次工业革命期间开发的全新商业模式中，专利发挥了重要作用；例如，仅在美国，1840年至1910年间每年的专利数量就增加 50 多倍（Jenkins 2004, 1）。大型化工和电气行业管理公司的崛起，如德国的西门子和美国的爱迪生，开启了一种组织形式创新和吸引金融资本的新途径。正如当下，过去新公司（或创办新企业的老牌公司）需要筹集资金，专利就愈发成为这一进程的制胜法宝。

托马斯·爱迪生从"美国天才"摇身变为美国商人的故事，诠释了这一扩大趋势。爱迪生因发明电报而闻名；尽管不乏神话流传，爱迪生毕竟只是电照明的后来者。在电报行业，爱迪生声名鹊起，与成功的电报企业家珠联璧合，从而得以成立爱迪生电灯公司。其时，西方联盟公司（Western Union）总法律顾问格罗夫纳·洛瑞（Grosvenor P. Lowrey）建议爱迪生成立一家公司，为研究和申请专利融资（Cullis 2004, 15）。西方联盟本身已经率先制定一项与竞争对手进行发明的专利获取和交叉许可的战略，以确保市场份额（Jenkins 2004, 12-14）。西联公司的总裁是黄金股份电报公司（Gold and Stock Telegraph Company）的主要股东，也是 J. P. 摩根（J. P. Morgan）的合伙人，他支持爱迪生成立一家公司，拥有和/或获得爱迪生除电报相关发明外的所有电气发明的授权（Cullis 2004, 15）。爱迪生的西联导师威廉·奥顿（William Orton）和马歇尔·莱弗茨（Marshall Lefferts）通过控制现有专利和准专利来控制创新成果，推动了一种支配市场的商业战略。这一理念在于继续控制专利的进一步创新，从而设置准入壁垒，并准备具有广泛权利要求的专利申请（Jenkins 2004, 32）。里斯·詹金斯（Reese Jenkins）颇费笔墨地论述"莱弗茨向爱迪生灌输专利的商业价值，以及用专利及其广阔的专利主张'覆盖领域'的商业要略"（Jenkins 2004, 14）。莱弗茨向爱迪生介绍了一位专利代理人勒缪尔·塞雷尔（Lemuel Serrell），他教授爱迪生向专利局申请专利以及诉讼都要保存细致缜密的记录。

公司研究实验室的建立（如爱迪生在新泽西州门洛帕克的实验室），以及1871年美国法律中专利修正案的通过（允许雇主要求员工转让在其与工作相关的发明的专利权），推动了研发新方法的发展。作为工业研究系统的代理人和加强专利保护的倡导者，专利代理人至关重要（Drahos and Braithwaite 2002，43-48）。诉讼是富人的一项活动，正如库里斯指出，在19世纪最后25年里，成功的律师都是美国薪酬最高的专业人士（Cullis 2004，2）。不管如何，爱迪生极其健讼，更是利用掠夺性的专利策略取得斐然成效。例如，尽管英国发明家詹姆斯·斯旺（James Swan）在爱迪生之前发明并展示了白炽灯，爱迪生则通过提交一项具有广泛权利要求的英国专利，抢占了斯旺的任何专利申请。当斯旺在英国成立一家公司制造他申请专利的灯具时，爱迪生立即申请禁令，阻止斯旺侵犯其专利。最终，爱迪生得以挥舞着专利权的刀锋，让斯旺同意合并两家公司为爱迪生和斯旺联合电灯有限公司（Edison and Swan United Electric Light Company Ltd）（Cullis 2004，30）。尽管斯旺对实际发明居功至伟，爱迪生仍靠专利权保持一种垄断地位。[9]

为应对业内日益激烈的竞争，1885年至1901年间，爱迪生发起200多起侵权诉讼，花费约200万美元（Cullis 2004，36）。即使

---

9 然而，爱迪生也不是百战百胜。他试图利用自己的专利来控制录音带新技术的市场，但以失败告终。而且，就在20世纪音乐（唱片）产业开始迅速扩张之前，他的公司就退出了这个行业。参见巴菲（barfe）（2004年，第1章）。

在爱迪生技不如人时，诉讼成本也让许多渺小竞争对手破产，在这一连串激烈的诉讼之后，竞争消亡殆尽。到 1893 年，英国只剩下 7 家灯具生产商，而且并非都有实际生产灯具（Cullis 2004，34）。在 1888 年对爱迪生和斯旺电灯公司诉荷兰（*Edison and Swan Electric Light Company v. Holland*）一案的裁决中，通过接受关于专利说明书真实性的很可疑的主张，巩固了爱迪生的垄断地位。[10] 爱迪生被指控"滥用法律规则以及贪婪主张专利"，以"占据对竞争对手的支配地位"（引自：Cullis 2004，33）。尽管法庭对爱迪生并不友好（他的行为在审判期间受到法官的负面评论），却还是支持他的专利，从而向竞争对手展示爱迪生的地位基本上无法撼动。

1886 年，在一个备受瞩目的爱迪生案例中，一位尖锐的评论家詹姆斯·斯温伯恩（James Swinburne）谴责爱迪生的策略，并强调爱迪生垄断的不幸后果：

灯具垄断的第一个后果是灯具的价格居高或走高，且因为缺乏竞争而无法促使质量提升。人们常常抱怨灯具价格。因为灯具生产对所有人来说都是新兴事物，工厂经过很长时间才能正常运转，需要先进行大量具有商业规模的实验，才能制造出物美价廉的灯具。一家工厂大约需要两年时间才能投入生产，但之后灯具的制造成本就非常低廉。在小规模生产时，每盏灯在小规模制造时实际劳动和材料成本大约为 5 个半便

---

10 爱迪生和斯旺电灯公司诉荷兰案（*Edison and Swan Electric Light Company v. Holland*），《美国律师协会职业行为示范规则》（RPC），第 459 页（1888 年）。

士。这些都是真实的数据。在大公司大规模生产时，灯具的售价应为1先令或18便士。（Swinburne 1886，132）

今天，使用仿制药来解决人类免疫缺陷病毒/获得性免疫缺陷综合征（HIV/AIDS）流行病的倡导者所提出的论证如出一辙。[11]

5.5 版权和雇佣作品

随着组织开展工业研究的跨国公司的兴起，爱迪生已将专利奉作一种商业策略。允许雇主对员工创新享有所有权的立法变化驱使这类公司持续发展，但公司享有所有权的范围并不限于专利。19世纪60年代，法律原则的变化和法院的质疑导致在版权中引入了"作品出租"的概念。这种雇佣作品学说的发展值得注意，因为它不仅备受争议，还呈现出作者的浪漫主义观念与体现商业组织变化的显著功利目的一种奇特融合。这种转变再次受到政治斗争、理念领域变迁以及应对技术变革的影响。

与强调版权随时间推移不断扩张的叙述相反（Litman 2001；Vaidhyanathan 2001），凯瑟琳·菲斯克（Catherine Fisk）强调从个人到企业作者的最终转变所带来的模糊性和不确定性（Fisk 2003）。在1860年之前的美国，规则相对简单，受雇创作作品的人可以保留版权所有权。然而，1860年后，法院开始承认雇主对雇员受版权

11　例如，参见《华纳评论》（*Warner*）中詹姆斯·洛夫（Jarmes Love）2002年的评论。

保护之作品的权利。最初，只有雇员签署放弃权利的明示合同的情形，法院才承认雇主的权利。规则逐渐转变为承认雇主权利是一种默示合同。此外，菲斯克认为，随着现代公司的兴起，"法院逐渐理解公司——典型的'合作'（如集体）作者——应当拥有其雇员作品的权利。基于法律上已经确立的对某一法人人格的承认，显然，任何要被承认的知识产权都应授予公司，而非任一雇员。

19世纪60年代至20世纪初，雇员作品版权的法律地位是模糊的。有些案件中，法院援引洛克的劳动应得理论为雇员所有权辩护，有些案件中，则援引笛福（Defoe）的"大脑之子"（brat of the brain）的父权隐喻来维护雇员的权利（Fisk 2003, 36）。1861年基恩诉惠特利案（*Keene v. Wheatley*）提出第一个公开发表的观点，阐明"雇主所有权的默认规则"（Fisk 2003, 40；着重号是后加的），但直到1909年版权法通过才纳入。从1861年到1909年，法院的判决并不一致，菲斯克辩称"员工版权法高度不确定，案件结果难以预测"（Fisk 2003, 47）。版权法律地位的不确定性导致许多雇主提供明示合同，以确保对其雇员作品的一种更为稳固的所有权，而非为日益增值的商品承担提起诉讼的风险。

雇佣作品中的公司作者概念，实为一种作者的浪漫主义观念与社会功利主义的奇特融合。菲斯克将公司作者的概念称为"现代版权法的终极法律拟制"（Fisk 2003, 55）。玛莎·伍德曼西和彼得·贾西认为：

> 这一概念透露了缘于浪漫主义作者观的基本前提：由于雇主拥有合同赋予的分配任务的权力，它构成其雇员创造性

第五章 19世纪：技术发展与国际法

劳动的"有效原因"，其产品构成"雇佣作品"。通过这种方式（阐明浪漫主义意识形态的含义），公司对个人创作者作品的法律权威得以保障。（2004，7）

因此，不管雇员随后作出何种创造性投入，版权被授予雇主。此时，法院也为日新月异的新媒体（如广告和电影）的引入而困扰，试图确定这些媒体是否适用版权。奥利弗·温德尔·霍姆斯（Oliver Wendell Holmes）大法官在1903年布莱斯通诉唐纳森石版印刷公司（*Bleistein v. Donaldson Lithograph Co.*）一案中发表意见，个中明显流露出功利主义的倾向。此案涉及两名印刷商，其中一方指控另一方复制其制作的马戏团广告海报而侵犯版权。初审法院和上诉法院均以广告不符合版权资格为由，支持被告复制海报的权利。但是，霍姆斯说：

> 无疑，作品与美术多有联系，因为画质吸引观众而真正发挥作用（作为促进贸易和盈利手段意义上的作用）。图画就有图画的意义，就可以成为广告中使用的版权对象。如果图画可以宣传肥皂剧、戏剧或月刊，那也可以被用来宣传马戏团。（引自：Goldstein 1994，61）

这一裁决广泛扩展了版权保护，推翻了多年来的先例。从马戏团海报到电影仅一步之遥，从而布莱斯通案的裁决为扩大新媒体版权大开方便之门。

1909年，国会最终通过美国版权法的修订，明确引入公司版权和雇佣作品的概念（Vaidhyanathan 2001，101）。就像专利一样，现代公司的兴起促进了这种变化。正如菲斯克所言，"受版权保护的对象已经扩大到包括更多在企业中以合作方式创造的作品。显然，员工享有版权使百科全书的出版难以获得续期，从而阻滞出版"（Fisk 2003，67-68）。由于只有版权持有人才能获得续期，如果没有公司版权，出版商将不得不追踪每一位撰稿人，以获得百科全书版权的续期。百科全书和地图等物品显然是集体创作的产物，可戏剧和绘画并非如此，因此雇佣作品原则似乎比法国式的道德权利观念更可取，后者意味着个人对其创作的持续管理。然而，在对1909年法律的审议中，一些参与者表达了与"道德权利"相关的担忧，即公司可能会贬低员工创意，有损员工声誉。但正如菲斯克再次揭明，"受版权保护的作品已经开始包含一些知识性较低的东西，随着小型合伙企业被大型企业所取代，公司的道德权利主张似乎愈发强势（企业作者的概念也不再是虚构），正如员工的道德权利要求逐渐弱化"（Fisk 2003，69-70）。如果公司可以具有单一的（集体）法人人格，当其活动促进和组织此类创造，看来就无理由否认其获得作者所享有的权利。

5.6 德国化学工业的崛起：一种新的商业模式

19世纪60年代德国染料工业的发展引入一种新的商业模式，专业研发部门使发明-企业家风光不再（Dutfield 2003，75）。德国的产业政策保护德国公司免受外国竞争，允许企业间合作联盟固定价格、优化销售网络，从而支持工业的发展。从19世纪60年代开始，代表化学工业的德国利益集团为获得国家专利进行了艰苦游说。[12]沃尔纳·西门子渴望获得国内专利保护，却担心在英国和美国公司获得专利后，无法在德国实施。因此，他所研究的1877年德国专利法包含一项实施要求，即如果专利在三年内未在德国实施，政府就可以撤销该专利。化学工业在专利是否应涵盖方法或产品或两者兼有的问题上存在分歧，最终该法案采纳化学协会的意见，涵盖方法，而非产品。

为了使公司能够对员工的创新成果申请专利，德国专利法排除"发明人"一词，而采用"申请人"一词。德国法律还反映化学工业对工艺创新研究战略和产品多样性营销战略的承诺，允许德国公司的方法专利（与广泛的行业隐性知识相关）加强其在行业中的地位。与爱迪生公司的情况一样，稳固的专利地位（即拥有专利权）有助于阻止竞争对手的研究，有利于提高市场支配地位。虽然德国公司没有关于化学物质申请专利（相对于方法）的规定，却利用了其他国家的此类规定，其中最重要的是美国的和英国的；德国公司遵循这种做法，特别是在外国法律不包括实施要求的国家，例如美国（1908年后）。1912年，美国98%的化学专利申请归属于德国公司，且从未在美国实施（Dutfield 2003, 82）。美国人对这种不对称性感到愤怒，提议取消对产品的保护，却遭到主要实业家如爱迪生，他们的银行家，如摩根，以及他们的专利律师的夹击。

第一次世界大战前，德国人开始主导制药行业。染料生产商拜耳（Bayer）和霍克斯特（Hoechst）开始从事制药生产，并将其巨

---

12 本段和下一段基于杜菲尔德（Dutfield）（2003, 76-79）的评论。

额染料利润用于进一步研发。组织进行工业研究的德国公司模式在20世纪前十年迅速推广于美国，通用电气（General Electric）、西屋电气（Westinghouse）、美国电话电报公司（AT&T）、国际收割机公司（AT&T）、帕克·戴维斯公司（Parke Davis）、百时美施贵宝制药公司（E. R. Squibb）等都建立了研究实验室（Braithwaite and Drahos 2002，454）。伊士曼柯达公司（Eastman Kodak）于1912年成立工业研究实验室（Jenkins 2004，42）。美国公司也开始设立专利部门，成为其公司战略的核心角色。这些公司开始将专利视为战略性商业资产，不仅可用于保护发明，还可用于筹集资金和强制与竞争公司进行交叉许可（Merges 2000，2220）。公司专利部门对专利活动亦进行监管，特别杜邦公司（DuPont）就赚得一个在阻止其员工发表科技论文方面尤为强硬的名声（Braithwaite and Drahos 2002）。阿尔弗雷德·钱德勒（Alfred Chandler）揭示，美国"在20世纪初改善对技术和程序的管理……一直是企业管理的基础"（Chandler 1977，289）。当然，美国公司推进了现代资本主义生产（或服务）的组织形式（建立于德国制药行业的范例上），并在应用"科学"管理的同时，利用专利获取竞争优势。

1870年至1911年间，美国专利授权数量从120,573件激增至100多万件（Braithwaite and Drahos 2002，460）。虽然早期大多数专利都授予个人，但到20世纪初，大多数专利都授予公司。1878年至1907年间，在西班牙等追随国，大部分专利授予非居民公司（Gonzales 2002，73）。正如爱德华·贝亚蒂（Edward Beatty）所揭示，1875年至1900年间贸易和外国投资的急剧扩张，加上1883年的《巴黎公约》，驱使"专利法的革新趋于日益同质化的景象，直至一战前夕趋于定型"。(Beatty 2002, 143)这也意味着"发现自身渐成19世纪末全球化经济一部分的国家,无法避免向外国发明家提供专利保护的国际压力。此外,世界各地的本国精英……也广泛认同将产权与投资动机联系起来的自由主义观点"(Beatty 2002, 132)。看来,消除自由贸易与知识产权紧张关系的论述胜出一筹,专利的争论则被抛诸脑后(尽管最近的政治评论表明这一点并未被遗忘)。

早在20世纪初,就出现以专利为基础的卡特尔。正如爱迪生在掠夺性专利诉讼下收购、吸收或兼并竞争对手,许多公司合并,并制定交叉许可、固定价格、市场分割协议。例如电气行业,1897年,通用电气成立卡特尔-白炽灯制造商协会(Incandescent Lamp Manufacturers Association),以控制价格和市场份额(Cullis 2004, 37-38)。大多数公司加入,该协会与西屋电气公司签订价格固定协议,支持电灯价格上涨约30%(Jenkins 2004, 26)。1893年的美国银行恐慌和萧条使得许多竞争公司被削弱,通用电气在国家电力公司(National Electric Lamp Company)的旗号下收购这些公司,这是一项旨在形成独立的表象的策略(Jenkins 2004, 26-27)。通用电气利用其专利许可权获得更多相关专利,收取更高的特许权使用费,禁止未经通用电气授权的其他公司出口,从而引领着欧洲的卡特尔。正如詹金斯指明,"该公司强大的专利地位使其最初处于近乎垄断的地位,然后运用其金融和市场力量保持在美国和世界上的主导地位,直至第二次世界大战后,即其关键专利到期几十年之后"(Jenkins 2004, 28)。这些战略绝非独一无二,与日俱增的专利用于组织卡特尔,操控工业部门并限制竞争。

在英国，英国人汤姆森·休斯顿（Thomson-Houston）、西门子（Siemens）、通用电气公司（the General Electric Company）将他们的专利集中起来，共同控制了行业（Cullis 2004, 40）。1912 年，他们成立钨灯协会（TLA），几乎囊括英国所有的重要生产商。1915 年，被排除在协会之外的罗宾电气（Robin Electric）对钨灯协会的价格垄断提起一项公共利益诉讼。然而，法官做出有利于钨灯协会的裁决，称"尽管贫困家庭买不起电灯，但没有证据表明价格高到消费者无法承受"（引自：Cullis 2004, 42）。第一次世界大战刚刚结束，面对潜在的毁灭性竞争和倾销，欧洲和英国的主要电灯生产商于 1925 年谈判达成一项国际协议，使得竞争合理化。这项《福布斯协定》（*The Phoebus agreement*）是在日内瓦执行的私人多边协定，旨在分割市场、交换技术信息和专利。专利所有权被用来诱使独立公司签订附有配额限制的合同，并同意遵守设定价格（Cullis 2004, 43）。这项协议一直有效，直至第二次世界大战爆发。

两次世界大战期间，各行各业都有类似的协议，专利制度成为促进卡特尔垄断的核心机制。这不仅限于工业，还包括矿产和农业[美国棉油（American Cotton Oil）、美国玉米产品（Corn Products）、美国国家铅业（National Lead）也有促进战略专利活动的研究实验室]（Braithwaite and Drahos 2002）。1939 年，美国在卡特尔控制下销售的商品中，矿物产品约占 87%，农产品约占 60%，工业制品约占 42%（Porter 1999, 266）。在各行各业，风险皆让步于安全和控制。

19 世纪知识产权政策的发展反映的是风险与控制，或竞争与安全的相互冲突，平衡可谓随时而变。专利和知识产权保护对英国棉花产业的兴起并不重要，詹姆斯·斯旺在爱迪生亮出诉讼策略之前，也未意识到专利特别重要。一般而言，追随者国家对过多的保护持谨慎态度，毕竟新兴行业往往因豁免于保护而茁壮成长。专利争议的结束以及《巴黎公约》和《伯尔尼公约》的多边协议，则开启了知识产权保护的国际时代，取代此前一直让国际商业交易成本居高不下的国家东拼西凑的东西。随着美国和德国晋身工业强国，他们对知识产权保护的兴趣与日俱增。为了应对竞争，不管破坏性或非破坏性的竞争，实业家和出版商经常游说以加强知识产权保护。

值得注意的是，19世纪末的情况似乎与20世纪末和21世纪初的情况十分相似。为应对经济全球化的压力，各国愈发采用反映技术领先者的知识产权政策，以确保增加投资和技术转让。除非是相信知识产权随时间推移而扩张的势不可挡，否则记住这一点很重要，那便是虽然整个19世纪美国从一个技术落后国转变为技术领先国，但其知识产权政策并不总是显现出意料之中的偏好。即便美国法在版权方面呈现相对稳定的扩张，专利领域的往事却是另一番风景。下一章的主题，便是美国在20世纪对专利强力保护的持续纠结。

第六章 20世纪：知识产权的巩固

在20世纪，世界各地的知识产权法都得以扩展，但大多数新国家立法大体上仍呼应前述的早期发展。这种连续性的部分原因是其他国家通过及修改现行法律（"法律进口"），部分原因是殖民地占领者（至少20世纪上半叶）持续强行实施法律。在本章中，我们将重点介绍知识产权在美国的扩张方式，虽颇有争议，但在我们看来，这些发展对理解当代全球知识产权至关重要。因此，本章介绍美国从对知识产权保护与垄断权力的怀疑，到大力倡导大幅扩展全球（知识）产权的立场演变。在第五章结尾提出问题的基础上，我们论述19世纪晚期的反托拉斯运动和以专利为基础的卡特尔的兴起。然后，我们将第二次世界大战后对知识产权的怀疑视为更广泛的意识形态潮流的一部分。

在后面两节，我们将研究产权的复兴，并特别关注专利，继而论述20世纪版权的趋势。最后，勾勒一下世界贸易组织（WTO）最近达成的知识产权解决多边方案的政治经济背景，再根据本文所述的20世纪轨迹而予以结论。

6.1 反托拉斯和卡特尔

第一次大规模的企业兼并浪潮始于19世纪末，源于爱迪生所运用的策略。在1893年美国银行恐慌和萧条后，美国公众最初对这种寻求市场控制的做法并没有什么批判。1901年，《纽约每日论坛报》(York Daily Tribune)反映企业合并背后的乐观情绪："一个新时代已经到来，即'利益共同体'时代，人们希望借此避免毁灭性的降价，避免重蹈覆辙，毕竟此前经济萧条突如其来时，保持各行各业自由竞争的理念显得苍白无力"（引自：Perelman 2002，171）。19世纪末，美国的反托拉斯运动对削弱这些工业卡特尔少有作为。

农民们曾大力呼吁要求控制私人垄断，但这些呼吁更多针对消费品行业，如燃油、糖、火柴、亚麻籽油、威士忌（Cullis 2004，48），而不是针对某些卡特尔组织下的整个行业。国会通过了1887年《州际商法》(Interstate Commerce Act)和1890年《谢尔曼反托拉斯法》(Sherman Antitrust Act)作为应对。直到20世纪30年代末和40年代初，富兰克林·罗斯福（Franklin Roosevelt）政府将第一笔资金拨给司法部采取强制措施，这些法律才得以充分适用。早期的政府案件集中在糖和威士忌上，政府在7起案件中输掉前6起（Cullis 2004，49）。1911年，美国司法部对通用电气（GE）提起反垄断诉讼，指控其收购公司并伪装成独立实体，从而掩盖其操纵价格行径的"骗局"，同意裁决要求通用电气"停止所有被指控的行为，但'使用专利进行市场控制'除外"（Jenkins 2004，27；着重号是增加的）。结果，通用电气保持专利垄断地位，因此1911年的案例几乎没有动摇通用电气在美国灯具行业的市场主导地位（Cullis 2004，50）。随着世纪之交对合并的乐观情绪的逐渐消退，公众舆论转而反对那些利用市场控制将巨额财富"从公众转移到自己手中"的大公司；于是国会通过1914年的《克莱顿反托拉斯法》(Clayton Antitrust Act)（Perelman 2002，171）。加入第一次世界大战，使美国减缓了反托拉斯运动。

并非所有行业都支持卡特尔。例如，美国制药行业反对德国化学行业卡特尔，认为美国公司是德国不正当竞争的受害者。他们抱怨知识产权保护力度过大，损害了美国制药业的发展；德国公司在其专利申请中没有充分披露信息，滥用商标保护来延长对其化学产品的控制（Dutfield 2003，114）。1919 年，美国医药协会（American Pharmaceutical Association）游说取消化学产品保护（如果保留，则应受强制许可的约束），并只允许在化学方法上使用专利。他们还认为，商标应在专利到期的同时到期。该协会的实用主义观点可圈可点：

> 人们应该理解，专利法和商标法与所有其他法律一样，主要是为了使广大公众受益，其次才是个人受益。……有些人以为，专利法的目的是保护发明人对其发明的所谓排他制造销售的自然权利，而商标法的目的是保护和促进垄断。这简直是缪妄之见。专利法和商标法的目标都是利他主义而非利己主义。（引自：Dutfield 2003，114）[1]

然而，由于诸如电气行业的美国最强行业其实在强大的知识产权保护下正茁壮成长，政府没有同意制药游说团削弱保护的请愿。

美国加入第一次世界大战，促使政府鼓励药品生产的自给自

---

[1] 面对来自德国的类似竞争，英国在 1919 年修改专利法，禁止授予化学化合物专利（Braithwaite and Drahos 2002，462）。参见第五章对瑞士法律的讨论。

足。过度依赖敌人供应必将危及自身，美国便停止从德国进口药物，以刺激国内制药业发展。根据1917年《对敌贸易法》(Trading with the Enemy Act)，美国政府终止4500项德国人拥有的美国专利(Drahos and Braithwaite 2002, 56)。这些专利并未充分披露对美国制药行业特别有益的信息，但这次专利没收意味深长，毕竟反映了政府利用产业政策促进国内制药行业发展的意旨。此外，默克(Merck)等德国公司失去其美国分公司(Dutfield 2003, 101)。美国化学品生产商于1919成立特拉华州化学基金会(Chemical Foundation in Delaware)，以低廉价格从外侨财产托管单位(Alien Property Custodian)那里购得德国专利（每项专利约50美元）(Drahos and Braithwaite 2002, 56)。美国制药业得以摆脱以前占主导地位的德国公司，也发现专利作为控制医药市场手段的价值。

卡特尔在两次世界大战期间占据主导地位。这个时代正是经济民族主义复兴的缩影，标志着19世纪末国际自由经济秩序的消停。其实，在两次世界大战期间，美国、德国和英国的实业家对卡特尔都乐见其成。尽管1890年《谢尔曼反托拉斯法》禁止横向合并，而领先的美国公司仍能战略性地利用知识产权政策，以限制竞争和促进企业壮大。通用电气和杜邦在遵守反垄断法之余，都利用专利许可加入两次世界大战间的化学品和电气设备卡特尔组织。正如大卫·莫雷(David Mowrey)和内森·罗森伯格(Nathan Rosenberg)所揭示，"这些国际市场共享协议的美国参与者煞费苦心地将其国际协议作为专利实施许可计划，声称排他性许可协议和限制专利的商业开发不会与美国的反垄断法发生冲突"(Mowrey and Rosenberg 1998, 19)。19世纪末20世纪初，埃德温·普林德尔

（Edwin J. Prindle）等专利代理人将专利奉为不可或缺的商业工具。普林德尔并未强调专利于鼓励创新方面被广泛吹捧宣称的作用，而是认为："专利是控制竞争最好的、最有效的手段。它们不定期地给市场发出明确指令，使其所有者能不按生产成本定价。"（引自：Drahos and Braithwaite 2002，457）在此，专利被用于控制市场纯粹是出于商业原因，而非对基于公共利益支持创新的任何回应。

研究型工业企业试图获得尽可能多的专利，以便与竞争对手交叉许可，从而获得生产产品所需的所有部件。强大的专利组合则为管理者奠定讨价还价的优势地位。在德国化学工业的领导下，公司专利部门围绕特定技术创设专利丛林，以将竞争对手排除在产品线之外。当杜邦在玻璃纸领域建立起这样一种优势时，便警告联碳公司（Union Carbide），任何试图制造玻璃纸的公司都将挑战"很多专利，这些专利基于我们在获得玻璃纸专利上的不仅为巩固地位还要建立防御性专利态势的长期工作"（引自：Drahos and Braithwaite 2002，459）。通过专利许可，分割市场、限制生产、固定价格都是可能的；此外，即便只是一种国内的垄断，专利还可以作为建立国际卡特尔的基础（Drahos and Braithwaite 2002，461）。罗伯特·布雷迪（Robert Brady）关注杜邦等公司的例子，批判商业的政治影响力，揭露专利是"加强市场、价格、产量、产能等诸多控制的跳板，俨然超越了公司权力的正常界限"（Brady 1943，230）。

于是，专利法受到批判审视便顺理成章。政府各部门的反托拉斯者都呼吁撤销专利制度。例如，1938至1941年间的国会听证会严厉批判玻璃容器制造中基于专利的卡特尔（Perelman 2002，23-24）。美国司法部的反垄断部门更是魔高一丈，在瑟曼·阿诺德

（Thurman Arnold）挂帅麾下，从1938年到1942年间发起约180起反垄断诉讼（Drahos and Braithwaite 2002）。早前，美国最高法院在1931年对标准石油公司（Standard Oil）的裁决[2]中曾指出：

> 如果联合专利所有人真正操控行业，那么固定和维持特许权使用费的权力就等同于固定价格的权力。如果以限制非专利产品的制造和供应为目的，支配中存在一种竞争的方法专利的合并，或一种交叉许可，就超出了专利授予的特权，并构成了对谢尔曼法的违反。（引自：Perelman 2002, 24）

正如自由贸易的杰出支持者《经济学人》（*The Economist*）在19世纪专利争议期间呼吁废除专利，1942年《财富》（*Fortune*）杂志也谴责卡特尔，并建议引入强制许可，从而"废除专利制度对垄断行为的保护"（引自：Porter 1999, 270）。由于某些美国卡特尔是重要技术的关键供应商，所以美国参加二战抑制了反卡特尔情绪，但美国政府仍在强制许可下没收青霉素方法专利，以确保充足的供应。

二战期间，美国的制药业真正实现独立研发制造。20世纪20年代，辉瑞公司的化学家开发出一种发酵方法，以获得大量柠檬酸。这种生产方法成为战时大规模生产青霉素的基础。正如布雷斯韦特和德霍斯指出，辉瑞公司成长为青霉素盟国的最大供应商，尽

---

[2] 印第安纳标准石油公司诉美国案［*Standard Oil Co. (Ind.) v. United States*］，《美国判例汇编》第283卷（283 U.S.），第163、167—168页，1931年。

管该公司受强制许可约束，要求其"与其他美国制造商分享其青霉素生产技术，以满足盟国的需求"（Braithwaite and Drahos 2002, 465）。战时对抗生素的需求刺激了激烈的竞争和生产方法的改进。正如19世纪末的电灯行业，制药行业的"毁灭性竞争"引发一种类似爱迪生式基于专利的协同战略。公司发明并销售越来越多的有效但本质上颇为相似的抗生素。战后，随着竞争的加剧和生产方法的改进，抗生素生产的竞争愈演愈烈：在1946年至1950年间，链霉素的价格下降了70倍；青霉素的每剂价格从战争期间的20美元下降到1946年的1美元和1949年的10美分（Dutfield 2003, 118）。制药公司需要遏制这个过度竞争的市场。

有如之前的爱迪生，特别是像1919年美国制药工业抱怨的德国染料生产商，美国制药公司采取了战略性的知识产权政策。正如迈克尔·佩雷尔曼（Michael Perelman）所说，"知识产权非市场成功巅峰的标志，而是市场失灵的表现。当自由市场面临自身毁灭的威胁时，专利和其他知识产权就会崭露头角"（Perelman 2002, 15-16）。确实，在战争期间，通过运用知识产权避免自身毁灭，意味着该行业进入战后世界时，能够利用德国工业创伤而处于强势地位。结合基于商标和专利的保护策略，制药公司越来越积极地维护其权利，遏制竞争对手，并在专利权的整个生命周期内保持价格水平。这些公司采取三种策略：(1) 限制专利只授予少数公司；(2) 将限制性条款纳入专利许可协议（如禁止国外销售，要求向许可方购买中间产品，或要求被许可方就后续创新的权利签约）；(3) 通过共享专利和固定价格与竞争对手合作（Dutfield 2003, 118-119）。有时，他们会同时使用这三种策略。

辉瑞（Pfizer）、氰胺（Cyanamid）、百时美（Bristol）、普强（Upjohn）、施贵宝（Squibb）组织的抗生素卡特尔就是典型例证。这个卡特尔从1951年持续到1961年。它们都研发一种四环素（tetracycline），但只有辉瑞和百时美获得专利，其他公司的专利申请被驳回。这五家公司知道这些专利将成为有吸引力的诉讼目标，便同意承认辉瑞的专利并限制竞争（Dutfield 2003, 119）。正如约翰·布雷斯韦特（John Braithwaite）所说，该专利实际上为"划分市场的阴谋行径提供掩护，如果没有该专利，这种行为显然是非法的"（Braithwaite 1984, 184）。这些公司保持四环素价格不变，且能够组织一个类似卡特尔的结构，让13个国家的四环素价格相同（可获取价格数据）（Braithwaite and Drahos 2002, 464）。虽然基于专利控制的水平和范围不尽相同，但此处描述的这套部署并不罕见。

6.2　1945年后知识产权的怀疑论

"二战"后，胜利者蓦然回首，便将经济国家主义与军国主义联系起来，以德国和日本为主要标靶。作为最强战胜国的美国率先质疑经济国家主义，推动建立基于多边主义的战后新经济秩序，以及应对大萧条的福利国家版经济自由主义（Ruggie 1998, 62-84）。布雷顿森林体系（Bretton Woods organizations）（国际货币基金组织、世界银行）、联合国、《关税与贸易总协定》、马歇尔计划援助（Marshall Plan aid）、欧洲经济共同体，使得这番愿景得以体制化。美国对日本和德国军事占领期间致力重塑其公司治理制度，这一愿景得到进一步巩固（Porter 1999, 269）。美国成功地取缔（与日本和德国的军国主义有关的）卡特尔，并以吻合自由民主竞争的方式宣扬自己的公司治理模式（以汽车行业为代表的非金融公司高度集中的寡头垄断）(Porter 1999, 270)。美国政策特别针对德国和日本盛行的同层次的企业间合作。与英国棉花产业的崛起一样，专利制度在美国汽车产业的崛起中相对次要，因此，既然军事占领者对这种组织模式可以肆意使用，也就不屑于专利作为一种商业战略的作用了。

这种专利边缘化也与美国法律桴鼓相应。20世纪40年代至70年代，激进的反垄断执法和对专利司法的攻击构成大卫·西尔弗斯坦（David Silverstein）所称的专利"黑暗时代"(Silverstein 1991, 304)。例如，美国最高法院裁定搭售安排（要求专利物品的购买者购买非专利物品）不符合促进自由竞争高于一切的公共政策。[3] 专利权愈发频繁地（再次）被理解为垄断，支配市场是申请的假定动机，知识产权便让步于显化的反垄断政策。专利滥用的观念在20世纪40年代的一系列案件中登峰造极，包括默科德案（Mercoid cases）[4] 和莫顿盐业公司诉萨品格公司案（*Morton Salt Co. v. G. S. Suppinger Co.*）。[5] 正如詹姆斯·科巴克（James Kobak）所述，这些

---

3 本节以塞尔（Sell）(2003, 66-67) 的研究为基础。

4 默科德案（*Mercoid*），《美国判例汇编》第320卷（320 U. S.），第661页；默科德公司诉明尼阿波利斯-霍尼韦尔调节器公司案（*Mercoid Corp. v. Minneapolis-Honeywell Regulator Co.*），《美国判例汇编》第320卷，第680页，1944年（承担反垄断责任）；默科德案（*Mercoid*），《美国判例汇编》第320卷，第669页。

5 《美国判例汇编》第314卷（314 U. S.），第488页，1942年。

决定令专利律师们感到震惊,因为"滥用本身成了侵权者可以成功逃避所有责任的一种辩护,其结果是成为专利侵权者真正的意外之财"(Kobak 1998, par. 7)。威廉·尼科森(William Nicoson)谈及当时专利滥用理论时讽刺道,"透过这种为司法豁免的机会的熙熙攘攘中,就必然有一种盗用不付代价的顽劣谬说"(Nicoson 1962, 76n21)。

反映这种政治背景的,是前面提到的抗生素卡特尔受到由参议员埃斯蒂斯·凯福弗(Estes Kefauver)领导的美国参议院反托拉斯和垄断小组委员会(US Senate Subcommittee on Antitrust and Monopoly)的严格审查(Braithwaite and Drahos 2002, 464)。调查不仅曝光公司乌烟瘴气,还引发多起民事和刑事诉讼。涉案公司最终支付数亿美元来处理这些诉讼,委员会本身也批评药品行业抬高价格和赚取超额利润的行为。它抨击这些公司利用专利牟取暴利,并明确揭露这些公司的行为违背公共利益。不过,政府最终未能证明制药公司违反反垄断法或欺骗专利局,也没有出台大幅削弱专利权的立法(Dutfield 2003, 119-120)。只有等到仿制药竞争的兴起,才最终促使价格降低。

这种反专利环境以强有力的反垄断执法以及对专利范围和有效性的司法攻击为主要特征,导致美国的许多企业质疑专利保护的经济价值。通常情况下,法院推定专利无效,专利权人为已进入公共领域的发明设定垄断价格,因而受到訾议(Dreyfuss 1989, 6)。潜在的国内竞争对手几乎不必担心侵权行为。例如,1976年伊士曼·柯达公司(Eastman Kodak)试图开发一种即时相机与宝丽来公司(Polaroid)竞争,其开发委员会发布一项内部指令,规定"开发可以不受个人认为可能侵犯专利的限制"（引自：Silverstein 1991，307）。20世纪初帮助巩固公司权力的专利实践，由于缺乏政治支持而偃旗息鼓。当政治支持消退，作为控制市场战略的知识产权对法律的（政策相关的）操作的依赖就成了致命弱点。

由于专利经常被认定为无效，侵权者受到的惩罚较轻，通常相当于缴纳版税，因此美国企业寻求其他保护措施，如商业秘密保护、（国防工业的）政府补贴结合高保密水平，以及（汽车工业的）"自愿"出口配额等（Silverstein 1991，291）。然而，并非所有行业都能利用这些替代形式的保护；20世纪40年代至80年代初，美国专利体制的阉割似乎对美国消费化电子公司荼毒匪浅。在这种环境下，西尔弗斯坦声称"很少有美国企业愿意承担将新技术商业化的财务风险"（Silverstein 1991，305）。因此，尽管美国公司率先开发晶体管、盒式录像机和集成电路等技术，却还是由其他国家，尤其是日本，成功将这些美国发明商业化。到了20世纪60年代末，日本开始以一系列技术主导消费化电子市场，其中许多技术最初开发于美国。

6.3 财产权的复苏

国会首先通过了1952年的《专利法》，开始改变这种松弛的专利环境。该法透露出集中大量专利的公司希望获得更多保护的愿望，并阐述了专利权所具有的排他性。具体而言，该法批准所谓的阻挡专利（blocking patent），这就相当于一种否定性的权利：一种排除他人使用发明的权利。该规定支持公司在新技术领域形成垄断地位以对抗竞争对手的做法,正如罗伯特·莫杰思(Robert Merges)所言:"这在最激烈的反专利时代扭转了最高法院反专利的关键裁决(大约1930年至1948年)。"虽然政府某些部门仍对授予专利持有人的力量保持一种警惕,但这项立法行动(重新)确立了专利的阻拦力量。

然而,又过了二十年,美国许多行业才真正开始努力游说制定更强有力的知识产权法。名牌奢侈品生产商寻求更强的商标保护,而农业化学品等研究密集型行业则寻求更高水平的专利保护。到了20世纪80年代初,这些公司因(特别是电影、音乐和软件行业中的)版权利益联合起来,成为美国知识产权法律和政策变革的生力军。他们很快就将知识产权保护置于国内政治议程的首位,但也许更令人惊讶的是,美国及其企业很快就成功地在全球范围内将这一新路线制度化。

从1980年起,最高法院的裁决开始表明对专利的新态度。在陶氏化学公司诉罗门哈斯公司(*Dawson Chem. Co. v. Rohm & Haas Co.*)案的裁决中,[6]法院指出,"自由竞争政策在我们的法律中根深蒂固……但作为整个专利制度基础的鼓励发明政策同样根深蒂固"(引自:Kastriner 1991,20)。自1912年美国爱宝迪公司(A. B. Dick)案[7]以来,最高法院首次将支持专利权的公共政策与支持自由竞争的公共政策置于同等地位,在劳伦斯·卡斯特里纳(Law-

---

6 《美国判例汇编》第448卷,第176页,1980年[448 U.S. 176(1980)]。

7 亨利诉爱宝迪案(*Henry v. A. B. Dick & Co.*),《美国判例汇编》第244卷(244 U.S.),第1页,1912年。法院裁决专利所有权力"可以确定何等价格或其他优惠可以作为其选择许可专利的对价"。引自卡里斯特纳(Kastriner)(1991,6)。

rence Kastriner）看来，这"真正让司法视野中反垄断凌驾于专利法的时代寿终正寝"（Kastriner 1991，20）。然而，这种"同等地位"是短暂的：知识产权所有者的权利很快更加重要，因为这些所有者愈发实现美国政府所重视的经济和竞争力目标。这导致美国政府于1982年成立联邦巡回上诉法院（CAFC），将优先专利的路线制度化。法院的成立使得一些人担忧，比如，最高法院的案卷管理负担过重，但正如莫杰思所说，"表面之下……联邦巡回法院的设立是一个明确的真实风向标：加强专利"（Merges 2000，2224）。专利权薄弱的时代确实渐入尾声。

关于设立美国联邦巡回上诉法院的论战着实发人深省，因其展现对专利问题判断的见解，并预估拟设立这样一个法院的好处。[8] 美国联邦巡回上诉法院倡导者发现的核心问题是专利法在各巡回法院的适用不一。巡回法院有的偏向于侵权人，有的偏向于专利权人。例如，1945年至1957年间，第七巡回法院强制执行专利的可能性几乎是第二巡回法院的4倍（Dreyfuss 1989，7）。侵权者争先恐后地申请在宽松的巡回法院审理案件，而专利权人则争取在严格的第五、第六和第七巡回法院审理案件。择地诉讼以及专利侵权上诉移送巡回法院的不同请求，给专利诉讼带来相当大的不确定性。工业研究所曾就单一专利法庭的问题对250家从事工业研究的公司进行调研，绝大多数受访者表示，专利可执行性的不确定性、复杂性、不一致性侵蚀了专利的全部经济价值（Lever 1982，198n61）。在这种错综复杂的法律环境中，人们认为专利不足以激

---

8 此部分摘自塞尔（Sell）（2003，68-72）。

励人们投资于研发（Dreyfuss 1989，7）。此外，择地诉讼增加了诉讼时间和成本，使专利律师向客户提供建议变得困难。

在1972年最高法院关于布朗德-唐公司诉伊利诺伊大学基金会（*Blonder-Tongue Laboratories, Inc. v. University of Illinois Foundation*）一案判决后，禁止专利所有者对新的被告再次起诉专利有效性，诉讼风险便急剧增加。于是，所有人只有一次机会为其专利辩护，如果该案在反专利的法庭上审理，专利持有人不仅会败诉，还会完全丧失专利（Silverstein 1991，309）。在这种高风险、内在不可预测的环境中，美国联邦巡回上诉法院（CAFC）的支持者认为，单一法院将排除择地诉讼和不一致的法院裁决，使专利法更加统一，从而消除对专利保护的怀疑，以促进创新（Lever 1982，198-199）。这些关于可预测性和减少差异性的论证也将在20年后达成的《与贸易有关的知识产权协定》（TRIPs）的谈判中得到成功运用。

CAFC的反对者质疑，认为择地诉讼的程度才是问题。他们还担心，专利法庭和任何专门法庭一样，容易存在孤立特殊利益群体和易受特殊利益群体影响的倾向。如果法院要么支持专利要么反对专利，集中司法决策权的危险可能会对法律产生负面影响（Lever 1982，202-204）。最终，CAFC的支持者解决了反对者提出的大多数反对意见，得以建立一个对未来知识产权全球治理的发展产生重大影响的法院。

1982年，设立CAFC为美国专利持有人实现权利提供更具强制力的途径。CAFC的裁决显露出一种更支持专利的做法，并支持比以前上诉法院的裁决更高的损害赔偿。CAFC为专利权效力的推定注入活力，使质疑更难得到支持（Dreyfuss 1989，26）。毫不奇怪，在 CAFC 设立后，将专利称为"垄断"的提法便销声匿迹了（Kastriner 1991, 9）。其实，1983 年和 1986 年的两项判决先后强调，一旦认定专利有效且存在侵权，法院就可以发布临时禁令。这标志着公共政策进一步向有利于专利持有人的方向转变，因为法院裁定"公共政策支持保护系于有效专利的权利"，此外，"公共政策支持的是创新者，而非模仿者"（Kastriner 1991, 13-14）。[9] 这显然与早先对专利权垄断方面的司法怀疑大相径庭。1986 年 CAFC 在宝丽来公司诉伊士曼·柯达案（*Polaroid Corp. v. Eastman Kodak*）的裁决中裁定柯达侵犯宝丽来的专利，从而发布禁令并判处巨额的损害赔偿；正如西尔弗斯坦阐明，"这一结果有效地恢复了宝丽来在即时摄影领域对美国市场的垄断地位"（Silverstein 1991, 307）。柯达-宝丽来案常被视为美国法院日益支持专利的最引人注目的案例。据卡斯特里纳的判断，该案证明"成功的专利侵权案件可以将竞争对手从企业中淘汰，还会给侵权人造成超过 10 亿美元的损失和相关费用"，并昭告商人，侵权"不再是经济上可行的选择"（Kastriner 1991, 15）。

因此，20 世纪 80 年代预示着观念的脱胎换骨，知识产权被视为一种保护和排除的制度，而非基于竞争和传播的制度。[10] 国内知识产权保护的环境的变化，还有全球资本主义结构变化引起一系列更广泛的关切。对竞争力的关切，尤其是对日益重要的高科技行业的关切，推动了美国政策及其机构的一系列重大变化。在政策领

---

9 引述出自 1983 年史密斯国际公司诉休斯工具公司案（*Smith International v. Hughes Tool*）的判决。

10 本段主要摘自塞尔（Sell）（2003, 74）。

域，原先严格的反垄断政策得以放宽，有助于创造一个更有利于美国知识产权所有者的环境，而制度发展，如成立CAFC，则为知识产权所有者提升私人利益铺平道路。这加强了知识产权与竞争之间的联系。从这个意义上说，柯达案让美国的法学周而复始，再现爱宝迪公司（A. B. Dick）拥戴保护、排除以及获取垄断租金机会的理念。它标志着美国专利法越过20世纪主色调的司法怀疑主义时代。这些信号不言而喻，该案透露的气息提醒着美国企业，专利将得到维护，并可以被视为宝贵的经济资源。

加之美国放松反垄断执法，便促进许多重要行业的经济集中度不断提高，这在生命科学行业尤为明显。生命科学行业如法炮制，合并为采用新型商业模式的大公司以应对收益下降。正如格雷厄姆·杜菲尔德（Graham Dutfield）所总结：

> 20世纪70年代，陶氏（Dow）、美国氰胺（American Cyanamid）、杜邦（DuPont）、孟山都（Monsanto）等美国化工巨头利润下降，成本上升。有鉴于此，他们涉足精细化学品行业，如农用化学品和医药行业。由此提高了利润，特别是通过专利制度所提供的有效的垄断保护。（Dutfield 2003，148）

他进一步指出，在农业生物技术领域，"美国授予专利前30名的专利持有公司中，3/4的专利属于六家公司。它们是孟山都、杜邦、先正达（Syngenta）、陶氏、安万特（Aventis）和普尔萨尔集团（Grupo Pulsar）"（Dutfield 2003，154）。德霍斯和布雷斯韦特将这些生命科学公司称为"生物寡头"，并将它们比作贯穿两次世界大战期间持续存在的化工卡特尔（Drahos and Braithwaite 2002，150-168）。在这种莫杰思称之为"在知识财产食槽的狼吞虎咽"中，近期趋势有扼杀创新的危险（Merges 2000，2233）。技术进步和增加专利权保护的转变有助于巩固该行业的商业控制，使得生物资源专利权中任何有利公众、促进竞争的方面，仅仅是一切其他私人（商业）权利行使后的"残羹冷炙"。

该行业的经济集中不只是扩展产权、放松反垄断审查、开发强大新生物技术的结果。对可申请专利对象的定义越来越广泛，也在促成这一趋势。从 20 世纪初开始，专利行业发生巨大突破，认为自然界中存在但经过分离和纯化的物质，实际上是可以申请专利的（Drahos and Braithwaite 2002，463）。这个版本的劳动理论为生命科学领域中可申请专利对象进一步扩展大开方便之门。最重要的是 1980 年最高法院在戴蒙德诉查克拉巴里案（*Diamond v. Chakrabary*）的著名判决中认为，一种新型人工食用油细菌可以获得专利；这一裁决扩大了生物的专利所有权。1987 年，哈佛大学的研究人员菲利普·莱德（Phillip Leder）和蒂莫西·斯图尔特（Timothy Stewart）获得转基因小鼠的专利，他们通过将癌症基因插入小鼠卵细胞，开发一种用于癌症研究的小鼠品系（Sell 2003，111n15）。也许更令人担忧的是，詹姆斯·博伊尔（James Boyle）记录了一个案例，该案中加利福尼亚州的医生获得患者细胞的专利权，而患者未能成功起诉医生以获得自己脾脏的权利（Boyle 1992）。随着新技术开发出可以商品化的新物质和新方法，商业参与者的权利（部分通过努力和回报的叙述合法化）俨然盖过我们可能认为患者在自己身体组织中拥有的任何自然权利。

6.4 20世纪的版权

由于私营企业的频繁游说以及政府对其要求的顺从和支持，美国的版权以类似于专利的方式扩张。[11] 在杰西卡·利特曼（Jessica Litman）对美国版权法的全面考察中（Litman 1989），她揭示一种渐进变化的模式，其中私营企业利益相关者起草了维护自身利益的狭隘立法。立法的特定背景性质使其冥顽不灵，无法适应技术变化。因此，每次出现一种新技术时，不管是自动钢琴或电脑软件，不利于公共福利的过程总会重演。在立法中添加狭隘定制的、针对特定行业的条款，版权所有者坐拥越来越广泛庞杂的权利。利特曼记录了行业代表们谈判交易的过程，这一过程使获得版权保护的特定议题显著扩展。正如她指出，"行业内谈判的方向趋于促进针对行业内争议的具体事实解决方案，狭隘定义迅速过时的挫败倒逼参与者合作将权利起草得更广泛。能如此为限制着那些权利的条款注入宽广性或灵活性的，可谓前所未有"（Litman 1989, 333；着重号是后加的）。立法程序倾向于排除公众，以牺牲公共利益为代价，将公众排除在版权信息的利用和再利用之外，从而使作者和所有者的私人利益享有特权（Aoki 1996, 1310）。谈判桌上人们的利益深得眷顾；缺席者或未受邀者的利益却无从满足。

20世纪初的音乐产业就是这一趋势的例证。随着音乐复制新技术的问世并为音乐听众所使用，版权持有人就其复制权的利益发生变化。尽管1909年《版权法》规定，侵犯版权的表演行为必须

11　本段摘自塞尔（Sell）（2003, 63）。

是公开的和营利的,但在俱乐部、餐馆和未经许可的舞厅表演中,背景音乐的地位尚不明晰。1913年,一群作家和出版商成立了美国作曲家、作家和出版商协会(ASCAP),向咖啡馆和酒吧颁发演出许可证。最初,它试图诱使酒吧和餐馆老板购买ASCAP会员的作曲播放权许可证,却毫无下文。但在1914年,ASCAP起诉一家餐馆未经许可就表演ASCAP会员的节目。1917年,奥利弗·温德尔·霍姆斯(Oliver Wendell Holmes)法官在此案中抒发己见,支持对《版权法》进行广义解读。他说,"如果版权下的权利仅在一场表演收取门票时才被侵犯,那么这些权利的保护就很不完善"(引自:Goldstein 1994, 70)。抓住这种对商业表演"营利性"的新的呈现,ASCAP进行它的许可计划,并着手将尽可能多的版权保护的作品囊括到它的曲库中。

注意到ASCAP的垄断经营,利特曼指出:"直到ASCAP出现,要求版税之前,剧院和[广播]电台的所有者似乎很少考虑侵犯版权问题。当ASCAP上法庭并获得禁令时,广播电台和电影的所有者就到国会请求解散ASCAP。"(Litman 1989, 292-293)一旦无线电广播发展成为不断扩大的商业企业,广播公司就越来越关注ASCAP的版税要求。为了应对这些要求,广播公司将司法部反托拉斯局(Justice Department's Antitrust Division)卷入这场纷争,并立即对ASCAP提起反托拉斯诉讼。尽管诉讼本身没有成功,但广播公司通过成立自己的协会——广播音乐公司(BMI)予以反击。无论如何,ASCAP在这些所谓的无线电"战争"中幸存下来,且强盛之势今非昔比(Goldstein 1994, 73, 75)。随着音乐产业的成熟,版权所有者和广播电台开始合作拓展音乐市场。虽然调频广播

（FM）的发展已促进了一些争论（在出版商眼中，允许整张专辑的播放对在家录制的诱惑太大），但直到最近，面对音乐数字化复制和再制作的新威胁，这根弦才在音乐行业中再次绷紧（Yu 2004）。

1909年《版权法》还纳入最初旨在帮助百科全书出版商的职务作品条款。虽然电影业没有被邀请参加制定1909年法律的版权会议，但筚路蓝缕之后，该行业能够利用新法律获得巨大优势。对于电影制作公司来说，这一新的公司版权有可能巩固制片厂对内容及其发行，以及广告和其他衍生产品的控制（Vaidhyanathan 2001，102）。卡莱姆公司（Kalem Company）制作了一部电影《宾虚传》（ben hur），却未留意获得使用该书的许可。哈珀兄弟出版社（Harper Brothers Publishers）提起诉讼，1911年美国最高法院判决哈珀兄弟出版社胜诉。这家电影公司以2.5万美元达成和解，但电影业由此充分意识到版权"问题"，开始摇唇鼓舌，为利往来（Litman 2001，41）。这些努力很快得到回报，1912年电影业在修订版权法以保护"电影摄影剧本"（Vaidhyanathan 2001，99）方面取得了立法上的胜利。电影制作人戈里菲斯（D. W. Griffith）巧妙地利用这些新规定来保持对电影中每一个元素的控制，包括乐谱。根据希瓦·维迪亚那桑的评估，在1909年至1919年间，戈里菲斯"从一个希图他人作品只进行最低限度保护的人，转变为一个鼓励对自己作品进行最大限度版权保护的既得利益者。他从版权贫民摇身一变成为版权富翁"。（Vaidhyanathan 2001，105）这一转变类似于1919年至两次世界大战之间制药行业专利保护的转变。值得注意的是，戈里菲斯、ASCAP的故事都预示着20世纪末电影和音乐产业在塑造全球版权政策方面的浩大声势。

随着时间的推移，可以享有版权的客体范围已大大拓宽。这在高科技和计算机领域尤为明显。正如威廉·科尼什（William Cornish）所指出，"美国主要的计算机游说者要求增加对计算机程序的保护，视为传统版权规范内的文学作品；如今他们已经说服世界上很多人依循这一思路"（Cornish 1993, 55）。例如，根据《与贸易有关的知识产权协定》，计算机程序作为"文学作品"受到保护。"虽然一些受版权保护信息的用户抗议这种版权扩展，但最近的趋势是保护得更多而非更少，[12]根据威廉·费舍尔（William Fisher）的说法，这些扩展建立在"一个强大的利益集团的基础上，他们在游说过程中所向披靡，能够有效地利用劳动应得理论及其成员'财产权'的推定合法性"（Fisher 1999, 13）。不过，对于软件和硬件行业利益保护的方式有所不同。

关于半导体芯片保护的争论硝烟弥漫，显然表明新技术使得知识产权的认定复杂化。20世纪80年代初，美国半导体芯片制造商面临日本制造商的步步紧逼，试图获得对半导体芯片（掩模作品）设计结构（或"架构"）的保护。业界认为，现有知识产权制度对其产品的保护不够充分：他们的芯片往往不符合专利保护所需的新颖性和创新性标准（Drahos 1997b）。这种情况促使芯片制造商通过加入更广泛的版权制度条约寻求保护，美国出版商协会

---

[12] 有关更多保护趋势的例外情况，参见邦德（Band）、加藤（Katoh）（1995年）书中关于可互操作开发人员［例如太阳微系统公司（Sun Microsystems）］战胜高度保护规范的倡导者［（例如国际商业机器公司（IBM）和微软公司（Microsoft）］的讨论。关于高保护主义规范倡导者的立场，参见克拉佩斯（Clapes）（1993年）。

（AAP）等用户团体却拒之门外。AAP代表一个广泛的行业群体，他们一致反对对半导体掩模作品的版权保护，因为这种保护将违反版权的基本原则（Doremus 1995, 159）。屈服于这种政治压力，半导体行业及其代表只好放弃版权倡议而另辟蹊径。

1984年的《半导体芯片保护法》(*Semiconductor Chip Protection Act*) 提供了一种部分基于版权并体现互惠原则的知识产权保护的全新形式。该法保护固定在半导体芯片上的掩模作品和芯片本身。它提供为期10年的短期保护，防止复制芯片设计，并仅向母国已通过类似法律的外国国民提供保护。虽然这是一项国内法，但国际影响从一开始就很明显。美国独辟蹊径，将保护范围扩大到掩膜作品，并纳入广泛的过渡条款，以促进其他国家的相互保护（Sell 1998, 136）。虽然《与贸易有关的知识产权协定》现在也包括了这种特殊的保护，但诉诸双边措施继续在美国国际知识产权政策和行动中发挥核心作用。

另一个特殊立法的例子是1996年《欧洲共同体关于数据库法律保护的指令》(*European Community's Directive on the Legal Protection of Databases*)。[13] 这种特殊制度从根本上背离了早期的知识产权制度，对公共领域、开放科学、国家创新体系带来新的困难和挑战（Reichman 2002, 464, 456）。欧盟（EU）的指令源于欧共体（EC）委员会的利益，即促进欧洲参与迅速扩大的世界数据库市场。到20世纪90年代末，数据服务已成为信息产业的第六大产业，即使

---

13 1996年3月11日欧洲议会（the European Union Parliament）和欧洲理事会（European Council）指令96/9EC。

没有具体的法律保护，服务提供商每年的收入也超过 1000 亿美元（Vaidhyanathan 2001，163）。该指令旨在减少欧洲各法在法律保护方面的不确定与不协调，以促进对数据库的投资（Samuelson 1997，419-420）。与《半导体芯片保护法》一样，欧共体（EC）也是在互惠理念下构建起来的；它只向那些提供类似数据库保护级别的国家提供数据库保护，亦旨在鼓励尽可能多的国家签署。

该指令为数据库提供了高级别的保护。"对内容的选取或编排的形式受版权保护。而数据库中数据的内容受特殊（*sui generis*）保护"（Marlin-Bennett 2004，114）。获得这种保护的门槛极低。数据库所有者要获得 15 年的保护，只需证明他或她"在防止未经授权使用信息方面有实质性投资"（Marlin-Bennett 2004，114）。这可能犹如维护数据库般基础而简单。由于非常宽松的资格标准，数据库所有者可以重新计算 15 年的保护期。这一特殊权利涵盖对数据库的投资和/或修改，这些投资和/或修改可以无限续期，"通过允许一项财产规则……永久延续，突破了知识产权法的整个历史"（Reichman 2002，465）。

欧洲数据库指令反映了数据中知识产权保护的"额头出汗原则"或"辛勤原则"（sweat of the brow），如沃特洛（Waterlow）和马吉尔（Magill）案例所示。"辛勤原则"回报的是数据库编译人员收集数据的工作（Goldstein 1994，212）。在英国的沃特洛诉励展公司（*Waterlow Directories Limited v. Reed Information Services limited*）一案中，英国高等法院维持对数据汇编版权的公正判决（Marlin-Bennett 2004，113）。1995 年，欧洲法院审理的合唱团电台诉马吉尔（*Radio Telefis Eireann v. Magill*）一案为欧盟树立先例，并最终支持了信息财产权（Marlin-Bennett 2004，114）。欧洲的做法超越了严格的版权原则，为数据库的"基础的、不受版权保护"罩上一层保护；它为数据库所有者提供15年的"对抗竞争对手以不同形式重新排列数据的'不公平提取'"（Goldstein 1994，214）。

这与1991年美国最高法院审理的"费斯特出版社诉乡村电话服务公司案"（*Feist Publications v. Rural Telephone Service*）形成鲜明对比。在该案中，法院裁决认为《版权法》和"宪法本身禁止使用版权来保护在收集数据时所付出的汗水"（Goldstein 1994，213）。桑德拉·戴·奥康纳（Sandra Day O'Connor）赞成版权只可作为回报创造力的作用；她写道，尽管"编撰者的大部分劳动成果可能被他人无偿使用是令人遗憾的事"，但这种结果"既不失公平，也非不幸。因为版权要推动的是科学和艺术进步"（引自：Goldstein 1994，213）。其实，欧洲指令的批判者也认为，该指令缩小信息共享空间，忽视无法制衡数据库所有者扩大权利的合理使用条款，还包含着无限扩展特殊保护的可能性（Marlin-Bennett 2004，114）。根据瑞克曼的说法，欧共体指令实际上"所废除的公共领域概念，起初在历史上需证成对无形创作的临时专有权利的授予"（Reichman 2002，466）。

欧洲支持回报"额头上的汗水"，美国法院的费司特案裁决则明确拒绝，这种冲突凸显出回报私人与公众获取信息之间的紧张关系。这种鲜明对比在1996年世界知识产权组织（WIPO）的审议中展现得淋漓尽致。欧洲指令下的互惠压力，加之美国没有数据库保护的事实（这意味着欧洲人可以不受惩罚地提取美国数据），促使美国在世界知识产权组织提出议程（Samuelson 1997，421）。美国某些感兴趣的私营行业参与者与其欧洲同行密切合作，争取达成一项扩大数据库保护的强有力的多边协议。这种高度保护主义之欧洲路线的拥护者包括纽约证券交易所、美国医学会、房地产经纪人（Reichman 2002，467）。然而，各种行动者的反对浪潮，搅乱了高度保护主义的议程；其中包括美国国家科学院、美国国家工程院、国家医学研究所、非政府组织，如美国商会、数字期货联盟、美国图书馆协会，以及太阳微系统（Sun Microsystems）和网景（Netscape）等公司的高管。这些组织对在高度保护主义制度下数据成本可能飙升感到忧心忡忡（Reichman 2002，467）。研究者念兹在兹的是，拟议的世界知识产权组织数据库条约将大幅减少获取科学数据的机会，并"对我们国内的研究能力产生有害的长期影响"（Samuelson 1997，424）。

数据库条约反对者游说美国国会、克林顿政府、各国驻日内瓦代表团和世界知识产权组织主办区域会议，并以观察员和游说者的身份非正式参与谈判。他们的立场围绕着合理使用这一公认的法律规范，即允许出于教育或科学研究目的，对受版权保护的作品进行有限的无偿使用。正如萨缪尔森所说，"最终，美国发起的（高度保护主义的）数字议程提案都没有在谈判过程中毫发无损地出现，甚至……拟议的数据库条约根本没有出现"（Samuelson 1997，374-375）。这可以解释成一种对数据产权过度膨胀所导致的数据瓶颈的抗争。与其说这是公众在立场上的一场胜利，不如说是在多边层面的一轮特定审议中达致成功的止损战略（欧洲指令仍然有效）。这一结果反映费斯特（Feist）裁决的精神，即"当后来者可以自由地从一个作品中提取和重复使用数据以制作另一作品时，版权的宪法目的得以促进"（Samuelson 1997，438）。

然而，由于数据服务的巨大市场，人们预期数据库保护扩大的压力将继续存在。美国法院的趋势以及欧美数据库保护不同路线的紧张局势，预示着无论如何都会扩大保护范围。自20世纪90年代中期以来，支持费斯特裁决的理念一直受到美国联邦上诉法院的抨击。巡回法院的一系列判决反映出对数据编撰者投资能否获得适当回报的司法关注，促使他们"以严重破坏费斯特精神的方式，延伸对低创造性汇编行为的版权保护"（Reichman and Uhlir 2003，374）。[14]法院已将版权法扩展到涵盖算法和事实聚合等内容，从而颠覆版权核心的思想与表达二分法，并将新的保护范围扩大到事实本身（Reichman and Uhlir 2003，375）。此外，鉴于欧盟指令的互惠条款以及欧盟和美国之间的不对称法律制度，美国国内所承受的采取某种形式的数据库保护的压力也在增加。虽然1996年美国的高度保护主义的支持者和反对者针锋相对，但近年来，反对数据库保护制度的人已经向高度保护主义议程让步（Reichman and Uhlir 2003，388-395；另见：Reichman 2002，470-478）。瑞克曼警告

---

14 例如，索斯科公司诉凯恩布里奇公司（*CDN, Inc. v. Kapes*），《联邦判例汇编》第3辑，第197卷，第1256、1259—1260页（第九巡回法庭，1999年）；CCC信息服务公司诉麦克林猎人市场报告公司（*CCC Info. Servs., Inc. v. Madean Hunter Mkt. Reports, Inc.*），《联邦判例汇编》第3辑，第44卷，第61、65页（第二巡回法庭，1994年）；沃伦出版公司诉麦克多数据公司（*Warren Publ'g Inc. v. MicrodosData Corp.*），《联邦判例汇编》第3辑，第115卷，第1509、1518—1519页（第十一巡回法庭，1997年）；贝尔南广告出版公司诉唐纳利信息出版公司（*Bellsouth Adver. & Publ'g Corp. v. Donnelley Info. Publ'g Inc.*），《联邦判例汇编》第2辑，第999卷，第1436、1446页（第十一巡回法庭，1993年）。

说，一如既往，立法有可能被"特殊利益集团"裹挟，"流于高度保护主义活动，带来严重的意外后果"（Reichman 2002, 481；另见：Litman 1989, 275-361）。数据的专有产权势必存在缩小公共领域权利的威胁。正如大卫（David）和弗雷（Foray）所揭示，"如果这一空间充斥着一堆产权，那么……探索发现之旅将变得更加昂贵……知识库的扩展速度将会放缓"（David and Foray 2002, 16-17）。

　　对版权扩张的追求似乎坚韧不拔。一个特别引人注目的案例推动了版权概念对思想与表达二分法的侵蚀。1977 年，旧金山第九巡回法庭审理了希德（Sid）和马蒂·克罗夫特（Marty Kroft）对麦当劳快餐公司提起的诉讼。[15] 克罗夫特一家制作了一档儿童电视节目《魔法龙帕夫》（*H. R. Pufnstuf*），该节目描绘了一个由会说话的树和神奇生物们组成的实景奇幻世界。麦当劳与克罗夫特一家接洽，希望在《魔法龙帕夫》上增加一些电视广告。他们并未达成协议，但麦当劳以"麦当劳乐园（包括会说话的树和神奇的生物）"为背景制作了一系列广告。尽管麦当劳在其演绎中区分了不同于《魔法龙帕夫》的角色表达，但法院裁定对麦当劳不利，并支持克罗夫特一家（Krofts），这样一来，法院"将思想保护的新原则扩展到视觉和叙事娱乐领域：'整体概念和感觉'（Vaidhyanathan 2001, 114）。维迪亚那桑认为："这种扩展很可能会对创造性努力带来寒蝉效应；一个像'整体概念和感觉'（Vaidhyanathan 2001, 114）这样模糊和主观的概念，如果不是律师的话，必然会在作家和艺术家中造成混淆。对侵权的恐惧可以如禁令般成为一种有效的审查手段"

15　基于维迪亚那桑（Vaidhyanathan）（2001, 112-114）的总结。

（Vaidhyanathan 2001，114）。

20 世纪末，美国知识产权法的逻辑继续优先保护私人权利，而非保护公共利益，这在美国近年来最令人担忧的版权争论中得到诠释。1998 年的《桑尼·博诺版权期限延长法》（Sonny Bono Copyright Term Extension Act）就是一个典型例证，莱姆利称之为"事后"保护（Lemley 2004）。据说，沃尔特·迪士尼公司（Walt Disney Corporation）为这项法律奔走游说，因为其米老鼠角色的版权保护即将到期。劳伦斯·莱斯格（Lawrence Lessig）因此将其命名为"米老鼠保护法"（Lessig 2001a，1065），莫杰思认为这是一个"几乎纯粹寻租立法的经典案例"（Merges 2000，2236）。法律将版权期限从作者终生及其死后 50 年，延长至作者终生及其死后 70 年，或者，如果是雇佣作品，则从 75 年延长至 95 年；即关于版权保护下的作品，溯及既往地将其期限延长至最多 95 年（Lessig 2001a，1065）。公共领域作品的出版商和用户在最高法院对该法提出质疑，理由是该法违宪，因为国会无视版权条款下的"限制时间"要求而越权（Yu 2004，923）。法院坚持该法的合宪性，因为时间虽延长，却并非没有限制。然而，有几位大法官持异议，甚至七位支持该法合宪性的法官也不乏对该法是否明智表示怀疑（Yu 2004，925）。这呈现出版权之浪漫主义观念的令人瞩目的制度化，个中对作者权利的持续保护（即使由其他方持有）被认为是神圣不可侵犯的，而不顾可能以公共领域为名义提出的何许主张。

虽然制作雇佣作品的公司动画师根本不是阁楼中手执羽笔的孤傲艺术家形象，但作者自然权利的浪漫主义观念终于使沃尔特·迪士尼公司受益。与历史情况如出一辙，知识产权保护再次被用于支持对重要的和有价值的商业资产的整合与控制。莱斯格提出，这是对两种未来进行选择的结果，一种未来是让"我们文化的命门永远归于相对少数公司（一如当代出版商）"（Lessig 2001a，1072），另一种未来则是明确限制这些权利，以促进知识、文化、信息的流通。然而，这种选择并不局限于美国法律领域；美国当前秉持的保护所有者权利的理念，一直是扩大和加强全球化知识产权保护的主要推动力。

6.5 朝向一种多边解决

在20世纪80年代，美国私营企业主率先提出一项新的多边解决方案，其中包含他们的知识产权的扩大概念。[16] 和过去一样，领先的实业家（这次是在制药、化学、软件和娱乐行业）游说在国际层面旨在重振知识产权保护的方法，拥护安全优于竞争。还有与信息和通信技术（ICTs）相关的新技术"革命"，这一视野也是提高知识产权在政界形象的重要刺激因素。关于信息社会的流行的、关乎政策的讨论屡见不鲜（May 2002a, chap.1），但到20世纪80年代末，实现全球化信息流动的动态局面，已经成为国际政策讨论中日益重要的元素。就在十年前，与关贸总协定相关的多边贸易谈判（1973—1979年）的东京回合尚未就知识产权进行重大谈判，部分原因是发展中国家政府强烈抵制将关贸总协定的规则扩展到新领

---

16 若未明确说明，本节摘自我们以前的著作，即梅（May）（2000年）和塞尔（Sell）（1998年；2003年）。

域。在东京回合启动时，信息和通信技术（ICTs）仍以大型计算机为代表，而计算机的商业化消费应用仍处于起步阶段。

然而，到1986年乌拉圭回合（Uruguay Round）启动时，发达国家政府及其谈判代表已经开始认识到，知识产权及其保护和使用可能成为未来国际贸易关系中日益重要的问题（Primo Braga 1989, 245-246）。知识或信息的技术占用的可能性不断扩大，加之知识型产品的盗版复制和传播也日益猖獗，就促使富裕国家的政府为了本国的企业利益而采取行动。其实，保护和实施知识产权纳入乌拉圭回合的政治要求中，一个主要因素源于内容产业对一系列信息和通信技术（ICT）相关创新的反应。这提高了信息和知识相关商品进行国际（商品）贸易的可能性，也增加了窃取和盗版的可能性。

一群美国公司成立国际财产委员会（IPC），其目的不仅是向美国政府施加压力，使其将知识产权纳入谈判议程，还为谈判团队提供了大量法律支持（Sell 2003, chap.5）。究其关键，国际财产委员会的影响力不仅限于美国贸易谈判代表。国际财产委员会还努力说服欧洲和日本的行业协会信任知识产权的新治理机制，然后动员他们支持其将知识产权保护纳入乌拉圭回合。随后，国际财产委员会与欧洲和日本团体合作，以工业化国家的法律为基础，就知识产权多边保护的基本原则制定了一份共识性的文件。该文件随后提交给关贸总协定秘书处和许多国家驻日内瓦的代表。

在这一过程中，工业发挥了如此重要的作用，这对关贸总协定可谓前所未有。虽然国际财产委员会的影响力源自其在美国国内经济中所代表的经济资源和权力，但代表新信息经济关键行业的（自身）特征帮助它为《与贸易有关的知识产权协定》建立了谈判框架。这无疑得益于智库和媒体对即将到来之"新时代"的摇旗呐喊（May 2002a）。在美国的支持下，国际财产委员会能够获得反映其大部分要求的知识产权协议。美国政府已经开始将"信息产业"视为保持美国经济实力竞争性的关键产业，美国贸易代表（USTR）格外重视国际财产委员会的要求。此外，鉴于对知识产权法专业性质的普遍认识，国际财产委员会利用了需要专业知识来"支持"谈判团队的假定。因此，基本上是国际财产委员会起草《与贸易有关的知识产权协定》，实际的谈判对文本进行了微调，对发展中国家的谈判代表作出一些让步。

贸易谈判者认为，此前规则的多样性是由于世界知识产权组织（WIPO）管理的24项多边条约的复杂性所致。即使在每一项协议中，所提供的保护范围也差异很大。例如，1988年，世界知识产权组织为《与贸易有关的知识产权协定》谈判小组进行的一项研究发现，在《保护工业产权的巴黎公约》的98个签署国中，有40多个国家的立法排除药品、动物品种、治疗方法、植物新品种、动植物品种生产方法；超过30个国家排除食品和计算机程序；另有22个国家排除化工产品（Drahos 2002, 768）。不同成员国各自排除各种特定类别，使得问题更为复杂。美国贸易代表和发达国家的谈判代表建议，为了使知识产权相关产品进行国际贸易更加明晰，统一协议显然有助于达成目标。这一论点仍未激起发展中国家政府将知识产权纳入多边贸易谈判的兴趣。

为了促使在《与贸易有关的知识产权协定》谈判中态度的改观，美国贸易代表威胁实施双边贸易制裁［根据1988年《综合贸易和关税法》（Omuibus Trade and Tanff Act）特别301条款］，并实际针对一系列目标国家使用这些措施,包括一直积极反对美国在《与贸易有关的知识协议》谈判小组中的立场的大多数发展中国家政府(Drahos 2002, 774-775; Matthews 2002, 31-33)。与大棒相结合的胡萝卜则是承诺开放农业市场,并提议废除限制发展中国家纺织品出口的《多边纤维协定》(Multi-Fibre Arrangement)(May 2000, 88)。美国贸易代表还与发展中国家进行一系列双边贸易和投资条约的谈判,其中包括将这些国家推向知识产权保护"TRIPs模式"的条款。这减少了遵守《与贸易有关的知识产权协定》的阻力,因为在签订这些协议(并进行必要的立法变化)后,国内条款与符合《与贸易有关的知识产权协定》标准的立法趋同化(Drahos and Braithwaite 2002, 134)。许多发展中国家缺乏充分抵御这一强硬双边压力的专门知识和资源。

选择性撤销普惠制(GSP)市场准入条款的各个击破战略,也冲击着维护发展中国家的集体谈判集团(Matthews 2002, 33)。即使在1989年,虽然许多评论员和谈判者都心知肚明,国际贸易协定对知识产权可能产生不利影响(Gakunu 1989),但更无法抵挡的,是发达国家谈判代表为确保《与贸易有关的知识产权协定》而提供的巨大政治资源。复杂的谈判削弱了政治压力与抵抗力,加之发展中国家政府可以投入的资源有限,使发展中国家在加入新的世贸组织时必须加入(当然有一些过渡性安排)《与贸易有关的知识产权协定》。[17]

讽刺的是,修改知识产权国际体系的最初压力并非源自美国

---

17 马修斯(Matthews)(2002, chap.2)和斯图尔特(Stewart)(1993, 2245-2333)对形成《与贸易有关的知识产权协定》的谈判深加论述。

156 或其他发达国家,而是来自几年前的77国集团。在20世纪60年代和70年代,发展中国家政府担心经济发展问题,并将专利保护视为进口垄断和未能开发本土技术背后的因素之一(Sell 1998, chap. 4)。知识产权体制并非如《与贸易有关的知识产权协定》所描述的是促进自由贸易的组织,而是发达国家和富裕国家知识产权所有者的保护工具。借由知识产权,技术差距和不平衡发展(或不发达)就能维持。这种情况导致发展中国家政府反对其国家立法对美国、欧洲或日本享有的知识产权给予类似保护水平。因此,在20世纪60年代和70年代,发展中国家政府和谈判代表主张淡化国际知识产权法,而发达国家政府只是维持现状。

77国集团与发达国家之间的主要区别在于专利(和其他知识产权)保护的目的。对于发展中国家政府来说,首要因素是寻求本国发展,缩小技术差距。富裕国家的谈判立场最终得到《与贸易有关的知识产权协定》的巩固,即所有者的权利及其财产是神圣且至高无上的。只有确保创新者和企业家的产权免遭盗窃,一个国家的经济才有希望发展,才能促使经济增长。然而,发展中国家政府往往用国内立法来减少对知识财产垄断权的赋予。他们在这项政策方面得到联合国贸易和发展会议的一些支持,最明确的是1975年的报告《作为国家发展工具的国际专利制度》(*The International Patent System as an Instrument for National Development*),该报告专门讨论修订《巴黎公约》的问题,尖锐批判现有协定,并敦促革新以改善发展中国家的状况(Sell 1998, 116)。一些外交官则怀疑,发展中国家政府正在利用专利作为其更棘手的内部经济问题的替罪羊。不管如何,1980年仍召开了修订《巴黎公约》的外交会议。不幸的是，四次系列会议均因对知识产权保护目的的对立意见而陷入僵局，这耽误了发展中国家谈判方扩大知识产权公共领域的努力。

在打开修订知识产权法的潘多拉盒子后，发展中国家政府随后发现自己无法跟上形势的发展。虽然发展中国家的政府仍认为知识型产业的知识产权是一个发展问题，但对于20世纪80年代的发达国家谈判者而言，知识产权如今已是关乎竞争力和贸易的宝贵而关键的资源。如上所述，这一观点已经开始从根本上改变国内立法，不久之后也成为影响国际政策的一股类似动力。在促成《与贸易有关的知识产权协定》的谈判过程中，知识产权拥护者与那些对其价值持批判态度的人之间的差异得到了明确的阐述，尽管发展中国家最终未能在多大程度上改变协议的内容。相反，许多发展中国家的谈判者也认为协议有一些好处。

当然，这种跨题关联（linkage）表明，知识产权协议可以用来撑持其他贸易利益（其中纺织品和农业的市场准入是最重要的）。许多谈判者看到知识产权中日益增长的双边主义前景，也认为多边协议（因此也包括《与贸易有关的知识产权协定》）是更好的选择。此外，到20世纪最后十年，国内商贸对某些特定行业知识产权相关保护的寻求，也在游说一些发展中国家的政府（Adede 2003, 32-34；Gutowski 1999, 754-757）。这种保护可能对那些生产自己知识财产的，以及那些寻求从国外获得受保护技术的国内企业都具有吸引力（Maskus and Reichman 2004, 287-290）。因此，尽管谈判并非势均力敌，但许多发展中国家的政府仍察见某些可以从中获致的国家利益。

虽然在一开始，这场辩论可能展现保护知识产权基本原则上的南北分歧，但随着谈判紧锣密鼓地开展，大部分会议时间都花在试图解决美国、欧洲、日本在保护知识产权问题上的立场分歧，使得发展中国家的关切被边缘化（Stewart 1993, 2287, 2313）。1990年，发展中国家的谈判代表仍顾虑将知识产权完全视为一个商业问题，没有充分考虑国家发展的重点［《关税与贸易总协定》（General Agreement on Tariffs and Trade）1990, 5］。但这番抗战还是失败了，只剩下行业上的让步而已。

最终，拟议中的《多边纤维协定》将分阶段废除，这可以增进一些发展中国家的纺织和服装行业收益（通过市场准入，即允许加入发达国家此前保护的市场），也对确保《与贸易有关的知识产权协定》的执行推波助澜。对于各种区域贸易协定之外的小国来说，也有明确的政治意愿以保证执行多边协定，否则就会招致严峻的市场准入问题（Sell 2003, 110）。最后，《与贸易有关的知识产权协定》谈判小组主席拉尔斯·阿内尔（Lars Anell）也披挂上阵，使谈判进程进入尾声，正当发放的五份草案相持不下时，他在关键时刻提出一份主席草案，作为推进谈判的基础。[18] 这一统合文本最终形成乌拉圭回合最终解决方案中的《与贸易有关的知识产权协定》文本。因此，"强硬"外交、议题关联，以及某些代表对知识产权领域的新进展可能产生的未来影响的不甚了解，结合起来而使作为新世界贸易组织构成的第一个全球知识产权治理机制得以形成。

《与贸易有关的知识产权协定》是政治较量的结果，受特定行

---

18 德霍斯、布雷斯韦特（Drahos and Braithwaite）（2002, 139-143）为阿内尔（Anell）在谈判最后阶段控场的重要性提出令人信服的理由。

业和国家利益驱动，不只是一系列立法上管理规定的整合而唯有实施之别。在评论贸易谈判的如愿以偿的结局时，一位私营行业企业主声称，私营行业的游说者达到了他们想要的95%。[19]我们将在第七章中详细探讨，《与贸易有关的知识产权协定》将知识产权界定为一种排除和保护制度，而非一种传播和竞争制度。它扩大了权利持有人的特权，减少了他们的义务。这一影响广泛的协定对创新、研发、经济发展、未来产业定位、全球分工都具有重要意义。事实上，协定中所体现的知识产权范围的急剧扩大阻断了早先工业化者遵循的道路，从而减少了未来工业化者的选择。通过扩大权利持有人的垄断特权，协定提高了信息与技术产品及服务的价格，并要求国家在保护这些特权方面发挥更大的作用。

如前几章所述，工业化国家通过盗用其他国家的知识产权壮大经济实力；在《与贸易有关的知识产权协定》中，未来的工业化国家将无法仿效。追随国不再可能模仿美国、西班牙、瑞士或荷兰。[20]该协定将公共领域的日益商品化编纂成法，从而使公共领域对新的、未来的创新者而言无法使用（Aoki 1996, 1336）。正如我们将在第七章阐述，在新的体制下，在仿制方面具有相对优势的国家和公司注定失利。

在20世纪，由于产权观念转变、技术变革、法律解决的制度化，知识产权继续演进。私人行为者在这些发展中举足轻重，然

---

[19] 1996年1月22日在华盛顿特区对国际财产委员会顾问雅克·戈林（Jacques Gorlin）的采访。

[20] 同样的评论也适用于最近在东亚取得成功的追随国家。参见库马尔（Kumar）（2003年）。

而，正如我们所阐明，财产所有者并非总是占得上风；所有权是变动不居、相互竞争，并由社会建构的。亦如劳伦·爱德曼（Lauren Edelman）所揭示："关于什么是合理的这种制度化理念是在社会层面上发展的，与什么是公平的、什么是合法的，甚至什么在科学或技术上是可能的这些相关的制度化理念互相呼应。当然，随着时间推移，这些制度化的理念随社会领域和地理畛域的不同而变化万千"（Edelman 2004，186-187）。此外，"社会和政治权力影响谈判策略，甚至看谁在谈判桌上，以及最根本的在于行动者如何赋予行动价值"（Edelman 2004，188）。"经济必要性"的特权掩盖了必要性本身在何种程度上是一种高度竞争的社会建构。什么是必要的，取决于不同国家的发展阶段，以及国内不同行业相对的政治和社会力量。正如前文所述，1919年，美国政府拒绝新生的美国制药行业应对德国化学卡特尔的削弱专利保护请求，因为其他如电气设备等更发达的行业，正在既有的知识产权政策下欣欣向荣。

其实，正如上述历史案例所表明，基于专利的卡特尔有时是"必要的"或"合理的"，而有时政府在强制许可下没收专利也是"合理的"。这些判断取决于所处历史阶段，而非永恒法律或权利体现。在第一次世界大战期间，美国政府利用强制许可特权获得莱特兄弟的（Wright brothers'）航空技术，而在第二次世界大战期间，美国政府对急需的抗生素的方法专利采取强制许可。最近，在2001年9月11日美国遭受恐怖袭击后，2001年10月的炭疽恐慌促使美国卫生和公共服务部长汤米·汤普森（Tommy Thompson）威胁要强制许可拜耳的环丙沙星（Cipro）。在不需要采取后续行动的情况下，这一威胁促使拜耳大幅降价，以确保在发生大规模袭击时有足够供应。

尽管以效率进行修辞，产权本质上仍是关乎分配政策的，历史上有很多由分配标准驱动的政策例证。根据特伦斯·哈利迪（Terence Halliday）的观点，"分配标准在政治领导人肩上的分量与效率标准一样重。如果不仔细平衡效率、公平、稳定性，市场建设就可能损害社会"（Halliday 2004，216）。当兰卡斯特（Lancaster）纺织厂战胜专利持有人理查德·阿克莱特（Richard Arkwright）时，它反映法院的分配重点是就业和英国经济霸权，而非私人回报。类似的分配逻辑告诉我们，尽管存在制药行业的游说，美国在1919年仍不愿削弱专利保护，从而让以专利为基础的、具有国际影响力的美国电气设备行业蒸蒸日上。而分配标准也会激发汤普森对环丙沙星的强制许可威胁。每一轮新的较量与和解，都会产生新的赢家、输家。取决于输家的动员程度和受威胁程度，他们可以揭竿而起挑战解决机制。有时它们克敌制胜，而有助于矫正严重的失衡。有时它们铩羽而归，正如美国版权法目前的状况。尽管如此，历史为知识产权价值更为平衡的未来留予了希望，我们接着展望当前全球解决方案的远景。

第七章 21世纪:《与贸易有关的知识产权协定》以降

在20世纪的最后十年,国际贸易外交最终奠定了知识产权管理的全球制度:《与贸易有关的知识产权协定》(TRIPs)。《与贸易有关的知识产权协定》并非创造者和创新者权利之自然全球秩序的最终实现,而只是一段漫长的、竞争的历史的最新阶段。自世界贸易组织最终确立《与贸易有关的知识产权协定》作为其核心要素之一,TRIPs显然腹背受敌,绝非一项仅待解决技术实施的最终协定。《与贸易有关的知识产权协定》面临两方面的挑战,一方面,发达国家政府(最明显的是美国)试图以双边主义战略进一步加强和扩大知识产权(IPRs)的全球影响力。另一方面,一场声势浩大、愈演愈烈的全球政治运动对许多关于知识产权的主张提出质疑,尤其是所宣称的知识产权与经济发展之间的关系。因此,推动《与贸易有关的知识产权协定》制度的政治力量似乎已经引发某种反响,不再将知识产权视为全球政治领域之外晦涩的专业问题。

《与贸易有关的知识产权协定》在很多方面类似于知识产权治理的过往历史,属于对技术变革的回应。冷战结束后,《与贸易有关的知识产权协定》也是重要区域贸易集团之间达成的更普遍协议的一部分,即国际贸易治理应该从相对薄弱的《关税与贸易总协定》(GATT)转向一个全新、强力的治理机制。将《与贸易有关的知识产权协定》《服务贸易总协定》(GATS)以及其他一些协议(从投资到反倾销)一并纳入乌拉圭回合多边贸易谈判的最终协定中,意味着美国政府和欧盟(EU)迫使发展中国家在迄今一直抵制的领域采纳多边协议的计划成功(Steinberg 2002)。通过撤销他们过去在1947年《关税与贸易总协定》许下的承诺,并因此终止该协定下的任何义务,美国和欧盟迫使发展中国家加入世贸组织下这项范围广泛的协定,只要发展中国家希望回到启动乌拉圭回合时给予它们的贸易安排。

7.1 《与贸易有关的知识产权协定》

《与贸易有关的知识产权协定》为世贸组织成员提供单一框架,以处理知识产权各个方面的问题。它将以前由世界知识产权组织(WIPO)监管的一套分散的条约和行业协议整合到单一框架中。[1]它不是一项可以直接纳入国家法律的立法范本,而是规定由世贸组织所有成员制定的最低标准。成员的立法机构必须确保知识产权得到保护,但对于这种保护的方法来说,重要的是结果而不是形式;协定关注的是目标,而非手段。这项协定也明显是互惠的,尽管互惠作为一项原则本身无法改变知识产权治理体制的性质。正如拉詹·丹吉(Rajan Dhanjee)和劳伦斯·布瓦松·德·查祖尔(Laurence Boisson de Chazoumes)(1993, 9-10)所强调,知识产权组织所管理的知识产权协定中的非互惠原则已因许多签署方都通过和修改的自成体系的立法以及1995年以前就已存在的双边政治压力而

---

[1] 未明确说明之处,该节引自我们以前的著述,特别是梅(May)(2000年)和塞尔(Sell)(1998年;2003年)。

大大削弱。

与世界知识产权组织对公约的管理不同，世界贸易组织对知识产权的管理提供一个更强有力的执行机制，即当某一成员的法律被认为阻碍其他成员民众的权利时，各成员政府就可以诉诸该机制。这种争端的"司法化"大大消除了对协定条款进行政治操纵的可能性。约瑟夫·维勒（Joseph Weiler）认为，其实这种向规范治理和"法治"实践治理的转变，与以往全球经济关系领域司空见惯的"外交理念不符"（Weiler 2008，8）。《与贸易有关的知识产权协定》显然试图将知识产权从全球政治领域中脱离开来，并（重新）将其定义为只是晦涩难懂的法律争辩专业话题。

虽然以前的知识产权治理结构包括了135个世界知识产权组织的成员，但在执行的18项公约中，即使是签署方最多的《巴黎公约》，也只有108个签署方。除《伯尔尼公约》（95个签署方）外，世界知识产权组织监管的其他协议只有20至50个签署方。因此，将知识产权纳入世贸组织，立即将知识产权治理的范围扩大到所有140多个成员。该协定还设立《与贸易有关的知识产权协定》理事会，来审查成员对协议各项承诺的遵守情况。各成员向理事会通报其全面执行协议的进展情况，尤其是世贸组织大多数新成员，自加入之日起都得遵守《与贸易有关的知识产权协定》。此外，《与贸易有关的知识产权协定》理事会有权回答任何世贸组织成员提出的特定成员遵守情况的问题。[2]

---

2 马修斯（Mattews）(2002，78-83)对《与贸易有关的知识产权协定》理事会的职能和活动进行全面论述。

至关重要的是，与世贸组织成员的其他行为不同，《与贸易有关的知识产权协定》是积极的立法行为，旨在确立其各项条款规定的权利和保护，而不只是要求各方避免某些行为或实践。鲁斯·奥克迪吉（Ruth Okediji）由此论证，根据强大的争端解决机制，这些遵守要求意味着该协定"颠倒了传统本土/国际范式；它似乎在考虑用国际程序取代已经在本土环境中产生竞争性平衡的本土程序，这种国际程序假定本土平衡应该根据《与贸易有关的知识产权协定》的义务重新进行谈判"（Okediji 2003, 915）。对于使知识和信息成为产权的问题，本土政治协商的历史曾提供本土决定的各色解决方案，如今本土政治协商的历史不仅被该协定釜底抽薪，而且（对大多数成员来说）被其他地方制定的一套标准鸠占鹊巢。

在《与贸易有关的知识产权协定》的序言中，知识产权使得"私人权利"的认识在一定程度上得到平衡，明确允许为发展和技术给予"公共政策目标"一定的重视。然而，该协定明显侧重于扩大所有者的权利。确实，库尔特·伯奇（Kurt Burch）认为所有权的这种扩大"促进了权利和财产的名目，以及它们奠定的自由主义概念框架"（Burch 1995, 215）。对于知识和信息，这使得强调个人权利以回报努力，以及生产可转让财产之产品的实业组织。此外，塞缪尔·奥迪（Samuel Oddi）认为，使用自然权利论述是为了确定

> 这些权利是如此重要，以至于每个（世贸组织）成员的福利不应妨碍对创作者权利的保护。这就要求成员采取一种反工具主义的政策，即不管自身工业化状况如何，都应牺牲本方

利益，以支持假定的更高境界的国际贸易。(Oddi 1996, 440)

虽然《与贸易有关的知识产权协定》包括工具主义正当性以及更多权利导向的语言，但在整个文本中，在个人权利与公共发展利益之间的任何平衡问题上，该协定都一揽子地倾向于权利一方。

谈判代表在《与贸易有关的知识产权协定》谈判前后广泛使用"盗版"一词，正是这套自然主张的象征，其中暗示着侵权人应该被视为过去的海盗、奴隶贩子、酷吏。(Murumba 1998, 444; Halbert 1999, 85-94)。这是一种旨在套用（更暴力的）侵犯人权行为的修辞尝试，毕竟如霍华德·阿纳瓦尔特（Howard Anawalt）所言，知识产权"缺乏关于使用武力的人权公约或规则的迫切必要性"（Anawalt 2003, 401）。不管如何，"权利"措辞还是成为协定规范性承诺的一个重要方面。

《与贸易有关的知识产权协定》本身是对签署方的一套复杂广泛的要求，分为七个部分，我们将在此简要阐述。[3]《与贸易有关的知识产权协定》开篇的主要文本是规定总则和基本原则的8条。第1条规定（如上所述），《与贸易有关的知识产权协定》是一套义务立法，而不是一项示范立法，履行这些义务是成员立法的问题，而该协定的目的并非协调成员间的法律（尽管也不排除这种

---

[3] 《与贸易有关的知识产权协定》许多章节的进一步详细说明，参见马斯库斯（Maskus）(2000, chap.2)对协定所提供的精炼概述，马修斯（Mattews）(2002, chap.3)也是如此。布莱克尼（Blakeney）(1996年)对整个协定进行精湛有益的论述，而那些要求对《与贸易有关的知识产权协定》进行逐条延伸处理的读者，会发现其叙述颇有启发。

协调）。前两项条文还规定该协定与先前涉及知识产权的条约和公约的联系［巴黎、伯尔尼、罗马的公约，以及《关于集成电路的知识产权条约》(*Treaty on Intellectual Property in Respect of Integrated Circuits*)］，并要求世贸组织成员对待所有成员的民众，是基于他们的管辖区同时也是这些公约的签署方。

通过将知识产权纳入国际贸易治理机制，《与贸易有关的知识产权协定》要求世贸组织（类似之前的《关税与贸易总协定》）的核心原则应用于知识产权：国民待遇（第3条）和最惠国待遇（第4条）。引入最惠国待遇（MFN）和国民待遇，可以确保给予国内发明人或知识产权潜在所有者相对于非国民的优惠属于非法，就如特定贸易伙伴所给予的知识产权所有者的优惠待遇。这是一个重要转变，因为，过去包括美国在内的许多国家的知识产权制度都通过立法或程序手段偏袒国内所有者。

因此，虽然《与贸易有关的知识产权协定》（特别是计算机程序）在一定程度上改变知识产权性质，即实际需要保护的东西，但不同往常实践的主要领域之一正是在于知识产权的本土保护。此外，《与贸易有关的知识产权协定》第41条规定，"实施这些程序时，应避免对合法贸易创设壁垒"，并将这一承诺列为本土知识产权法的核心内容（《关税与贸易总协定》，1994年，附件1C，第19页）。如果只是国民专受保护，就会对非国民构成障碍，因为他们希望出口到该管辖区的知识产权相关商品或服务未能得到保护。《与贸易有关的知识产权协定》要求非歧视原则必须明确成为对知识产权明确、公开、公平程序保障的题中之义。不过，第5条仍为世界知识产权组织的协定规定了最惠国待遇和国民待遇要求的例外情形。

在乌拉圭回合谈判中，无法达成协议的领域之一是关于权利用尽问题（第6条），尤其是因为欧盟谈判团队不准备接受延长权利国内用尽的期限（Matthews 2002，48）。权利的国际用尽是指，在世界任何地方首次出售某一物品时，就用尽了该物品所包含的权利（然后该物品成为二手物品，不受相同的销售限制）。而权利国内的用尽则是指仅在主张权利的管辖区内出售时用尽所包含的权利。从本质上讲，后者阻却平行进口，而前者允许平行进口。由于未能达成一致，《与贸易有关的知识产权协定》将权利用尽的选择权留给成员立法机构。

《与贸易有关的知识产权协定》第一部分的最后两条规定了协定的目标（第7条）和原则（第8条）。第7条反映了发展中国家谈判代表的利益和关切（Watal 2003，387），他们宣称知识产权的保护和执行"应有助于促进技术革新和技术转让与传播，使技术知识的创造者和使用者互相受益并有助于社会和经济福利的增长及权利和义务的平衡"（《关税与贸易总协定》，1994年，附件1C，第5页）。第8条允许各成员采取措施，保护公共健康，促进其命脉部门的公共利益，同时规定制止权利持有人滥用知识产权，明确包括技术转让问题。正如我们将在本章后文详述，面对双边和其他政治压力时，这些原则成为一纸具文。

协定下一部分规定世贸组织成员在各种形式的知识产权方面的义务。第9条至第14条涵盖《与贸易有关的知识产权协定》为版权设立的保护，按照一般用法定义为"表达而非思想、程序、操作方法或数学概念本身"（《关税与贸易总协定》，1994年，附件1C，第 6 页）。美国主导谈判的一个重要体现在于，虽然要求成员遵守《伯尔尼公约》（1971 年）第 1—21 条和附录，但该协定明确排除了成员根据《伯尔尼公约》第 6 条之二规定的尊重作者/创造者道德权利的义务。因此，该协定侧重于经济权利（仍完全可以转让），而非受版权保护产品中不可转让的道德权利，这在美国仍有争议。

另一个备受争议并经常在公共辩论中提及的领域，是第 10 条明确规定："计算机程序，无论是源代码还是目标代码，应作为《伯尔尼公约》下的文字作品来保护。"（《关税与贸易总协定》，1994 年，附件 1C，第 6 页）这一条款不仅扩展《伯尔尼公约》本身，还允许计算机程序享有该公约规定的最长保护期。因此，与专利涵盖的其他类型的制造/工业过程（或工具）相比，计算机程序的知识产权认定条件要宽松得多。鉴于信息和通信技术（ICTs）以及其他形式的知识资源在全球经济中的重要性，这引发了人们对技术转让的深切关注，因为技术转让更有利于所有者而非潜在用户。第 10 条第 2 款还明确包括"数据或其他资料汇编，无论呈机器可读形式还是其他形式，只要通过对其内容的选择或安排而构成了智力创造"，尽管这种保护"不应延及数据或资料本身"（《关税与贸易总协定》，1994 年，附件 1C，第 6 页）。因此，至少在其特定模式（或编译结构）中，数据库、目录和其他电子存储的公共知识应受版权保护，并由此纳入知识产权制度。[4]

---

[4] 《欧洲共同体数据库指令》（*The European Community Database Directive*）对信息的保护甚至比第 10 条的要求更为严格，因此引发长足评论与批判。参见金斯伯格（Ginsburg，2001 年）对于美国和欧洲关于数据库权利可能"过度保护"的争论。

在音乐行业代表的强力游说下，协定文本不仅承认表演者录音上的权利，还承认制作者和广播公司的"邻接权"（第14条）。在此，关于盗版和盗窃的论述在强化表演者、制作者和广播组织对其作品的预期权利方面发挥重要作用。该条规定表演者有权授权或禁止以前未被翻录的"录制品"（第14.1条），并有权停止"盗录"现场表演或广播；"唱片"制作者有权准许或禁止翻录其产品（第14.2条）以制止音乐唱片的盗版；以及广播组织授权或禁止录制、复制或转播其广播的权利。正如第14.6条所明确指出，这些义务反映了《罗马公约》（*Rome convention*）（1961年）最初规定的权利。与下面的出租权一样，只要不会导致大量复制（第14.4条），就允许出租，并且非广播权的保护期限为50年，广播权的保护期限为20年（第14.5条）。这些条款清晰反映20世纪90年代初内容行业公司之间日益增长的共识，即盗版和假冒已是一个因数字化诱导、膨胀而愈演愈烈的问题。

虽然该协定扩大了版权所有人许可或禁止出租其作品的权利（第11条），但在法国的坚持下，这一权利有所排除，即除非有确凿证据表明该出租已导致广泛复制（Matthews 2002, 52）。版权保护期为50年，自作者去世之日起，或（在无法确定任何作者的情况下）自作品准予出版的那一公历年年底起50年（第12条）。当然，这是美国已经延长的最低要求，其他地方也广受要求延长期限的游说。第13条规定的例外情形仅限于特殊情况，即既不与正常利用相冲突，也不会不合理地损害权利持有人的合法利益。

第15条至21条规定世贸组织成员在商标领域的义务。该协定提出了一个相对标准的商标定义（第15.1条），尽管它还根据《巴黎公约》(1967年)的若干理由确立了拒绝商标的权利；例如，一个商标将违反公共道德或可能欺骗公众（Matthews 2002，54）。认识到各员注册条件的差异，第15条的其他三款允许但不要求考虑在先使用的问题，并规定成员可以设置一种提出异议的程序，但也不是强制性的。第16条涉及授予专有权，并再次明确借鉴《巴黎公约》(1967年)，旨在建立针对相同或近似（这通常称为"假冒"）商标的保护，在涵盖世贸组织成员管辖的范围内可以为尚未注册的"驰名"外来商标提供此类保护。虽然世界知识产权组织已经起草关于如何认定驰名商标的非约束性建议，但许多发展中国家和发达国家似乎不可能也不愿意将保护范围扩大到未在（本国）注册的商标（Watal 2003，261）。

《与贸易有关的知识产权协定》保留了为标志、术语和其他已在公共领域的标志申请商标的例外情形（第17条）；规定保护期至少为7年，且可以无限期延长（第18条）；除非存在使用障碍，否则在连续3年不使用商标后，允许撤销商标（第19条）。最后，国家法律规定的使用要求（如要求与其他商标一起使用）受到限制（第20条），协定明确授予商标所有人转让商标专有权，因此禁止强制许可。这并不是《与贸易有关的知识产权协定》中限制或停止强制许可的唯一领域，同样地，此项新协定不同于发展中国家谈判代表就这类、那类的知识产权形式之提议的灵活变通。虽然商标保护是发达国家和工业化国家谈判人员的关注焦点，但对发展中国家来说，商标问题更多属于一个"讨价还价"的问题，而不至于谈判小组间的剑拔弩张（Maskus 2000，63）。

作为《与贸易有关的知识产权协定》的一部分，一些欧盟成员国和瑞士在建立地理标记（GIs）协定方面发挥了重要作用（Maskus 2000, 20），这些协定都在第 22 条至 24 条中有所涉及。法国谈判代表尤其渴望保护"原产地名称"，尤其是酿酒地区。因此，葡萄酒和烈酒享有单独的第 23 条，规定与这些产品相关的《与贸易有关的知识产权协定》条款。第 23 条试图解决以下情况：地理标记已成为葡萄酒或烈酒形式（主要例子是香槟）的更通用术语，因此甚至淡化诸如风格、种类、特色或仿制等修饰语，与其他产品相比，这就为这些饮料的地理标记提供了更直接的保护。第 22 条下的一般规定旨在限制地理标记的使用，因为它们会产生不正当竞争或在有关商品的原产地方面误导公众（包括那些虽"字面上真实"却仍歪曲商品原产地的使用情形），尽管这些条款中有诸多"合理使用"和"善意"的例外情形。

由于扩大的保护（适用于葡萄酒和烈酒）并未延及印度香米或大吉岭茶等非欧洲产品（Maskus 2000, 239），因此对许多发展中国家而言，这种额外保护备受訾议。正如贾亚什里·瓦塔尔（Jayashree Watal）指出：

> 发展中国家将不得不说服其立法机关接受对葡萄酒和烈酒（尤其是源自欧洲的葡萄酒和烈酒）更高水平的保护，而没有受益于对他们［自己的］地理标记的互惠保护……更糟糕的是，他们被迫保护的许多标志在诸多发达国家已俨然是"通用的"或"半通用的"。（Watal 2003, 273）

换言之，正如知识产权治理的其他方面，发展中国家实际上被要求坚持的，是高于世贸组织中较富裕的发达成员国的保护标准。

随后有两项关于工业设计的条款。第25条第2款是一项重要规定，其扩大了对纺织品设计的保护规定，并指出授予权利的管理不得损害寻求保护的机会。这反映了发展中国家谈判代表对这一领域的关切，即应为本土纺织品设计提供10年的法定保护（第26.3条），特别是防止未经授权生产、销售，或者进口销售载有或含有的设计是全部复制或者实质上部分是复制的货物（第26.1条）。

自1995年生效以来，《与贸易有关的知识产权协定》第27至34条规定的对专利权的保护，一直是引发最多政治辩论和冲突的领域之一。虽然《与贸易有关的知识产权协定》对专利申请标准（第27.1条规定的新颖性、创造性、实用性）予以常规规定，并将保护期设定为略长于某些管辖区的20年（第33条），但它明确地不排除"可授予专利的客体"的大量扩展。这种扩展是通过第27条的规定产生的，该规定允许成员可以从专利条款中排除若干类别的物品和材料，如诊断、治疗、外科手术方法以及动植物及其"主要"（essentially）生物方法（第27.2和27.3条）。这些类别的对象和方法可以排除，[5]却不被要求位于专利领域之外。确实，在过去十年中，工业化国家已经施加了巨大的双边压力，以确保发展中国家的《与贸易有关的知识产权协定》的新立法涵盖某些新

---

5 虽然有人担心这些不授予专利的发明可能在某些情况下扩展到药品（Matthews 2002, 59），但随后的争议表明，这一点远未凸显，即使对于那些可能希望不授予药品专利权的国家也是如此。

的"产品"。

更重要的是，为了确保基因和生物技术材料的专利覆盖所有成员，这些例外情形明确不包括微生物、动植物生产的非生物和微生物过程或药品。此外，各成员"应规定用专利或一种有效的专门（sui generis）制度或通过这两者的综合运用来保护植物品种"（《关税与贸易总协定》，1994年，附件1C，第13页）。这些生物技术条款确保，尽管植物品种可能受到区别对待，仍将会被纳入知识产权制度，甚或是响应《保护植物新品种国际公约》（UPOV［缩写是公约的法文名称］）的要求。《关税与贸易总协定》一直标榜旨在减少非关税壁垒，即使这仅仅意味着转嫁到实际关税。在此，采取的逻辑颇为一致：即从制度化待遇的差异缩小，转为在同一广泛立法方法上的分化。

第28条规定权利人在上述条件下的专有权，第29条规定在专利申请中充分披露信息的要求，以使"本专业领域的技术人员"能够利用这项创新。然而，关于授予专利的例外（第30条）、未经权利持有人授权的其他使用（第31条）、撤销／收回（第32条）等3个条款引起巨大争议。亦如对商标而言，这些条款有效迫使对创新的强制许可。

过去，发展中国家已表明，对特定创新拒绝授予专利，或未能在国内经济中发挥作用（依赖进口和满足需求），阻碍了技术转让。一些经济学家发现，专利能促进向相对富裕的发展中国家的技术转让（Smith 2001；Maskus and Penubarti 1995），尽管基于市场的技术许可似乎存在明显的门槛效应（Maskus and Reichman 2004, 289）。于是，尽管一些著述对知识产权保护与向中等收入发展中国家转让技术的积极关系尚且较为乐观，可谈到较为贫穷的发展中国家时，连马斯库斯和史密斯都颇为悲观（Smith 2001; Maskus 2000）。

在撒哈拉以南的非洲，大多数专利的使用方式诠释了许多发展中国家所面临的问题。历史上，专利一直被用来维持进口垄断，而未促进用于生产（或业务实现）的新技术的进口（Kongolo 2000, 275）。它们并未被"实施"，因而恰与《与贸易有关的知识产权协定》的修辞及其支持者的承诺相左。那便是，专利人凭借进口打开新市场之余，其技术也受到保护免遭任何抄袭或竞争。在这种情形中，不管专利人还是仿制者在当地的生产都将被阻却，使得无法产生真正（超离于对产品的直接消费）的经济发展效益。

以前政府可以向国内生产商发放强制性许可证，以应对重要专利的失效。然而，各国政府已很少使用这些机制，因为即使获得强制许可，专利文件往往也未提供该技术实施诀窍的充分信息。其实，强制许可绝非灵丹妙药。当地生产商或许也缺乏足够的制造能力，或是生产效率低下。政策工具最有效的办法是威胁没收专利，正如巴西寻求负担得起的人类免疫缺陷病毒/获得性免疫缺陷综合征（艾滋病毒/艾滋病）相关药物，继而谈判更好的转让条件，或使之大幅降低成本。[6] 尽管如此，强制许可证仍是对技术（非）转让相关问题的潜在政策回应（尤其是作为政策谈判筹码）。《与贸易有

---

[6] 2001年10月发生一件值得注意的事件，当时美国和加拿大都感到炭疽热袭击的威胁，导致几名美国邮政和媒体工作者死亡。美国和加拿大都以强制许可威胁拜耳，成功以更低成本获得环丙沙星（Cipro），并确保充足的药物供应。

关的知识产权协定》巩固的是只愿输送（受国家专利保护之）成品的专利人的地位。其实，在第27条和第28条中明确包括进口的情况下，专利技术的进口实际上已经等同于"实施"专利（Dhar and Rao 1996, 321；Verma 1996, 355）。在《与贸易有关的知识产权协定》中，虽然可以看到强制许可不可能完全非法[7]，但发达国家谈判代表确实对关于未施行情形及国家紧急情形的专利强制许可设定了相当限制。

因此，根据第31条的各种条款，世贸组织成员能考虑使用强制许可的情况受到限制。强制许可不再能覆盖整个技术领域（第31条a项），虽然第31条b项规定国家紧急状态除外（包括公共健康问题），但正如《TRIPs与公共健康多哈宣言》的辩论和冲突所展现，这已经证明非常难以实施。此外，根据《与贸易有关的知识产权协定》条款所颁发的任何强制许可必须仅限于特定目的（第31条c项）；必须是非独占性（第31条d项）、不可转让（第31条e项）；只能用于供应国内市场（第31条第f项）；必须包括予以权利持有人"足够的报酬"（第31条h项）；并且必须接受司法审议（第31条第i项）。于是，即使根据《与贸易有关的知识产权协定》的规定并未真正将强制许可视为非法，这些措施作为一个整体，仍限制了强制许可使用的情形，实际上也限制了许可技术的施展，发展中国家（以及确已算发达的国家）的政府已经明白，这一政治策略

---

7 本尼迪克特·卡兰（Bénédicte Callan）指出："许多美国公司也对《与贸易有关的知识产权协定》仍允许某些知识产权强制许可感到失望。"（Callan 1997, 23）

实际上无法染指。[8]

也许是整个协议的象征，根据第34条，在方法专利领域，举证责任已从原告（专利所有人）转移到被告（Dhar and Rao 1996, 315-317）。如果已经生产一种新颖产品，或者很可能是通过已获专利方法生产的，则应由被告证明没有使用专利方法。因此，专利"所有人经过合理的努力仍未能确定实际所使用的方法"，如果制造商要证明在此情况下没有侵权，那么制造的细节将被迫公开（《关税与贸易总协定》，1994年，附件1C，第16页）。虽然协定规定"考虑被告在保护其制造秘密和商业秘密方面的合法利益"，但权利的天平已经显著地倒向原始方法专利的所有人身上（Verma 996, 345-346）。不难想象，当在特定管辖区开发特定产品的新方法时，先前方法的专利持有人将发现可以通过法院迫使竞争对手披露该新方法。于是当逆向工程失败时，现有法律手段就能迫使竞争对手

---

[8] 有人可能会说，在《与贸易有关的知识产权协定》框架下，强制许可仍然是一种政策工具，例如，援引《巴黎公约》第5A条，以及《与贸易有关的知识产权协定》第8条和第40条。人们当然可以引用这些条款，找到法律语言，使本地实施成为一种政策选择。然而，在我们看来，法律语言并不能解决巨大的力量差距问题，也不能解决为确保发展中国家不获益于《与贸易有关的知识产权协定》的选项而采取的粗暴策略。虽然当巴西就这一点向美国提出质疑时，美国确实撤回对巴西的世贸组织申诉（巴西在其国内立法中保留了一项当地实施条款，美国声称，就进口构成工作而言，该条款与《与贸易有关的知识产权协定》不一致），但美国之所以让步，并不是因为它相信巴西立场的法律和技术优势，而是因为支持获取药品的倡导者对美国在南非案件中的策略进行了骇人听闻的负面宣传。从政治上讲，起诉巴西的代价太高，因为巴西是一个勇于应对艾滋病毒/艾滋病危机且卓有成效的国家（Rosenberg 2001; Sell and Prakash 2004）。

172 披露自身的竞争底细。虽然看来尚未有人提起类似诉讼，可一旦提起诉讼，企业知识产权所有人认为从自己财产中获益受到妨碍，被证明有罪之前的被告无罪推定这一历史性的法律观念就会被连根拔起。

虽然日本与美国陷入僵局，无法签署1989年《华盛顿集成电路知识产权条约》(Washington Treaty on Intellectual Property in Respect of Integrated Circuits)，但拥有两大芯片制造行业的两国默许将集成电路纳入《与贸易有关的知识产权协定》中。撇开先前关于保护期限（某种程度上《华盛顿条约》的规定有所强化）的争论不谈，基于发展中国家辩称的其代表前乌拉圭回合所形成的国际共识，《与贸易有关的知识产权协定》第35—38条涵盖集成电路 (Matthews 2002, 63)。第35条规定这种规范涵盖；第36条规定进口和销售侵权（即复制）电路板的保护范围。

虽然第37.2条援引第31条（见上文）中规定的强制许可限制，但第37.1条允许由于不知道电路设计侵犯特定授权而出现的例外情况（尽管一旦披露，此类侵权行为必须向版权所有者支付版权使用费）。为了解决先前的争端，《华盛顿条约》的保护期从8年延长到日本和美国所要求的10年（从申请拨款之日算起），但如果成员同意，保护期可以限制为设计作品创作之日起15年（第38.3条）。一些商业代表认为，这虽是《华盛顿条约》的加强版，却是一份"第三世界草案"(Matthews 2002, 63)，不过这或许只是反映冲突利益的平衡在这一点上比协议其他问题得到更好的解决。

《与贸易有关的知识产权协定》在国际公法中首次承认主要基于不正当竞争的商业秘密保护（第39条）。这项措施最重要的方面是商业敏感药物试验数据的使用和滥用（Maskus 2000, 22-23）。虽然这项条款限制数据和其他"未公开信息"的"违反城市商业做法"，但即使在发达国家之间也缺乏共识，意味着这些条款仍是自愿性的。本节最后一条也提出"公平"问题，该条款根据发展中国家谈判代表的要求，寻求在契约许可中建立对不利于竞争条款的抑制（第40条）。鉴于这些要求，第40.1条认识到这一问题，其余各款规定解决此类争端的方式，包括防止某些许可的做法（第40.2条）以及国际磋商和调解机制。

在阐述《与贸易有关的知识产权协定》所确立的知识产权保护标准和范围后，下一部分继续论述这些权利的执法问题。鉴于以前公约未能提供可强制执行的保护是推动《与贸易有关的知识产权协定》谈判的关键之一，因而下一部分顺理成章地提出一套有力的措施，使知识产权的保护如今得以遍及世贸组织成员。这些条款规定公平和公正程序的要求（第42条）和所需的证据证明（第43条）。与以往国际立法另一显著不同在于，《与贸易有关的知识产权协定》采纳英国法律中的先例，允许申请人进入被告的场所，以获取和发现可能构成侵犯知识产权的材料（Blakeney 1996, 126）。根据1976年英国上诉法院安东·皮勒诉制造工艺有限公司案（*Anton Piller v. Manufacturing Processes*），仅限少数管辖区可以在侵权行为之前采取应对措施（对侵权可能性的法律认可）。

第44条至第49条规定与权利持有人期望获得侵权救济程序有关的更多责任，即使这种救济属于行政救济（第49条）。这些条款包括禁令（第44条）、侵权发生时的预期损害赔偿金（第45条），以及（在不损害权利持有人合法商业利益的情况下）清除等其他救济措施（第 46 条）。侵权人必须告知司法当局侵权行为中的第三者（第 47 条），还有赔偿被告的条款（第 48 条）。第 61 条规定，对于罪行较重的犯罪，应当依照刑法予以处理，判处监禁和巨额罚金，以确保起到威慑作用。第 62 条确保要求《与贸易有关的知识产权协定》规定的获得权利手续既合理又迅速，以确保能够切实得到保护。

此外，第 50 条规定临时措施，旨在确保在成员法律符合协定而进行的任何立法更改之前，就能够获得《与贸易有关的知识产权协定》所提供的保护。此外，由于《与贸易有关的知识产权协定》侧重于贸易管制，其大量条款（第 51 条至第 60 条）涉及各成员管辖范围内与边境相关的执法权力和要求。虽无法就权利用尽问题达成正式协议，但第 51 条确实对从其他管辖区进口未经许可的货物作出明确限制。根据《与贸易有关的知识产权协定》，不仅包括商标货物，还包括"盗版货物……［和］涉及其他侵犯知识产权的货物"（《关税与贸易总协定》，1994 年，附件 1C，第 23 页）。这透露出国际知识产权盗窃论调的中心地位，这些修辞贯穿渗透于达成该协定的谈判中。

《与贸易有关的知识产权协定》在这方面最显著且最具政治争议的影响，是将任何世贸组织成员进口盗版仿制药的行为规定为违法行为，即使该协定的卫生紧急条款已经颁布（亦如多哈部长宣言中所重申）。TRIPs 理事会已经采取一些措施来修改《与贸易有关的知识产权协定》这方面的规定。然而，随着边境管制当局要求负责监管与知识产权有关的贸易，一些成员的立法机关强化对知识产权持有者的保护，一方面是某些此前保护力度较弱或无效的成员之立法保护的强化,另一方面是诸多消费品生产商问题(最明显的是平行进口的问题)的跨国司法的强化。

为有助于管理《与贸易有关的知识产权协定》本身,以及更广泛的知识产权全球治理,第63条设立TRIPs理事会(第63.2条),以提高进一步谈判、实施和解释协定各项要求方面的透明度。这立足于向所有成员公布知识产权相关司法裁决和行政决定的要求(第63.1条),并规定其他世贸组织成员对信息的请求(第63.3条),尽管可能得隐瞒机密和商业敏感信息(第63.4条)。这存在一种真实的危险,就是这种审查可能会成为一项重大的行政负担,尤其是对于世贸组织中资源匮乏的发展中国家成员而言(Matthews 2002, 83),许多对信息的请求都是重复的(或者可能更糟糕的是不完全重复,因此需要拟订"新"的答复)。这种信息可能变得至关重要,毕竟世贸组织新设强力争端机制(当然)明确授权处理与知识产权、《与贸易有关的知识产权协定》相关的争端(第64条)。

最后,《与贸易有关的知识产权协定》包括一些过渡性安排(第65、66条),这些安排除关乎药品的多哈回合谈判延期外,现已失效,还包括更重要的技术援助(第67条),我们将在下文论述。最后的条款包括正式成立《与贸易有关的知识产权协定》理事会(第68条),成员同意合作消除有关侵权货物贸易的声明(第69条),由《与贸易有关的知识产权协定》理事会进行审议的要求(第71.1条),关于任何成员若要行使协定中的保留意见,均需得到其他成员正式同意的确认书(第72条),以及国家安全豁免(第73条)。

饶有趣味却不足为奇的是,虽然第71.2条鉴于达到或将达到保护标准的协议，规定修改《与贸易有关的知识产权协定》的机制，却未规定世贸组织成员可以调低保护水平（确实，整个协定中均无减少保护的措施）（Matthews 2002, 76）。剩下最后一条：第70条规定《与贸易有关的知识产权协定》如何与之前的一系列保护措施相衔接，并确认除非另有规定（第70.2条），否则协定不会要求其对适用前发生的行为承担义务（70.1条）。这些个别条款确保了不需要溯及既往地从公共领域移出事项。这种状况已然导致一些跨国制药公司主张协定中包含了管线保护（pipeline protection），而罔顾为发展中国家所设立的"邮箱"（mailbox）安排相对有限（第70.8条）（Matthews 2002, 75）。这一问题（在专利制度尚待建立的地方）关乎专有销售权的条款（第70.9条），但当然没有为正在开发而尚未投入商业生产的药品建立管线保护。

在结束对《与贸易有关的知识产权协定》各个条款的论述时，我们可以看到，《与贸易有关的知识产权协定》拓宽并巩固关乎知识产权的一种特殊视角，而这曾一直是世界知识产权组织监管下较为薄弱的治理机制的一部分。这一协定改变了以前协议的诸多面相。然而，其要义如下：(1) 使世贸组织所有成员在确认和保护知识产权方面遵循同套原则和最低标准；(2) 将世贸组织争端解决机制应用于任何关乎TRIPs承诺的国际争端，发挥这一治理机制的作用；(3) 将知识产权系于世贸组织中更广泛的国际贸易问题，显著增强各成员有史以来建立、管理、规范知识产权的权力能力，以应对协定认为的政治经济优先事项。

《与贸易有关的知识产权协定》的核心是一套将知识视为财产的特殊规范。这些规范是整个协定的基础，其基础是知识作为财产的私人所有权,是经济和社会福利持续发展的主要推动力。它们进一步强调知识的发展是一种个体化的努力,以及这种个体化努力的合理回报。显而易见的是,这包括知识和信息商品化的有力规范。尽管《多哈公共健康部长宣言》的谈判表明,该协定或许相当灵活,却还是难以逾越支持对其予以一种特定解读的力量。虽然展开广泛谈判,但《多哈宣言》本身只是重申原文的主旨,即援引健康紧急情况作为药品强制许可的合法理由。

《与贸易有关的知识产权协定》是国际知识产权史上的一个重要分水岭,全球化治理体系的建立(最终)却还是暴露出一些严重问题和争议。虽然《与贸易有关的知识产权协定》是知识产权治理中的一个重要时刻,但就如同历史上一直存在的情况,它也引发相当争议,自从该协定随世贸组织成立而成为国际法以来,知识产权的(全球)政治在过去十年中更加令人担忧。我们现在正来到这个最近的时期。

7.2 《与贸易有关的知识产权协定》之后:争论、互惠主义以及合法性问题

自《与贸易有关的知识产权协定》适用以来,知识产权问题继续被提上全球政治议程;许多成员的政府已经开始担心遵守《与贸易有关的知识产权协定》对其他政治优先事项(如经济发展、公共健康和技术转让)的影响;各种非政府组织(有时联合成为民间团体)努力宣传在知识和信息领域确认强大的所有者权利(最成功的是药品专利)的社会成本;而技术变革,尤其是数字化,则导致一

些产业部门的公司开始越来越担心,即使是遵守《与贸易有关的知识产权协定》的立法,是否就有保护他们的商业模式方面的能力(音乐产业就是一个典型例子)。《与贸易有关的知识产权协定》最终并未在全球层面上解决知识产权的治理问题,反而自相矛盾地暴露出在确认和实施知识产权方面存在的诸多政治问题。正如前文所述,这些问题并不新鲜;然而,与以往任何时候相比,它们目前在全球范围内的表现,已经展示给更为广泛的(政治)观众。从这个意义上说,新千年可能会出现一种新的全球知识政治。

知识产权的关键要素之一始终是政治上试图在给予所有者私人权利与信息访问和可用性的公众(和社会)利益之间保持平衡。正如康斯坦丁·米哈洛波洛斯(Constantine Michalopoulos)(Michalopoulos 2003, 20)所揭示,虽然在当前的谈判环境中难称可信,但《服务贸易总协定》所采用的义务的选择加入模式即便不完美,或许仍更适合《与贸易有关的知识产权协定》。这将允许发展中国家以一种相比其加入《与贸易有关的知识产权协定》的例外导向逻辑更为稳健的、可守的方式,从而获得特殊和差别待遇。当然,政治压力促使一些发展中国家将过渡期延长至2016年,但仅限于药品。在全球范围内,扩大特殊和差别待遇将使发达国家跨国公司的私家权利与较贫穷发展中国家的公共福利的平衡得以重新调整。

在很大程度上,《与贸易有关的知识产权协定》文本中规定权利和义务的方式扭曲了全球范围内的这种平衡。发展中国家的义务(更新其国家立法)和发达国家的权利(关于其国民的知识产权)可以通过世贸组织争端解决机制强制执行,并在《与贸易有关的知识产权协定》文本中得到明确表达。然而,对于与之互补的一组权利和义务而言，正如罗伯特·韦德（Robert Wade）所指出，情况就不是这样了。发展中国家的权利（经济发展）和发达国家的义务（帮助技术转让以巩固该权利）的可执行性要差得多。这些在《与贸易有关的知识产权协定》的文本中只是笼统地规定，且提起诉讼难度更大，费用也更高（Wade 2003，624）。所有的权利似乎都属于所有者，而所有的义务都属于知识产权的使用者。在某一领域，发达国家一定程度上正在履行自身义务；第67条要求发达国家向世贸组织的发展中国家成员提供技术合作。[9]

根据第67条，发达国家组织了一项能力建设的重大项目，以支持发展中国家遵守《与贸易有关的知识产权协定》。在日内瓦，世界知识产权组织开展合作促进发展计划，提供支持和培训；在慕尼黑，欧洲专利局提供各种计划（从提高认识到示范立法）。世界银行还将知识产权纳入其更广泛的法律培训计划，并帮助各方制定符合《与贸易有关的知识产权协定》的立法和实践。其他组织，从世贸组织、联合国贸易和发展会议（贸发会议）到非政府组织，也提供各种形式的支持。在双边援助领域，美国国际开发署（US-AID）目前将年度预算的约1/4部分用于法律和监管培训，包括美国专利商标局（USPTO）的技术援助，以便引导当地立法符合《与贸易有关的知识产权协定》，包括评估法律草案和对现有法律的建议。

大多数发展中国家很可能依赖这种援助来建立《与贸易有关的知识产权协定》所要求的机制和法律基础设施，因为这种政治－法律转型需要大量资源和投资。虽说《与贸易有关的知识产权协

---

9 这番关于技术援助的论述借鉴了梅（May）（2004年）的一项较长的分析。

定》实际上并未强制规定一种任何成员都得采用的法律模式,但迈克尔·芬格(Michael Finger)和菲利普·舒勒(Philip Schuler)已有结论:"在知识产权领域,摆脱既定标准可能特别困难。毕竟,它们是一个法律定义的存在问题,而非一个经验评估的科学问题……(因此)怀疑的益处将取决于工业化国家目前的体制。"(Finger and Schuler 1999, 20)

能力建设和技术援助项目鲜能支持解决知识产权保护问题的新颖或不同方案。其实,能力建设似乎早有预谋:它旨在确保发展中国家无从充分利用国家立法的灵活性(Austin 2002; Reichman 1997)。相反,除非不抵牾于《与贸易有关的知识产权协定》对所需法律效力的援引,以及更重要的是吻合于参与技术援助的各机构所承认的"最佳实践",国家方案才会得到支持。这些计划代表了世贸组织成员社会化的一种形式,因而呈现于《与贸易有关的知识产权协定》的知识产权形式,就成为知识和信息利用中关于想象的"市场失灵"的一系列问题的技术解决方案。

这一战略显然并不符合许多发展中国家当前的最佳利益。事实上,为了确保其客户不会卷入与世贸组织发达国家成员之间代价高昂的知识产权相关贸易争端,世界知识产权组织的工作人员经常鼓励发展中国家超出《与贸易有关的知识产权协定》的正式要求进行立法(Drahos 2002, 777)。无论如何,在与美国和欧盟达成双边贸易协议之后,一些发展中国家发现自己需要"《与贸易有关的知识产权协定》加强版"(TRIPs-plus)立法,这又强化了世界知识产权组织援助计划中的这一趋向。因此,在试图帮助发展中国家避免贸易争端的过程中,援助计划本身往往钳制了与协定本身进行外交的批判性对话的可能性。

《与贸易有关的知识产权协定》还引发了政治反应,特别是在那些发展中国家,其中的重要群体仍然怀疑《与贸易有关的知识产权协定》模式的适当性(其中印度的农民权利运动或许是最有名的例子)。最近的争辩涉及多个领域,有时侧重于对生物盗版的看法(Shiva 2001, 49-68),其他则涉及药品或软件盗版,以及对传统知识的"盗窃"(Gervais 2002)。这些争辩直接影响通过技术援助输入到发展中国家的知识产权标准的合法性。然而,正如彼得·德霍斯和约翰·布雷斯韦特揭示,无论对这些财产化标准提出何种批判,知识产权的全球管理制度都"严厉钳制了一个国家以提高国家福利的方式界定本土产权的能力"(Drahos Braithwaite 2002, 75)。发展中国家的这些福利效应是全球知识产权治理的核心问题,但福利在国际贸易法中很少如同国际法其他领域那般受到重视。

当然,一如既往,现实比这番揭示更为复杂。正如1919年美国电气工业(以爱迪生为首,大力倡导保护知识产权)与羽翼未丰的美国制药工业(寻求薄弱的知识产权,以遏制德国的主导地位)的情况,每个国家内部都存在着利益和偏好的严重分歧。此外,随着国家在创新和经济成功的阶梯上"节节攀升",他们为自身利益更易于接受知识产权(相对于胁迫或外国强制)。例如,印度和中国等国家拥有一些大声呼吁强化知识产权的庞大行业。即使在行业内部,对产权的偏好也往往歧异于大企业与中小企业之间。由此可见,知识产权法领域的国家发展战略或许因地而异。然而,这种复杂性并非国家层面所独有。

相比试图赋予世贸组织规则特权所含之义,世贸组织法与其他国际法的关系更为复杂。乔斯特·鲍韦林（Joost Pauwelyn）曾详加论述，可适用于世贸组织争端解决小组和上诉机构的法律并不局限于世贸组织框架下（intra-WTO）的法律。相反，由于世贸组织法律制度在复杂的国际法中的地位，"应允许被告援引非世贸组织规则作为违反世贸组织规则的正当性理由，即使世贸组织条约本身没有提供此类理由（比如，在人权方面）……（更重要的是）非世贸组织规则实际上可能在世贸组织专家组面前适用，并推翻世贸组织规则"（Pauwelyn 2001, 577）。理所当然地认为世贸组织法律应享有优先性，是对世贸组织与国际法总体关系的一种误解。这当然是一种复杂的、动态的关系；也不能以这样或那样的方式假定世贸组织条约所承诺的其他协议的优先性。然而，就知识产权而言，全面遵守《与贸易有关的知识产权协定》的影响，必须涉及其他多边承诺以及协定承诺所形成的一种政治情形方能评估。

可问题在于，在调动权利言论为《与贸易有关的知识产权协定》中的知识产权辩护之余，国际权利的实际组织已经通过执法和上诉的司法系统有效地非政治化。通过从政治/外交领域消除有关知识产权保护和执行的冲突并将其置于法律领域，《与贸易有关的知识产权协定》将国际争端简化为具体立法是否符合《与贸易有关的知识产权协定》的问题；它要使随后的争端非政治化。各方之间的政治接触已经合法化，在此过程中，知识产权治理制度中先前的"回旋余地"、灵活性或灰色地带已然无影无踪（Weiler 2000）。倘若《与贸易有关的知识产权协定》基本被视为合法，那么这种策略使得治理机制完成其预期工作，但它在世贸组织的所有成员中是否被视为合法，尚远未可知。

正如达亚·尚克尔（Daya Shanker）所论述，除《与贸易有关的知识产权协定》的影响所带来的合法性问题外，该协定的合法性也被世贸组织中较强成员部署的方式所破坏（Shanker 2003）。不仅谈判本身充满争议，上诉机构的决定也在改变发展中国家立法如何达到遵守《与贸易有关的知识产权协定》的方式。例如，虽然上诉机构愿意接受美国关于专利实践的行政（而非立法）承诺，但对印度、巴西和其他国家则并非一视同仁，它们在平行进口领域的实践与美国的做法非常相似（Shanker 2003, 177）。此外，虽然已经建立遵守《与贸易有关的知识产权协定》的正式机制，但美国和欧盟也施加双边压力，以一种架空《与贸易有关的知识产权协定》及上诉机构的多边法律地位的方式，迫使发展中国家修改立法。除非获得上诉法院的批准，否则通过双边制裁来执行关贸总协定/世贸组织相关法律（GATT/WTO-linked law）的做法已被视为非法，可这却未能停止美国贸易代表（USTR）在有关知识产权方面对制裁的持续运用（Sen 2003, 128; Shanker 2003, 186）。然而，虽说正式法律的合法性问题事关重要，但《与贸易有关的知识产权协定》的社会冲击也已经引起广泛且日益增长的政治反应。

正如我们在第一章中所言，通过对仿制药生产商的强制许可获得与艾滋病相关的药品，其争议引起高度关注，为许多政治组织确立了《与贸易有关的知识产权协定》的重要性。然而，从音乐产业到生物技术等领域，知识产权所有者的权利问题已成为重大政治论战的主题。我们择取四个具体问题进行论述，认为这些问题是当代知识产权政治经济学在全球领域的良好范例。我们还可选择诸多其他问题，但所选问题旨在阐明知识产权政治中具体而重要的趋势。

这当然不应被视为一份就迫在眉睫的问题而面面俱到的清单。

7.2.1 数字版权管理和合理使用

在过去几年中，数字版权管理（DRM）软件的法律认可和保护已被纳入区域（欧盟）和国家（美国、英国）立法。[10] 这些举措是受到1996年《世界知识产权组织版权条约》的推动，许多发展中国家在履行《与贸易有关的知识产权协定》承诺的同时，也面临着适用该条约的压力。我们将在第八章论述的《世界知识产权组织条约》，在第11条和12条中包括了支持将数字版权管理技术引入知识产权领域的重要法律措施，尽管亦如《与贸易有关的知识产权协定》的遵守问题，这些要求的实施形态仍属本土关切问题。

美国国会于1998年通过《数字千年版权法》（DMCA），这是《世界知识产权组织版权条约》的授权立法。软件和娱乐业、音乐和电影协会为保护在互联网上传播的作品展开大力游说（Yu 2004, 910）。他们克服了诸如图书管理员、法学教授、电子公民自由活动家（electronic civil liberties activists）等公共利益倡导者的强烈反对（Vaidhyanathan 2001, 175）。正如莫杰思指出，"考虑到潜在的经济利益和国会希望取悦新媒体行业的愿望，最终结果并不出乎任何人的意料：技术保护计划得到强有力的法律认可"（Merges 2000, 2201）。

---

10 关于欧盟、澳大利亚、日本、美国为响应世界知识产权组织条约而进行立法改革的全面指南，可参见金（Kim）（2003年），但该指南得出相当乐观的结论："随着交易成本的降低和处理作品使用权有效方法的出现，未来（关于'合理使用'获取的）问题有希望会减少。"（Kim 2003, 119）我们不太确定。

《数字千年版权法》为数字作品提供广泛的保护。它禁止规避任何防止复制的技术保护，并防止生产任何图谋破坏保护机制的设备或提供任何图谋破坏保护机制的服务。通过直接禁止使用特定技术，"表达的保护"现在"通过对设备的监管得以实现"（Merges 2000, 2202）。正如维迪亚那桑所说，法律第一次"把监管抄袭的权力交给工程师和雇佣他们的公司。它剥夺了国会、法院、图书管理员、作家、艺术家、研究人员的决定权"（Vaidhyanathan 2001, 174）。批判者指责这些条款剑走偏锋，限制了曾被视为合理使用的活动。例如，教授本可根据"合理使用"原则将受版权保护的材料用于教育目的。自从《数字千年版权法》实施以来，教授们不得将受版权保护的材料用于PowerPoint演示文稿中，因为"音乐和电影行业正在使用版权保护措施来防止此类复制。《数字千年版权法》将任何试图规避拷贝保护的行为视为刑事犯罪，即使其最终目的被视为是合理使用"（Marlin-Bennett 2004, 86）。工业界已经使用《数字千年版权法》来防止有关规避加密技术的信息传播；例如，"普林斯顿大学的爱德华·费尔顿（Edward Felten）教授被要求从学术会议上撤回他的论文，以免遭到《数字千年版权法》的起诉"（Yu 2004, 911-912）。因此，批判者认为，根据这项法律，言论自由和学术自由也将面临风险。相比之下，内容提供商则称赞这种扩大的保护，尽管他们抱怨难以执行（Marlin-Bennett 2004, 85）。

　　正如美国关于《数字千年版权法》的争论所表明，数字版权管理的使用及其法律实施，可能是对以前关于合理使用或欧洲术语

"公平交易"[11]之实践（和先例）的重大挑战。似乎数字版权管理技术的部署将固化（甚或恶化）堪称数字鸿沟的信息和知识的不均衡分布。在对众所周知内容的使用这一社会规范的崩溃中，这一点表现得淋漓尽致。内容用户一方利用他们合法购买的技术"侵犯"内容所有者的权利（MP3技术是最著名的例子）；另一方的内容所有者则实际上扩大其权利的潜在范围（相对于以前的措施）。正如瑞克曼和乌利尔所揭示：

> 实际上，《数字千年版权法》允许版权所有者使用技术栅栏和电子身份标识来圈定他们收集的数据，但是，通过加密和其他数字进行控制，就会迫使潜在用户通过电子网关进入系统。为了通过网关，用户必须签署不可协商的电子合同，这些合同不顾版权法的传统抗辩和法定豁免权，强行向版权所有者施加条款和规定。（Reichman and Uhlir 2003，378）

因此，数字版权管理问题的关键要素之一是巩固版权法的各个方面，迄今为止这些方面的边缘尚未明确，而在取决于政治和外交的法律灰色区域受到限定或排抑。此前，通过对权利不完整性以及合理使用某些具有权利的作品的承认，得以对竞争性的主张进行有效管理。在20世纪，并未在所有者权利与盗窃之间建立清晰的

---

11 尽管《1988年英国版权设计和专利法》（*the UK Copyright Designs and Patents Act of 1988*）似乎对数字版权管理技术提供类似的保护，却少有訾议，这可能告诉我们，涉及美国的议题在互联网上的主导地位可见一斑！

第七章 21世纪：《与贸易有关的知识产权协定》以降 **247**

界限，而是建立一个位于知识产权覆盖范围边缘的领域，就所有者权利而言这一领域实则并未得到执行，却在所有者可能期待的法律保护范围上得以发展。对于大多数行业而言，这导致对"盗版"或"泄露"的默许，只是这种默许的程度相对较小。然而，数字化已经改变了这个协定所处的环境。

数字化已经消除了品质/拷贝的权衡，允许迭代复制，无论出于何种意图和目的，都属于对原始数字产品的精确复制，因而从授权分销渠道消除对高质量复制品的垄断。内容连续复制也不会降低品质的这样一个"无摩擦环境"（Scott 2001）会立即引发潜在威胁，即一旦数字商品被销售，未经授权的复制品就可以在整个市场上竞争，供消费者使用。而在过去，复制商品的用户会收到劣质产品，因此，授权和未经授权的复制品之间的价格歧视清楚地反映在产品质量，数字拷贝则消除这种差别。这种技术进步的速度"迫使"内容产业作出回应（Kim 2003, 97），但这也意味着，之前（重新）平衡私人和公共权利/利益的合法化政治进程滞后于寻求保护的马不停蹄的进程。瑞克曼和乌利尔察见，这种情况令人不安，因为《数字千年版权法》将新的权利授予"受版权保护的事实集合的所有者，以合同形式限制对预先存在的公共领域的在线访问，这与以印刷文字形式提供事实内容的传统可用性形成鲜明反差"（Reichman and Uhlir 2003, 379）。

数字版权管理技术旨在支持私人权利，并最终确立多年来在知识产权法中承诺的权利。然而，这也使得公共领域的限制愈发明显，因为它消除旧技术留有的作为知识和信息使用之间利益冲突缓冲区的中间区域。这便引出两个问题：首先，数字版权管理的假定是私权享有特权,将公共访问权视为所有者的恩赐,这一政策就不啻是对公共领域历史作用的重大否定(而反映了《与贸易有关的知识产权协定》对私人利益/权利的特权化);其次,通过明确使用请求并由用户驱动,所有者可能会被请求淹没(产生延迟),而由于请求权限的过程,用户可能会在使用某些信息资源的边缘望而却步(Kim 2003, 112)。更普遍地说,受版权保护材料的使用可能存在"寒蝉效应"。

正如杰西卡·利特曼所说,在网上围绕"版权问题"的辩论中,版权法"从未赋予版权所有者像他们最近认为应得的如此广泛的权利"(Litman 2001, 114)。其实,制定诸如《数字千年版权法》等措施并未反映出版权法在其政治历史上慢慢建立起来的利益平衡。相反,这是在技术进步的推动下,扩大某一特定利益(所有者)的权利的另一图谋,而忽视版权曾赋予的其他利益的减少:那便是公众或社会利益。知识产权委员会(受英国国际发展部委托)的报告得出结论道,对于发展中国家而言,"互联网连接有限,无法负担在线资源订阅费用,[数字版权管理技术]可能会完全排除对这些材料的访问,并施加沉重的负担,将会阻滞这些国家参与全球知识型社会 [Commission on Intellectual Property Rights(知识产权委员会)2002, 106]。对订阅在线服务、版权保护产品的额外控制,使内容所有者得以消散向用户的难得的妥协,即合理使用或公平交易的先前理解所涵括的妥协。

劳伦斯·莱斯格认为,数字版权管理技术和其他关联的控制技术可能会让强大的行业利用其对"真实"市场的控制,从而控制互联网上的"虚拟"市场 [Lessig 2001b(第 200 页及其他各处)]。这并不是说莱斯格一定是在反对版权或其他形式的知识产权；相反，他担心知识产权在私人权利和公共产品之间的平衡可能会重新定位。正如他指出，近来知识产权制度已经超出最初（如法律所概括）的正当性："（知识产权法）所施加的限制是人为的……它们只会让一个人受益而牺牲另一个人。（但）如果它们凭借自己建立的控制系统限制了创造力的范围，那为什么我们还要拥护？"（Lessig 2001b，217）。这一规范性问题确实表明，围绕数字版权管理技术的不是技术效率和成本的问题，而是在一个相对崭新的技术领域中调解利益冲突的问题。

正如我们本书开篇的广泛使用的正当性叙述，其阐明知识产权的合法化在于假定知识产权服务于一系列社会良善。其中首屈一指的是，社会进步受益于版权、专利和其他形式的知识产权所支持的创新和创造。虽然这些理由强调私人权利，却也意味着一种"知识共享空间"，这种共享空间通过暂时封闭知识而扩大，以便鼓励进一步的智力活动。而数字版权管理允许的内容控制的全球化，在知识产权的实施方面已给全球社会带来两个显著问题：权利受到保护的社会与用户成本明显的社会之间的分裂；以及通过调解解决知识产权问题的失败，导致了音乐行业已经明显存在的"反弹"。所有者实施垄断控制的愿望导致内容用户对感知到的暴利愈发忌恨，因此付费人人有责的论调（与私人回报的叙述相结合）已开始崩溃（May 2003）。这些问题意味着先前支撑知识产权的认可、使用、接受的社会或规范性交易的土崩瓦解。

在许多国家的管辖区，仍有机会动员公众和（或）政治舆论来限制权利的实际执行及其范围，或通过法律手段（重新）确立合理使用，以确认公共领域的持续需要。此外，在国家管辖范围内，私权和公共准入之间的交易有着显而易见的回报：相关社会从创新和创造力中获益。在全球范围内，考虑到极端的经济不平等，以及必然分散的用户群体，回报会流向相对封闭的群体，而进步的社会优势可能会受限于内容商品使用的收缩。

如果贫困群体被排除在使用范围之外，那么确定任何合理使用的要求或许不再可能（也就是说，如果不先付款，人们可能无法发现哪些特定内容的商品可以满足其需求）。露丝·奥克迪吉（Ruth Okediji）（2000年）由此认为，虽然《与贸易有关的知识产权协定》中仍可发现合理使用的某些方面，但这些规定支离破碎，远未为足。她认为需要一项"国际合理使用原则"，方能更好地呼应《与贸易有关的知识产权协定》第7条的明确目标，表达该协定支持的是平衡权利与义务的国家立法。数字版权管理的案例再次昭示着技术创新搅动知识产权法律解决方案的力量，当然，正如从印刷品到录像制品之内容传播的其他创新一样，这可能是一个时期，在或显或隐的谈判实现合法性新平衡的政治进程之前，私人权利和公共利益（或社会效用）的平衡仍纠缠不清。然而，后TRIPs的世界中，由于权利义务平衡的全面转变，以及全球治理与成员的政治审议进程的剑拔弩张，政治议程以及（在世贸组织或其他地方的）协商仍不免会囫囵吞枣。

7.2.2　经济发展和技术转让

关于当代知识产权领域的另一系列关键争论，涉及的是技术转让和国家经济发展。前几章已表明，从威尼斯开始，知识产权的法律确认依赖于国家注册或国家生产，以服务于明确的商业利益。晚近知识产权保护中的贸易利益的特权，几乎完全掩盖了这些发展方面的问题。发达国家的贸易谈判代表和政府现在认为，知识商品化最有利于经济发展。对许多发展中国家来说，更紧迫的需求是廉价或免费获得有助于经济进一步发展的信息和知识。就真正意义而言，双方都在各说各话（Bawa 1997, 96）。这可能表明，全球知识产权治理在世贸组织中的定位（至少对发展中国家而言）本身就是当务之急，因为它是知识产权贸易相关方面的前提。

根据东亚新兴工业化国家（NICs）的经验，贸易与发展问题之间的紧张关系愈发凸显。早期发展阶段对薄弱的（或根本不存在的）知识产权保护的仰仗，正是新兴工业化国家成功的关键。纳格什·库马尔（Nagesh Kumar）通过调查大量的研究得出结论：

> 如日本、韩国等东亚国家，在［经济发展］的早期阶段，在薄弱的知识产权保护制度下吸收大量的技术知识。这些专利制度促进对本土公司在其以外产生的创新和知识的吸收。它们还鼓励本土企业对在其以外的发明进行小规模改编和渐进式创新。（Kumar 2003, 216）

诚然，当本土产业开始创新时，就要建立更强大的保护制度，但必须到那时。此时，国家法律的性质（只承认国内的发明或创造）仍要支持侵占外国知识和信息，正如美国和在此之前的英国尚属发展中国家时的所作所为。

正如德鲁·布伦纳–贝克（Dru Brenner-Beck）对那些不承认知

识产权作为发展战略的国家所进行的广泛研究，其中指出，"以前的盗版活动极大促进必要的基础设施和技术能力的发展，以确保真正实现所宣扬的知识产权保护的优势"（Brenner-Beck 1992，115）。只有在技术势头达到一定水平之时，保护知识产权才具有政策意义。这一门槛要求发展中国家发展社会的基础设施，使内社会能够获得知识产权假定的利益；布伦纳-贝克认为，这些好处包括"受过教育的劳动力、基本的工业能力、国内创业能力、国内资本动员"（Brenner-Beck 1992，103）。这些因素的发展在早期阶段得到新技术能力的支持，而无须支付与专利相关的成本。在当今环境下，虽然有些研究表明强有力的知识产权法与大量国际技术转让之间存在正相关关系，但还是存在成本上的一种让步——即"每单位技术支付的增加"（Maskus and Reichman 2004，290）。

此外，鉴于目前有关药品专利的争论，不妨回顾一下，法国、德国、日本、瑞士等国只有到了20世纪60年代和70年代才将专利保护扩大到这一领域，那时它们的行业臻于成熟。正如我们所论证，其实自15世纪以来，国家对专利授权人的限制意味着一项战略发展政策，即鼓励国内公司（以及之前的工匠）引进创新。具有讽刺意味的是，大多数发达国家的政府已达经济发展高峰，如今却在多边谈判中声称，它们在迅速扩张的岁月中所忽视的保护，实际上将帮助并支持其他国家的经济发展。

发展中国家保护知识产权的成本居高不下：世界银行估算了全面实施《与贸易有关的知识产权协定》的年度"净专利租金"（2000美元），这表明资金从发展中国家流向发达国家专利持有人的显著趋势。这些数字显示，美国在2002年收到的年支付额约为190

亿美元，而韩国（在遵守《与贸易有关的知识产权协定》方面处于前列，是许多国家经济发展的典范）的净流出超过150亿美元。虽然一些发达国家获得租金（英国，近30亿美元；德国，67.68亿美元），一些国家经历外流（新西兰，刚超过20亿美元；加拿大，5.74亿美元净外流），但最值得注意的是，来自所列举发展中国家的年度外流（巴西5.3亿美元；印度9.03亿美元，等等）[World Bank（世界银行）2002，133（表5.1）]。菲利普·麦考曼（Phillip McCalman）总结道，"这些转移显著改变了乌拉圭回合贸易自由化措施所带来的利益分配"（McCalman 2001，163）。麦考曼调用与世界银行类似而不尽相同的数据，认为只有六个国家能够从专利协调中获益（美国、德国、法国、意大利、瑞典、瑞士），而其他所有国家都经历不同程度的净损失（McCalman 2001，178）。显著的寻租行为占主导地位，而非预想的对技术转让的鼓励。

收费需求本身就可以用来抑制发展和加强技术垄断，仅举一例说明。作为《蒙特利尔议定书》（Montreal Protocol）规定的逐步淘汰氟氯化碳（CFCs）和其他导致臭氧层降解物质的义务的一部分，印度政府要让冰箱和空调部件的印度制造商改变其生产方法。制造商的首选替代方案是使用一种对环境损害较小的替代化学物质，称为氢氟烃（HFC）134a。当一家印度公司向该专利持有人申请国际许可时，该专利持有人的报价为2500万美元。得知这超越资源界限，该专利公司便建议，要么印度公司可以确保使用该专利技术的产品不从印度出口（限制印度公司进入全球市场），要么就像托马斯·爱迪生与詹姆斯·斯旺的交易，双方成立一家合资企业，由专利持有公司而非印度公司持有多数股权（从而获得印度公司已在国内部署的市场和当地技术知识）。这两种选择都是无法接受的，特别是因为独立分析师已将许可成本设定为相对合理的 600 万—800 万美元（Khor 2002，206-207）。于是，专利被用来维持（甚至扩大）专利所有人的权力，限制技术转让，除非印度人同意这种经济支配关系。虽说可以提供技术转让，却也可以滥用转让条款。

另一种控制方法是利用专利授权来维持进口垄断。正如我们已指明，为确保专利不实施作为证成强制许可的理由，在促成《与贸易有关的知识产权协定》的谈判中可谓步履维艰。一般来说，强制许可的可能性以第 31 条"未经权利持有人授权的其他用途"（《关税与贸易总协定》，1994 年，附件 1C，第 14—15 页）呈现。不过，强制许可这一通常术语竟然在该协定和其他协议中均未出现（尽管在《多哈公共健康部长宣言》中确实再次出现）。第 31 条并未协调以前的安排，而是增加其所取代的《巴黎公约》第 5A 条中未见的限制（特别是与专利持有人达成协议的预许可努力及强制许可的使用范围限制）（Oddi 1996，456）。20 世纪 60 年代修订的 5A 条款允许政府为公众利益而征用财产（Reichman and Hasenzahl 2002，6-8），美国各行业组织对此表示不满，并大力游说以改变这些"特许权"[12]。因此，《与贸易有关的知识产权协定》第 31 条严格限制强制许可的使用，这并不意外。[13]

12　塞尔（Sell）(1998 年) 记录了美国行业对《巴黎公约》第 5A 条的不满。

13　关于英特尔（Intel）和半导体行业协会（Semiconductor Industry Association）其他成员对《与贸易有关的知识产权协定》第 31 条的影响，参见德霍斯和布雷思韦特（Drahos and Braithwaite）(2002，148-149）。

很难看出，如何在目前的《与贸易有关的知识产权协定》治理机制中改善这些问题。正如库马尔阐明，这些变化限制"某种重要因素，即所谓模仿复制、逆向工程或外来知识外溢的增长因素"（Kumar 2003，221）。扩大专利和版权保护可能有助于"遵循诚实之旨禁止逆向工程"（Maskus and Reichman 2004，297）。但是，关于实施知识产权的有用性或价值的态度可能会随着发展提升而改变。亦如拉菲克·巴瓦（Rafik Bawa）所言，"虽然将财产权附加到精神产品上的意识形态概念对［发展中国家］来说可能是新奇的，但它之所以新奇，主要是因为这种概念与其发展目标背道而驰，而非其反对概念本身的任何内在道德"（Bawa 1997，111）。一旦社会利益从尽可能广泛地传播有用的理念转向支持自主创新，政策制定者对知识产权的看法可能就会发生变化。[14] 在印度、韩国、中国等国，现在一些重要行业的企业渴望知识产权保护。即使在《与贸易有关的知识产权协定》下，鉴于知识产权立法仍属本土事务（尽管受世贸组织的约束），发展水平和政治经济环境的差异将继续导致不同成员对其知识产权相关立法的需求评估各有差异（Austin 2002）。问题在于，《与贸易有关的知识产权协定》必需的承诺并不能很好地认识到全球政治经济的不平衡性。一刀切的做法不能充分反映世贸组织全体成员的需求和能力的多样性。

与其说《与贸易有关的知识产权协定》明确阻碍技术转让，不

---

14 当然，对于那些在原则性上更反对知识产权的人来说，这种方式接受的可能性只是表明了资本主义经济模式的主导地位，而不是知识或信息产权的任何可接受价值。

如说这一目的已涵摄于个人权利的保护之中。这与（现在）发达国家知识产权立法的历史部署形成鲜明对比，且日益被视为世贸组织/《与贸易有关的知识产权协定》体系内的一个重大不公现象。其实，知识产权制度非但没有促进自由贸易，反而以发展中国家经济体的技术落后为代价，来巩固发达国家高科技企业的竞争优势。正如杰罗姆·瑞克曼所说，"发达国家的寡头试图让发展中国家的公司更难获得最有价值的技术，或者以其他方式追赶全球高科技产品市场的领导者"（Reichman 1997，22）。马斯库斯和瑞克曼最近将这些寡头斥为"知识卡特尔"，认为"他们依靠现有创新产品的销售，推动本国政府以锁定暂时优势的方式监管全球市场，而不必促进创新、竞争或提供互补性公共产品的全球公共利益（Maskus and Reichman 2004，295）。诸如此类做法让人联想到通用电气、电灯卡特尔以及前文论述的抗生素卡特尔。鉴于"知识卡特尔"是《与贸易有关的知识产权协定》背后的驱动力，并依其所好来塑造条款，那么《与贸易有关的知识产权协定》看来就更像是一种阻碍发展的机制，而非任何促进技术转让的机制。有鉴于此，强制许可、专利滥用理论、充分竞争（反垄断）政策对抵制滥用和反竞争的商业行为仍是必不可少的。

7.2.3 生物技术、生物盗版以及"新帝国主义"？

知识产权讨论中的第三个重要争论是新生物技术的发展。生物技术本身立足于数百年的农牧业、对关于"生物积块"（building blocks）共同自然作用之方式的知识积累，以及自1945年以来公共部门对科学的广泛支持。20世纪70年代和80年代，用于切割和拼接脱氧核糖核酸（DNA）的复杂方法的发展与药物化学发展的平稳期正相吻合。在寻找新化合物以实现商业化以及新产品或创新产品的过程中，从事农业、食品、医药和更普遍的化学品行业的公司，在生物技术革命中看到一套可供开发和进一步挖掘的新资源。虽然加速发展的生物技术行业在最初几乎不依赖于知识产权（尤其是许多创新都是在公共实验室中产生的），但工业利益要求对这些新资源进行独家控制，以便对其进行有利可图的开发（Drahos and Braithwaite 2002，154）。因此，行业对生物技术商业潜力的日益认可引发了一场专利的"淘金潮"。

1980 年，在戴蒙德诉查克拉巴蒂案（*Diamond v. Chakrabarty*）中，美国最高法院以 5∶4 的多数票裁定转基因生物可以申请专利后，专利申请的进一步加速便水到渠成。即便美国专利商标局最初拒绝查克拉巴蒂涉及一种基因工程杆菌（用于分解原油）的专利申请，美国最高法院的判决仍具有全球重大影响。此前，在 1969 年，澳大利亚和德国的专利局都得出这一结论，但只有美国的判决才真正为一个以知识产权为导向的生物技术部门的诞生奠定法律基础，毕竟大多数主要参与者都在美国（Drahos and Braithwaite 2002，158-159）。虽然美国最高法院可能意想这一判决被狭义解读，但结果是，自 1980 年以来，可获得专利的材料的范围大幅扩大，涵盖许多以前可能被视为天然的材料，故而超出知识产权的范围。

在该议题的领域，《与贸易有关的知识产权协定》并非唯一的治理机制：《生物多样性公约》（CBD）和《保护植物新品种公约》（UPOV）也对各种形式的生物物质如何成为（知识）产权具有一些影响。

《与贸易有关的知识产权协定》第 27 条涉及可授予专利的客体，并在第一款中规定授予专利的标准（新颖性、非显见性和实用性）。然后，第二、三款规定不予授予专利权的发明。第二款规定不予授予专利权的道德或"公共秩序"的例外，以"保护人类、动物或植物的生命或健康，或避免严重损害环境，只要此举并不只是因为这种利用为其法律所禁止"（《关税与贸易总协定》，1994 年，附件 1C，第 13 页）。第三款中包含其他更重要的不予授予专利权的发明：

　　各成员也可不对以下发明授予专利权：

　　（a）人体或动物体的诊断、治疗和外科手术方法；

　　（b）除微生物外的植物或动物，以及除非生物和微生物工艺之外的产生植物或动物的、基本上属于生物过程的生物工艺。但是，各成员应规定用专利或一种专门有效的制度或通过这两者的综合运用来保护植物品种。（《关税与贸易总协定》，1994 年，附件 1C，第 13 页）

　　这些可能不被授予专利权的发明，反映了许多发展中国家的国内法迄今未对活生物体提供任何保护，也透露出欧洲国家对"生命专利"的政治不安（Matthews 2002, 58；Sell 2003, 111–112）。因此，第 27.3（b）项允许不对植物和动物以及"基本上的生物过程"授予专利权，但确实需要对植物品种进行某种形式的保护。这标志着《与贸易有关的知识产权协定》《保护植物新品种公约》《生物多样性公约》的交集。

　　不是引入一种对专利性的强制性限制，而是这种允许自主选择的排除旋即表明，可以对发展中国家施加双边压力，以扩大其国内法中的专利范围。许多发展中国家政府对生物资源领域的专利持批判态度，一部分是因为它们自己对生物资源的共同体所有权的（各式各样的）本土历史，另一部分是因为专利已成为发达国家公司攫取（以及通过发达的本土企业进行的剥削）自然资源及其遗传物质的中心机制。因此，珍妮·佐恩吉赫波（Jeanne Zoundjihekpon）指出，由于知识产权既不包括农民的权利，"即使这些权利得到粮农组织（FAO）的承认，也不包括《生物多样性公约》8（j）条中强调的当地社区的权利，生物多样性与世界贸易规则之间就形成一种冲突"（Zoundjihekpon 2003, 110）。《与贸易有关的知识产权协定》所设想的多边主义（以及法律协调），其实与《生物多样性公约》明确承认的各方对其自然资源享有的权利针锋相对。

不同于《与贸易有关的知识产权协定》，《生物多样性公约》第8（j）条承认公共知识的理念；此类知识不能转让给个人使之享有所有权。《生物多样性公约》的这一条涉及尊重和保护公共知识资源的必要性，一方面是为了确保传统习俗和生活方式的神圣性，但还包括"在此类知识、创新、实践的持有人的批准和参与下，促进其更广泛的应用"（引自：Sell 2003, 144-145）。这意味着，将所有权转让给个人将限制这些公共技术和实践的传播和继续发展。

然而，《生物多样性公约》第16条承认生物技术专利的实用性，且公约未能明确保护生物资源不被商品化，尽管它确实允许各方的立法机构比《与贸易有关的知识产权协定》拥有更大的自由去基于环境影响限制转基因生物的专利权。[15]《生物多样性公约》还侧重于使用、开发这些资源的各方权利，这与《与贸易有关的知识产权协

---

15 我们感谢艾库特·科班（Aykut Coban）提出这一点。

定》所包含的普遍或全球性观点大相径庭。尽管《与贸易有关的知识产权协定》理事会（在多哈部长级会议期间再次提出）重新审视这些协议之间的关系，与正在审查的知识产权全球治理的其他方面一样，世贸组织成员在这一领域的政治紧张关系使理事会陷入僵局。它一直未能解决或改变有关生物资源和知识产权关系的政治争端。

撒哈拉以南的非洲和其他地区的农民最担心的问题之一，是知识产权对种子销售和（再）利用的非正式制度的影响。虽然许多国家实行更为正规的制度，但很多自给农业（甚至低水平的商业化农业）是以非正式的种子交换网络为模式的，在这种网络中，质量控制属于地方和社区知识（当然还有社区信任关系）的功能。三十多年来，国际农业研究咨询小组（CGIAR）不仅在这些社区内（并为这些社区）组织农业研究（最初是为支持"绿色革命"），还明确地"为了国际社会的利益，特别是发展中国家的利益"举办一项种质收集活动（引自：Blakeney 2002，108）。然而，当这些收集活动发起时，知识产权在政治上尚未如此凸显。

迈克尔·布莱克尼（Michael Blakeney）建议，国际农业研究咨询小组制度应当根据《与贸易有关的知识产权协定》解决三个问题。第一，存在诸多为国际农业研究咨询小组（由联合国粮农组织、世界银行和其他公共或非政府组织资助）公共收集的材料申请专利的企图。这就引起关于具体主张的"优先权"议题，也产生为研究目的进行种质资源工作中面临的种质资源所有权问题。第二，也是就此议题直接引出的，是国际农业研究咨询小组的股票如今可能代表的潜在价值增加的问题，其部分私有化如今成为国际农业研究咨询小组本身独立的一种资助机会。专利模式还反映出申请人没有

第七章　21世纪:《与贸易有关的知识产权协定》以降

向国际农业研究咨询小组申报,他们正寻求对可能散布于各地的(有价值)材料持有专利。第三,具体研究需要材料,其中存在获取和/或使用的限制以及成本上升的问题,这已对国际农业研究咨询小组为发展中国家农业部门组织研究的能力产生流弊(Blakeney 2002)。目前,私营行业在大多数发展中国家种子分配和使用中发挥的作用仍微乎甚微,但国际农业研究咨询小组的经验已然表明,在这些网络中引入知识产权很可能破坏以往的做法。

如果以其他技术领域为模式的知识产权私有化和控制模式在农业部门站稳脚跟,小型农业社区将面临新权利持有人对其继续利用的特定遗传资源提起诉讼的威胁,这是一个非常现实的危险。许多关于农业专利的批判性评论(例如,参见:Shiva 2001)都秉持这一立场,并注意到美国水稻技术公司(RiceTec)对印度香米变种(Texmati)的专利;孟山都的大豆和玉米专利;以及格雷斯公司(W. R. Grace)关于印楝种子及其相关医疗和农业用途的专利。

种子的保留和交换直接抵触对使用专利品种的法律限制,因此,在世界贸易组织和其他场合,发展中国家(尤其是撒哈拉以南的非洲和亚洲国家)正在紧锣密鼓地进行讨论,它们聚焦于开发一种新的独特系统,以在履行《与贸易有关的知识产权协定》的义务、提供一个"有效"系统的同时,保留在先承认育种者权利所涉及的传统养殖方法(Matthews 2002,132;Shiva 2001,121-128)。发展中国家的谈判代表采取的立场是,有效性不需要达到特定程度的保护,而更多在于对相关过程的关注(Rangnekar 2003,93-96)。鉴于特定政府希望将不同的传统做法视为公共知识,其中一个很好的论点是,除非是一套规定严格的知识产权体制,否则不存在可以强加的单一的特殊制度。然而，与其他领域一样，这种潜在的灵活性正被双边谈判带来的压力所湮没。政治操纵仍在继续的同时，许多发达国家的农业综合企业和制药跨国公司一直狼吞虎咽，为活生物体的全部和部分基因序列申请专利（包括人类基因组要素的鉴定和专利）。在发展中国家自给自足和小规模农业社区中广泛使用的基因材料（有时是转基因材料），富裕国家的公司已经申请并被授予专利。

对有政治问题的专利提出法庭挑战显然是可能的，但这是一个既昂贵又耗时的过程。例如，在1997年，印度政府耗费二十多万美元来反对美国水稻技术公司在印度香米（Texmati）上的专利，最终在诉讼双方之间达成妥协，虽未完全撤销，但案件得以解决。然而，这仅仅是众多有关大米的拨款中的一项（仅在2000年，就有超过五百项与大米有关的专利被授予），而且对异议专利的拨款成本之高令人却步。据报道，印度政府商务部在2003年就曾告诉抗议者，无论价值如何，都没有足够的资金继续打官司（Ramesh 2004）。不太富裕的发展中国家无疑也会作出同样决定，而那些在其他领域（从软件到制药）试图为自身利益挑战专利的活动人士将需要筹集大量资金，对成功发起挑战也实在缺乏信心。

真正的问题在于，专利审查并没有达到平衡公众利益和授予私人权利方面所应有的严格程度。在专利的早期历史中，垄断问题是政府最关心的问题，从而开发和部署了早期的审查形式，以确保通过衡量特定公共利益的政策目的来证明授予的合理性。随着政策的重点逐渐转向个人，这种审查似乎不如强化申请人的私人权利重要。因此，大多数专利局将授予专利视为自身职责（在许多情况下，由此产生的费用会为他们的运营带来收入）；他们不甚关注任何一项特定授予与公共领域的关系。批判者们已将商业方法专利引用为构想拙劣、误导专利授权的恶名昭彰的例子（Gleick 2000）。由于任何授权都能在法庭上遭到挑战，专利局的工作人员似乎已经接受了，至少默认了其"错误"能通过司法程序纠正，而无需考虑该程序的费用已严重制约其作为保护社会利益机制限制专利范围的有效性。

7.2.4 传统知识的商品化？

关于所谓的传统知识的争论范围广泛，所涉问题多种多样，诸如生物盗版、医药、生物多样性、传统农业、音乐、纺织品，以及什么构成财产的真正定义等各式各样的问题。附加的议题还涉及传统知识与西方创新及所有权观念的契合度，这些观念正是版权和专利保护的基础。传统知识是"根据某个社区或国家的传统发展起来的知识"（Weeraworawit 2003，159）。世界知识产权组织甚至成立了一个知识产权与遗传资源、传统知识和民俗的政府间委员会（Intergovernmental Committee on Intellectual Property and Genetic Resources Traditional Knowledge, and Folklore）。传统知识的概念中所涵括的议题重新引发了关于创新、所有权、回报分配的古老历史争论。一些国家正在试验新的管理和保护传统知识的形式，但这些知识的法律地位仍不确定。

传统知识的争论凸显出我们历史上反复出现的一个主题。财产权始终是由社会建构的，并且是反复受到争议的。对传统知识作为财产的法律地位的讨论，突出的是人们是如何决定什么是"财产"。所谓的"生物盗版"的批判者入木三分地刻画这一动态。生物盗版被视为一种新形式的西方帝国主义，其中全球种子和制药公司掠夺着发展中国家的生物多样性和传统知识。生物盗版构成对遗传资源和传统知识的未经授权、未付报酬的征用。根据这一论点，公司用科学改变这些"发现"，为它们申请专利，然后以高昂价格将这些衍生产品或方法转卖给他们最初所窃取的这些产品或方法的持有人。这就反转了在《与贸易有关的知识产权协定》和美国1988年贸易法（涵盖知识产权）301条款诉讼程序的争论中有关盗版的喋喋不休。尽管实为"以其人之道还治其人之身"的修辞，一些积极分子试图证明，美国的全球公司才是地球上最大的"海盗"（Shiva 1997）。

印度的两个例子激起了人们对这些做法的反对，并促使人们寻求对传统知识更正式的承认。在姜黄和印楝树的案例中，美国研究人员和外国公司分别获得印度人视为是这些物质传统用途的专利。这些案例引起更大问题，即有时被归为"民俗"的口头传承的传统方法和实践的地位。许多所谓的科学发现只不过（或完全）是民俗，是研究人员可能在土著、农民、萨满、巫医那儿偶然发现或寻找的民俗。西方的专利制度对这类创新没有保护。他们只承认"在'科学上'实现的个体创新；而发展中国家典型的公共'民间'知识除外"（Marden 1999, 292）。正如格雷特·阿吉拉尔（Grethel Aguilar）指出，在《与贸易有关的知识产权协定》下，这一概念的任意性是显而易见的，"我们接受的唯一值得法律保护的知识形式是在实验室中产生的"（Aguilar 2003, 181）。相比之下，传统知识继续被视为公共领域的一部分（Sahai 2003, 168）。

这一争论的条款让人想起在修改《巴黎公约》外交会议之前

第七章 21世纪:《与贸易有关的知识产权协定》以降

以及会议结束后继续存在的争辩（Sell 1998）。当时，发展中国家迫切要求将工业化国家所拥有的科学技术知识重新定义为"人类的共同遗产"，而不是财产。这一概念是发展中国家寻求资源和技术从北方向南方转让的基础。近年来，在环境的语境中，工业化国家试图将生物多样性定义为"人类的共同遗产"，以促使发展中国家的主要生物多样性资源持有者对之进行保护。发展中国家的回应是维护对其自然资源的主权，保留控制热带雨林等地域上有限资源的权利（Sell 1996）。在传统知识的语境中，以相似的方式，"拥有遗传资源、传统知识、民俗的国家寻求对这些资源的保护，而使用国必然不愿在符合现有知识产权协定的创新创造方面受到额外限制"（Weeraworawit 2003，163）。

个中政治立场一目了然。按杜菲尔德的说法，拉丁美洲和非洲国家支持保护传统知识的新法律标准，而诸如美国、加拿大等国家则反对（Dutfield 2003，221）。后一类国家更希望在现有的知识产权框架内找到解决方案，且"虽然愿意考虑额外的法律义务，但更希望这些法律义务是不具约束性的"（Dutfield 2003，221）。

在版权方面，音乐创作中往往会出现传统知识和民俗问题。录音通常使用传统音乐作为基础，但随后以充分原创的方式修改作品，以获得成品的版权保护。正如热尔韦（Gervais）所揭示：

> 许多民俗创作者发现这种情况是无法接受的：他们不能从自己的创作努力中获益，而其他人"使用"知识产权制度不但有利可图，而且事实上针对的正是原始民俗创作者，这种阻碍使之无法使用随演化而类似于演绎作品的自有材料。对于

传统知识持有者来说，这种结果不管有意无意，都毫无天理。（Gervais 2002，958-959）

当前的知识产权制度有效排除传统知识和民俗创作者，同时允许非传统知识持有者获得知识产权，从而阻碍了原始创作者的原有权利（Gervais 2002，960）。

那么，现行的知识产权制度在多大程度上适用于传统知识和民俗呢？目前的制度是基于个人主义观念，以及识别"所有者"予以回报的能力。现行制度的批判者认为，将专利和版权保护应用于传统知识是行不通的，"因为，为了工业活动所产生的有限的、无生命的物体而创造的保护，与生物材料和相关本土知识的流动、可变、多变特性之间存在固有的不匹配性"（Sahai 2003，173）。例如，口头传统不包括在专利范围内，毕竟专利依赖于大量公布的标准。版权很难分配给像肯特布（kente cloth）这样持续共同创造、改进的创作。确定这些资源的"所有者"的问题本身就困扰着当前的体系。正如热尔韦问道：

> 知识产权是否应根据现有知识产权形式的共同特征来定义？即:(a)可识别的作者或发明人，(b)可识别的作品或发明或其他对象，以及(c)定义相关的在设立客体上未经有权者授权的限制性行为？还是说，这些在出现知识产权如此形式的19世纪世界纯属偶然事件？然而，即便如此，人们又如何能保护无定形的物体或物体类别，并将专有权授予一个定义不清的（和难以定义的）社区或群体呢？（Gervais 2002，966）

我们认为，当前形式的知识产权保护是社会构建的，是历史环境的偶然产物。传统知识的争论为财产权含义的新建构提供了契机。为了应对生物盗版的特别关注，一些国家正在试验保护传统知识和民俗的新形式。哥斯达黎加控制对生物多样性的获取，并成功获得资源转让，以支持其生物勘探工作（Sell 1996）。印度政府正在开发一个与药用植物有关的公共领域传统知识的数字数据库，它将提供给世界各地的专利局，"以便审查员了解相关特定药用植物的现有技术"（Sahai 2003, 172）。这有助于防止专利授予不当，如姜黄和印楝树的案例所发生的情况。在哥伦比亚，一种私营研究所正在配合代表土著社区的地方非政府组织，并协调一个植物药理学实验室以发展利益共享机制（Salgar 2003, 184）。该框架的核心特征之一是：药理学实验室未事先获得协会土著社区首领的（书面）同意，不得为其研究成果寻求知识产权保护。此外，实验室必须提供一份利益共享提案，以及对协会作为知识提供者的道德权利的明确承认（Salgar 2003, 186）。事先知情同意和利益共享正是不断增加的土著社区资源记录的核心原则（Utkarsh 2003, 190）。这些原则为世界知识产权组织记录传统知识的工作提供信息，并勾勒出传统知识和民俗的一种独特保护模式的轮廓（Dutfield 2003, 221）。

当今时代的特征是广泛的产权以及主要产业部门的经济集中。要成为世界贸易组织的一员，追随方必须遵守《与贸易有关的知识产权协定》的限制，降低决策自主权。这让人想起19世纪末20世纪初，当时各国开始接受国际知识产权政策的某种统一与整合。如今在巨大的双边经济压力和对外国投资的迫切需求下，许多发展中国家签署了双边投资协议，要求它们提供比《与贸易有关的知识产权协定》更高的保护标准，尽管没有证据表明知识产权保护和投资激励之间存在联系（Drahos 2001，791-808）。然而，全球知识产权治理机制本身并不稳定，《与贸易有关的知识产权协定》也不代表（全球）知识产权治理的最终解决方案。正如往昔所见，新的团体动员起来，抗议将财产权扩展到新的领域。虽然这一运动在撒哈拉以南的非洲地区以获得艾滋病毒/艾滋病药物方面最为显著，极大凸显了知识产权固有的权衡，但是这些问题在其他政策领域也引发共鸣。

虽然，解决方案与争论的模式在知识产权的漫长历史中始终显著，但同样清晰的是，近年来，知识产权的基线已明显朝着私人回报而非公众获取的方向移动。过去习惯于被视为特权和例外的权利，如今已经取代义务和/或责任；故而必须恢复平衡，我们的历史昭示着这种可能性。刻画这种不平衡，并描述为"单向棘轮"，罗谢尔·库珀·德莱弗斯（Rochelle Cooper Dreyfuss）建议将用户权利法案纳入《与贸易有关的知识产权协定》（Dreyfuss 2004）。这样一个关键变化可以重审将几乎所有国家曾使用的一些重要工具重新纳入知识产权全球治理的可能性，如实施要求、强制许可，以及对外国人的差别待遇。

最重要的是要认识到，一个合法的国际知识产权制度必须认识到国家内部和国家之间的各种利益和能力。根据经济发展的历史记载，一刀切的做法毫无意义：只有差别对待才能真正让各国政府重获自主权，以制定适合本国经济发展水平以及在创新和模仿方面更优的政策。作为全球治理的总括形式的《与贸易有关的知识产权协定》与它所打算处理的斑驳陆离的拼凑性问题之间存在一种根本的错配，这已经造成——并将注定会继续造成——政治、经济、社会各方面的困境。

当美国贸易代表和其他机构认为有关专利和版权的争论变得政治化时，进一步加强国际知识产权监管和全球治理的谈判就又回到世界知识产权组织的问题上，正如我们将在第八章述及的。发展中国家面临的问题是，尽管他们的贸易谈判代表已经开始意识到知识产权带来的政治经济问题，但发展中国家在世界知识产权组织的代表更有可能是法律专业人士（通常在世界知识产权组织项目的某些方面受过培训），他们只认识到知识产权治理中的技术实施问题。而世界知识产权组织的谈判已经表明，发达国家的谈判代表一直希望回避《与贸易有关的知识产权协定》引发的政治问题，并继续实施一项全球计划，主张并扩大所有者的权利，而非承认公共领域的非所有权或共有权。《与贸易有关的知识产权协定》并未结束关于全球知识产权治理应包括哪些内容的争论。鉴于世贸组织成员之间政治和经济发展的巨大差异，知识产权的和谐并不是可接受的或合法的。

简言之，我们认为，要么全球知识产权治理要更趋于以前的国家治理制度，要么各国政府需重申对知识产权治理某些方面的主权。各国需要灵活地将知识产权纳入适合其经济和技术发展阶段的国家综合创新体系，以响应其特定经济行业的各种需求。在多边体制内能否实现这种灵活性，还有待观察。其实，当这些问题变得如此政治化时，新兴的全球政治体的概念可能会在重压下崩溃，知识产权的政治将回归到国家层面。在这方面，许多政府感到有必要对国内政治体作出一种回应，其利益有可能与知识所有者的全球派有些不同。

第八章　不应忘却历史

《与贸易有关的知识产权协定》(TRIPs)终究成为世界贸易组织(WTO)所有成员所要求的"一揽子承诺"(single undertaking)的一部分。正如前文已述,《与贸易有关的知识产权协定》并不是一套可以只是写入本土法的法律,而是对法律效力的一系列要求。至少在理论上,这些要求如何进行立法属于世界贸易组织成员的权力问题。然而,根据第67条授权的技术援助往往是如此紧密地聚焦定向,以致几乎不存在有效的民族自治。随着美国和欧盟(EU)进一步使用双边贸易协定和外交压力,世贸组织成员几乎没有机会发展出其他不同立法方式,以建立对《与贸易有关的知识产权协定》的遵守(Drahos 2001)。

对于知识产权(以及反倾销税和反补贴税、政府采购法、公共健康和植物检疫措施、竞争法),世贸组织正在寻求协调各方法律(Reich 2004)。虽然《关税与贸易总协定》明确侧重于与成员边界有关的贸易问题,但在乌拉圭回合及其之后,世贸组织扩大这一指令,把重点放在成员管辖范围内可能扭曲国际贸易的措施上。虽然知识产权不是这种扩大影响范围显而易见的唯一领域,却发展最甚。在最后一章中,我们巩固一下关于历史对当代全球知识产权政治之重要性的论点,然后着手研究世界知识产权组织(WIPO)过去几年间的复兴情况。最后,我们概述知识产权(全球)政治经济的当代动态。

8.1 历史的重要性：当今知识产权的全球政治

我们从研究中得出的关键论点是，知识产权的历史并不是（现在仍然不是）一系列中性的、功能驱动的朝向自然公正的"最佳"法律解决方案的改善。相反，正如我们已经详述，知识产权史是一番**政治经济史**：知识产权一直是竞争的经济利益、受政治驱动的政府、大有差别的哲学传统之间的政策战场。在这个复杂的社会政治环境中，技术变革带来一系列机会，让人们可以重新加入关于如何利用理念、信息、知识去创造财产这一议题的斗争中。各种团体运用着求诸自然法或效率经济学的论证来掩盖特定法律结构发展背后的利益和政治进程。如果不为其他原因，而为理解当前围绕全球知识产权治理的政治冲突，我们就需要了解知识产权的法律制度史，以及技术史、有关所有权和知识的哲学争鸣史。我们最基本的论点是，历史有重大影响，我们不能忽视历史。

我们当然不是唯一认识到知识产权法历史发展复杂差异之重要性的人。也许促使人们进行历史比较的最明显问题，是知识产权保护与经济发展之间的联系。对此，埃里克·希夫（Eric Schiff）对19世纪下半叶和20世纪前10年荷兰和瑞士"没有国家专利的工业化"的开创性研究已成为广泛引用的资料来源（Schiff 1971）。其实，张夏准（Ha-Joon Chang）(2001)、伊奇·贝奥吉（Ikechi Mgbeoji）(2003)、多米尼克·里特尔（Dominique Ritter）(2004)、格雷厄姆·杜菲尔德（Graham Dutfield）和乌玛·苏瑟塞恩（Uma Suthersanen）(2004)等人最近的研究，已经让希夫著述隐含的怀疑论愈发明晰，即怀疑先前知识产权制度化与随后经济发展或工业化之间假定的因果关系。托马斯·梅希贝舍（Thomas Meshbesher）主张对知识产权相关法律进行进一步的比较研究，他认为"历史在使用比较方法中最重要的角色，是防止比较研究的焦点过于疏离经济学和公共政策的关切，是这些关切给予[知识产权]法律最初及持久不衰的活力"（Meshbesher 1996, 614）。与我们一样，他敦促那些审查知识产权（及其全球治理）的人永远不要忘记其起源（及其持续影响）乃是出于重商主义政策目的。

我们的知识产权史对知识产权保护与经济发展或工业化的早期加速之间存在直接关系的主张提出质疑。对于拥有不同产业和/或服务，以及在全球经济中拥有结构上不同地位的各方来说，知识产权何时开始为本土的政策目标服务，存在多种答案。然而，许多作家和分析人士愈发容易看到的是，存在一个门槛，因此，最近诸多研究都集中于在考察具体情况下何时可能跨越这一门槛，以及这如何与全球体系中较贫穷、欠发达或不发达国家的未来经济发展相联系。

在德鲁·布伦纳-贝克（Dru Brenner-Beck）博士看来，只有当各个国家和地区意识到通过具体的知识产权相关立法契合它们的利益时，才能实施可行的法律（即使在《与贸易有关的知识产权协定》下）（Brenner-Beck 1992）。例如，日本、韩国都遵循类似模式，即吸收和复制重要的技术来推动产业的发展，直到本土企业开始为自己的理念和创新寻求保护。到那时，它们才开始加强知识产权的保护（Kumar 2003）。在回顾英国知识产权委员会国际发展部的历史教训时，佐里娜·卡恩（Zorina Khan）总结道：

第八章 不应忘却历史

> 我们从欧洲和美国经济史[国际]方面得到的主要教训是，当知识产权与其他制度协同发展并符合每个国家社会经济发展的需要和利益时，最能促进科学和艺术的进步发展……适当的知识产权政策既不超离于发展水平，也不超离于整个体制环境。（Khan 2002，58）

这就旋即引出转型期的问题，也许最重要的是，如何最好地判断国家何时达到遵守《与贸易有关的知识产权协定》的发展水平。这又暗含着一个政治问题，即应该授权哪个机构作出以及执行这一判断。

尽管可能很难确定国内政治的确切变化节点（它实际上可能发生在不同行业的不同时期），就像过去的发达国家政府，新兴工业化国家只有在（现由《与贸易有关的知识产权协定》所规定的）政策法律对国内工业明显有利时才会采取。拉菲克·巴瓦（Rafik Bawa）综合大量对阈值标准的各种研究，提出三种可能的门槛，超过这三个门槛，知识产权保护在政治上就可能是有利的：

> 第一，[发展中国家]需要有文化的劳动力队伍和训练有素的科学技术人员，以吸引外国投资，利用转让的技术，并实现和维持国内的发明能力。第二，足以支持知识产权制度的工业化和工业基础设施是必不可少的。第三，必须存在国内资本动员率和创业能力的基本水平。这些因素使国内企业能够参与知识产权保护所提供的激励并从中获益。[Bawa 1997，108-109（注释略）]

除此之外，我们还要补充第四个：还要有一种建立认为知识产权合法的广泛社会共识的明确要求。过渡的任何直接成本需要通过政府行动加以改善，而较长期的成本则能通过各种平衡机制得到处理，即平衡纳入体制的私人权利与对关乎公共议题及首要社会福利的确认。

虽然发展问题无疑是我们分析知识产权的核心问题，但并非严格意义上的南北问题。其实，在工业化国家内部也出现关于扩大知识产权的新问题。

国内和全球知识产权的增长是由所谓知识卡特尔的成员所推动的，这些全球上活跃大型公司"控制着现有技术中不成比例的巨大份额的分配，而自身却未必具有特别的创新能力"（Maskus and Reichman 2004，295）。在这方面的一个关键问题是，企业迫切要求的强大知识产权实际上能提供多少额外创新？或者，这个体系是否会扼杀后续的创新，并导致市场力量的滥用？

马斯库斯和瑞克曼认为，过于强大的保护会伤害过去曾是重要创新先行者的中小型企业。在一定程度上，当前的保护水平缩小了研究共享空间，扩大和增加了专有的和重叠的权利，提高了进入的壁垒，限制了逆向工程和其他围绕新技术增值应用而建立的促进竞争战略，这种保护的影响具有破坏知识产权激励创新之宗旨的危险（Maskus and Reichman 2004，310）。配套制度的变化已经增加了这种危险，对太多事情拥有太多权利的消极影响无处不在。

在过去，美国的创新立足于竞争（以强有力的反垄断政策和执法为支持）、专利滥用理论、政府生成数据的易获性和富足的研究公共空间、促进技术知识交流的机制，以及保留对常规创新进行逆向工程予以改进的权利（Maskus and Reichman 2004，311）。近年来，这种监管平衡行为已经让步于一种不平衡的体系，在这种体系中，专有的产权往往会压倒其他问题，并攻击以往助燃创新的这些核心要素。其实，如果目前的体系甚至对美国等国家内最具创新的能动者都暗藏杀机，那么将这种体系出口到其他国家地区就毫无意义了。

在世贸组织、学术界和非政府组织倡导团体中，以前的法律制度与遵守《与贸易有关的知识产权协定》所需的法律制度之间的过渡问题一直是政治冲突的关键领域之一。正如里特尔指出："如果在1883年签署的是《与贸易有关的知识产权协定》，而不是《巴黎公约》，瑞士将永远无法在有限的过渡期（1年、5年甚至11年）内达到要求。"（Ritter 2004，492）。确实，正如我们的历史所表明，如今已富裕发达的国家曾享有的发展时期很长。而即使提供技术援助，世贸组织发展中国家成员的过渡时间之短也前所未有，只有5至10年（在双边压力下有时更短）。伊图库·伊兰吉·波托伊（Ituku Elangi Botoy）之论述入木三分：

> 由于工业化国家在20世纪80年代中期才达到与《与贸易有关的知识产权协定》类似的知识产权保护水平，因此可以计算出从《巴黎公约》到1985年花了102年，从1985年到1995年又花了10年。如果工业化国家已经受益112年（加上根据《与贸易有关的知识产权协定》第65（1）条规定的1年过渡期），为什么只给其他国家地区5年或10年［以实现］……工业化国家花一百年时间实现的是什么？（Botoy 2004，129）

其实，如果进一步考察许多发展中国家的法律起点，与欧美知识产权发展史直接相比，实际的准备时间可能甚至更长。或者，正如张夏准所言，"要求现代发展中国家遵守一个当今发达国家尚处相当甚至更先进发展阶段时未稍加遵守的标准，看来是不公平的"（Chang 2001, 293）。所有这些作者都强调这一点，翻阅那些最大声吆喝发展中国家遵守《与贸易有关的知识产权协定》的国家的史册，可以察见这些国家表露的伪善比比皆是。

这种伪善不是最近才有的。在19世纪末，美国坚持认为，在《巴黎公约》批准之前，其他国家应当加强和改善对其领土内专利的保护，即便美国同一时期公然漠视外国版权（而且，当然，直到20世纪最后25年之前仍游离于《伯尔尼公约》之外）。同样，在德国向瑞士施压，要求瑞士出台专利法以保护德国知识产权的同时，德国制造商却乐于侵犯英国的商标，并生产如今已被视为盗版的商品（Chang 2001, 303）。其实，美国贸易代表和其他机构广泛使用"海盗"的说法；例如，本尼迪克特·卡兰（Benedicte Callan）将她关于高科技产业"亚洲挑战"的论述命名为《公海上的海盗》(*Pirates on the High Seas*)（Callan 1997）。然而，现在被贴上海盗标签的行径，正是当今发达国家在其历史更早的阶段所采取的发展战略。

一如既往，《与贸易有关的知识产权协定》的建立不是对自然权利的回应，也不是对创造者和创新者之正义的回应，而是受发达国家贸易谈判代表以及政府保护主义、重商主义政策的推动（尽管这往往被言辞所掩盖）。其实，即使知识产权对技术转让的作用近乎这种修辞，由所有者设定的许可收费或使用条款往往会削弱发展中国家经济的真正优势。此外，即使获得许可，高价格也可能让

第八章 不应忘却历史

使用这些方法或技术的出口在全球市场上缺乏竞争力。何况，许可申请本身就可能被拒绝（Maskus and Reichman 2004，309）。因此，对发展中国家而言，知识产权所有者的"保留"权力往往占据充当着当前体制中对部署运用及盈利使用最新技术的一种障碍。

虽然《与贸易有关的知识产权协定》对发展中国家产生很大的负面影响，但也有必要回顾一下（特别是在版权领域），一段时间以来，许多发展中国家一直在保护知识产权的某些方面，因此已经实现 TRIPs 的部分遵守。当一些成员还是发达国家殖民属地时，所实施的法律就符合《与贸易有关的知识产权协定》规定的执法模式；其他成员在非殖民化时期加入《伯尔尼公约》和《巴黎公约》，它们的某些知识产权的法律趋近《与贸易有关的知识产权协定》的要求。但正如前文已述，建立《与贸易有关的知识产权协定》背后的驱动力之一是在世界知识产权组织监督的国际治理机制内所适应的国家战略的多样性。因此，我们强调，在某些情况下，导致世贸组织成员之间局势紧张的并非对知识产权的概念和逻辑的彻底拒绝，而是《与贸易有关的知识产权协定》授权的具体解决方案取代了此前时代的"变量几何"（variable geometry）所导致的问题。

回归变量几何也将使人们认识到，知识产权的保护并非得到所有政治体制或哲学的同等支持。虽然我们论述中自诩专注于欧美的政治经济史，毕竟它们在当代制度安排中最具影响力，但我们在许多方面也承认关于知识产权可能性的截然不同的思想传统。对于许多作者来说，这正是为什么协调（harmonization）非但困难重重而且不受欢迎的另一个重要原因。霍华德·阿纳沃特（Howard Anawalt）（2003）和拉菲克·巴瓦（Rafik Bawa）（1997）以及其他学者根据非西方社会的文化和社会习俗确定了知识产权概念的不同方法（以及对知识产权的否定）。对于那些文化上未能将知识视为财产的国家，无论《与贸易有关的知识产权协定》允许的灵活性程度如何，任何遵守方法都将涉及政府可能不愿面对的文化及政治脱节。

不管如何，虽然《与贸易有关的知识产权协定》是知识产权的一个重要且有力的最低标准，但目前正在日内瓦就另外更高级别的进一步协调进行谈判。同样，在乌拉圭回合贸易谈判期间，美国和欧盟成功将治理论坛转移到新的世贸组织，以应对世界知识产权组织对先前知识产权条约管理工作的缺陷，现在这些成员已经决定将有关进一步协调的争论回归世界知识产权组织，从而符合其最大利益。

8.2 世界知识产权组织的复苏

虽然世贸组织仍有许多问题亟待解决，但一个由发达国家组成的核心小组已开始在世界知识产权组织谈判进一步的知识产权相关条约。这至少部分是由于世界知识产权组织一直致力于重回全球知识产权政策制定的中心，同时也诠释了一个"挑选法院"（forum shopping）的案例。世界知识产权组织大会在《与贸易有关的知识产权协定》谈判中处于次要地位，便于1994年、1995年通过两项决议，试图重新确立其在全球知识产权治理方面的重要性。第一项决议要求该组织的国际局协助世界知识产权组织大会成员履行《与贸易有关的知识产权协定》规定的义务。第二项决议扩大了这项义务，作为与世贸组织协调技术援助及其他事项的正式协议的一部分，为非世界知识产权组织成员的世贸组织成员建立起对《与贸易有关的知识产权协定》的遵守提供支持（Drahos 2002，776）。正如我们在第七章中提到，通过这种安排提供的技术援助很难中立或毫无问题。然而，除了这种能力建设之外，世界知识产权组织还积极参与制定广泛的协调议程，旨在将知识产权保护（和实施）的全球标准提高到《与贸易有关的知识产权协定》所规定的标准之上。

1996年，世界知识产权组织通过《世界知识产权组织版权条约》（WCT），其中最重要的是将反规避原则引入知识产权多边治理中（Drahos and Braithwaite 2002，184）。正如我们所论述，引入数字权利管理旨在为知识产权所有者的权利授予特权，而且，认识到技术上的修订无法长久，《世界知识产权组织版权条约》就试图为这些技术建立更进一步的法律保护层。这一法律创新随后规定于美国《数字千年版权法》（DMCA）和《欧盟版权指令》中。《世界知识产权组织版权条约》和同年通过的《世界知识产权组织表演和录音制品条约》（WPPT）进一步扩大知识产权所有者的权利，尽管《与贸易有关的知识产权协定》正开始招致重大批判。《世界知识产权组织版权条约》和《世界知识产权组织表演和录音制品条约》都对一系列类似的内容控制要求作出回应，这些内容控制要求在我们看来导致美国版权中雇佣作品元素的扩张。这些协议的制定不是为了表演者或创作人员的利益，而是旨在确保版权所有者能够巩固和扩大其在互联网媒介传播领域的权利。

世界知识产权组织政策制定的源头活水也引发世界知识产权

组织专利议程的发展和随后的协商进程 [World Intellectual Property Organisation World Intellectual Property Organisation（世界知识产权组织）2002]。该议程的核心是，人们认为有必要在《专利合作条约》已经存在的国际申请程序基础上发展"通用专利"，形成一个全面全球化且协调的专利制度。讨论议程的过程表明，世界知识产权组织的发达国家和发展中国家成员之间，以及发达国家本身之间均存在一些显著的紧张领域。该议程旨在消除仍停留于《与贸易有关的知识产权协定》所设最低标准的国家专利自主领域，但现今也面临着发达国家本身之间的分歧。

英国知识产权委员会 2002 年的报告中指出这一领域的问题，即注重专利数量的政策与注重专利授权质量的政策之间存在问题：

> 不断扩大的专利需求被视为是一项权利，必须通过提高授予过程的生产率来满足这项权利，而代价则可能是进一步降低质量。（委员们）认为，发达国家与发展中国家的政策制定者都应努力使平衡从数量转向质量。从长远来看，保持在法庭上有效的少而精的专利，将是减轻主要专利局负担，以及更重要的是确保专利制度得到广泛支持的最有效途径。[Commission on Intellectual Property Rights（知识产权委员会）2002，133]

末尾所述这一问题，仍是全球知识产权治理中最为严重的致命弱点。如果缺乏某种普遍的合法性，执行和保护知识产权的任务即使不是不可能，也是任重道远。然而，在许多批判者看来，专利议程似乎只在意它的用户（即最广泛申请专利的公司），而非任何其他利益方对体制合法性的认同。

自1998年以来,在世界知识产权组织推动的谈判中出现两项关于专利的重要条约,反映了专利议程的"数量"重点:《专利法条约》(PLT),它规定签署方准备、申请、管理专利的一套单一规则,以及《实体专利法条约》(SPLT),该条约仍有待确定,但旨在包含有关专利范围(及其主题)、排除条款、在竞争的权利主张之间作出裁决的规则。《专利法条约》最重要的方面是放宽提交专利申请的要求,允许提前的、部分的申请提交,此外,明确将关于欺诈或程序缺陷的举证责任转移给申诉方(Correa and Musungu 2002, 6-7)。这些新做法旨在通过减少专利申请的必经程序来提高专利申请和许可的吞吐量。依循委员会之区别,居于《专利法条约》核心的放宽程序似乎不太可能对提高专利质量起到很大作用(其实,它更有可能增加有问题、有争议的专利数量)。

《实体专利法条约》(如果能够达成一致)要协调的关键要素是:(1)确立可专利性(限制或取消对确认一项合格发明的标准的国家解释);(2)确定以申请专利为目的之"发明"的特征(抛开技术方面,并以此扩大专利的范围,例如包括"商业方法"、软件,以及诸如基因学中的表达序列标签等"研究工具");(3)专利保护的范围(以减少使用环境或公共健康标准来限制专利标准所涵盖授权的可能性)。这远远超出了《与贸易有关的知识产权协定》的范围,其目的是为涤除国家对这些问题的决定,并旨在协调对等原则(规制那些视同侵权的行为)。更重要的是,《实体专利法条约》包含一项条款,禁止缔约方在条约明确规定的条件之外确立任何进一步的专利条件(Correa and Musungu 2002, 15-22)。该协议草案背后的政治计划是消除残存的灵活性，尽管难以实施，迄今却仍居于《与贸易有关的知识产权协定》授权的治理体系内。

《实体专利法条约》(SDLT)就国家立法机构未来对本土问题政治回应的边界予以明确限制。如果《实体专利法条约》获得批准，对于那些该协议的签署方（如果该协议进行到这一阶段，肯定会施加巨大的双边压力以迫使就范），各方政府根据其具体情况制定专利法的能力将形格势禁。如果全球通用专利成为现实，并使（自最初立法伊始）作为知识产权法律核心的公共与私人利益平衡成为全球性问题，这种变化就是势所必然。可是，正如我们已指出，几乎尚无机制能让社会或公共利益在这一全球层面得到充分表达。

相反，最终确定《实体专利法条约》文本本身的明显困难可能表明，全球知识产权治理水平已经趋高，若无进一步的规范的（重新）构建，《实体专利法条约》不太可能成为法律。这并非因为发达国家认识到世界知识产权组织其他成员在签署《实体专利法条约》时可能遇到的问题，而是因为美国、欧盟、日本之间剩下的分歧更难解决。虽然《与贸易有关的知识产权协定》协调了主要"三边"国家已趋同的知识产权制度的各个方面，但《实体专利法条约》要求这些主要参与者还得在其实践领域作出妥协，这使得如今达成协议愈发困难，以至于他们可能需要妥协自身的自主权。

因此，除了这些正式文书外，世界知识产权组织还试图对其他形式的知识产权，尤其商标，采取"软法"方式。1999年，世界知识产权组织大会通过一项关于保护驰名商标条款的决议，并于次年批准一项关于商标许可的建议。继而，在2001年通过《关于在互联网标识中保护商标和其他工业产权规定的建议》(*Recommendation Concerning Provisions on the Protection of Marks and Other Industrial Property Rights in Signs on the Internet*)。这三项协议虽非正式条约，但旨在致力于建立商标保护的具体规范，作为世界知识产权组织"软法倡议"的一部分。事实上，爱德华·克瓦（Edward Kwakwa）表示，"有证据表明，迄今为止通过的决议和建议已经对国家法律和实践产生实际影响"（Kwakwa 2001，193）。

努力再现特定要求的最明显例子，是世界知识产权组织在互联网名称与数字地址分配公司（ICANN）采用统一域名争议解决政策（UDRP）中的作用。该政策调解了商标名称用作互联网地址时的所有权争议，以确保将来能正确地分配商标名称。采取此政策是为应对一些没有商标权的个人或公司注册特定域名，然后出售给商标所有人的情况。虽然在某些方面，这是一个相当模糊的政策过程，但格雷姆·丁伍迪（Graeme Dinwoodie）认为，世界知识产权组织本质上"应单个成员国（美国）的要求采取行动，凭借着单个政府对域名注册过程实际控制权的委派来编制这么一份报告，它可以被互联网名称与数字地址分配公司作为实体法实施，而未见在世界知识产权组织参与的政府间立法中进行常见的宣传"［Dinwoodie 2002，1001（注释略）］。虽然世界知识产权组织确实分发提案以征求意见，因为这超出其政府间的一般惯例，也因为统一域名争议解决政策可能在国家法院遭到反驳，但这并不意味着要对之前的政策作出重大改变。相反，它确实表明，世界知识产权组织的运作并不只是基于其多数成员所显著表达的利益。

彼得·德霍斯认为，世界知识产权组织复兴并作为知识产权相关政策制定方的关键政治问题之一，在于大多数发展中国家都派其知识产权办公室的代表参加世界知识产权组织会议。尽管这些人可能具有优良的技术知识（其本身通常来自世界知识产权组织的培训计划），却对知识产权在监管或经济发展方面的公共政策兴趣不大或知之甚少。此后，虽然非洲组织在《与贸易有关的知识产权协定》理事会上颇有成效，但在世界知识产权组织的发展中国家代表中没有相应机构（Drahos 2002，785）。于是，将世界知识产权组织定性为技术组织，就为那些希望推动协调议程、提高保护和执行标准的发达国家带来好处。政治问题被搁置一边；讨论仅仅关乎相关国际条约的精制。其实，技术援助作为一种社会化机制，可以"培养"发展中国家的专利局人员形成 TRIPs 的思维方式，这不但养成知识产权的倡导者，而且鼓舞他们代表其政府在日内瓦谈判时接受世界知识产权组织的专利议程。

因此，通过使用软法方法以及培训和技术援助，世界知识产权组织秘书处清晰意识到，规范在制定知识产权相关立法中的政治核心地位。正如我们自始至终所论证，规范领域实际上一直是知识产权历史的关键因素之一。因此，世界知识产权组织的行动和做法可以牢牢定位于这一历史叙事中。与以往时期一样，知识产权相关法律的发展（目前已达到全球水平）已被一套明确表达为（自然）权利和效率之叙述的特定利益所推动。不过，在规范倡导者的这一角色中，世界知识产权组织的实践颇成问题。

世界知识产权组织的政治议程并非发展问题所驱动，而是由在全球体系中建立知识产权的利益"逻辑"驱动，这很明显，但正如西苏勒·穆森古（Sisule Musungu）和格雷厄姆·杜菲尔德（Graham Dutfield）阐明，该立场与对世界知识产权组织任务与宗旨的更广泛理解大相径庭，这是基于1974年世界知识产权组织与联合国达成的协议。自1974年12月17日以来，世界知识产权组织一直是联合国的一个专门机构。穆森古和杜菲尔德深有所察：

> 该协议明确规定，世界知识产权组织的作用取决于联合国及其机构的权限和责任……因此，言下之意，世界知识产权组织在知识产权问题上胜任专业之余，其任务既应在特定联合国机构的发展目标的语境中构建，也应在解决经济、社会、文化、人道主义问题方面，以及促进、鼓励对人权和基本自由的尊重方面实现国际合作的更广阔愿景的语境中构建。（Musungu and Dutfield 2003，19）

关键在于，一个组织要成为（并继续成为）联合国的专门机构，其宗旨必须与联合国及其下属机构的宗旨相一致。

然而，我们仍怀疑世界知识产权组织承担发展议程的充分能力。大部分资金都依赖于《专利合作条约》用户，这根本上制约了世界知识产权组织。世界知识产权组织大约85%的收入来自其管理各种条约而提供服务的使用费。这些用户大多数是全球活跃的公司，它们曾推动《与贸易有关的知识产权协定》的议程，并促进知识产权的逐步提升。很难想象，这些公司会在世界知识产权组织采取直接违背其声明利益的措施时无动于衷。此外，鉴于一直努力重申其对经济合作与发展组织［经合组织（OECD）］的重要性（在美国转向关贸总协定以处理乌拉圭回合的知识产权政策之后），世界知识产权组织似乎不太可能热衷于通过直接挑战高度保护主义的议程而釜底抽薪。

联合国贸易和发展会议（UNC-TAD）是在这一领域最具发言权的机构，也是发展中国家之间许多争论和政策讨论的中心，然而，它在世界知识产权组织内实际上被边缘化了。此外，从联合国教育、科学及文化组织［教科文组织（UNESCO）］到联合国开发计划署［开发计划署（UNDP）］，在知识产权方面有重大利益的其他联合国机构也被实际排除于世界知识产权组织的政策审议之外。这表明，在知识产权领域（重新）建立关注公共方面的全球政策问题的一个潜在解决方案是，让世界知识产权组织遵守它最初被承认为联合国专门机构时所作的承诺。因此，转而将世界知识产权组织重新确立为全球知识产权政策制定的重心，这代表着推进强化知识产权私人利益的图谋，而与此同时，也可能建立一种机制，将这些私人利益与（全球）公共利益的某些新生概念进行平衡。我们的历史再次表明，在看似巩固私权的时刻，也有可能物极必反。

8.3 政治意义

我们所探索的关键主题之一是规范在法律制度的建设和维持中的重要性；具体而言，在我们的叙述中，就是通过知识产权制度所实现的知识和信息的商品化。鉴于法律常违反直觉地予以要求，我们与汤姆·泰勒（Tom Tyler）所见略同，知识产权"需要创造适当的道德氛围"，以确保与知识产权相关的法律不必经常执行（Tyler 1997, 229）。若不具备基本的合法性，法律就将沦为有权有势者的行为；要想法治在任何社会（从地方到全球）都能顺畅自如，就要具有对其合法性的一种显著水平的接受。就知识产权相关法律所涵盖的产品和服务而言，情况尤其如此，毕竟侵权往往是一种难以监管的私人活动。然而，正如前文所述，试图建立（现在是全球）知识产权治理的合法性，不啻一项长久、艰难、持续的政治工程。

我们的核心论点是，如果对知识产权保护和实施的历史缺乏深刻认识，就无法理解全球知识产权治理的政治。只有掌握知识产权的悠久历史，才能正确评估其当代全球治理的问题。现行的安排仍然申明权利的属地性，撇开少数区域性安排（如欧洲专利局）不谈，仍以国家作为权利执行和保护的关键场所。如上所述，世贸组织可能正在进军法律协调的领域，但仍依赖于国家立法和行动来最终使知识产权制度化。然而，塞缪尔·穆鲁巴（Samuel Murumba）认为，知识产权"在国内领域的相对成功，远远不能预测其在全球层面的有效性，可以预见普遍性不甚乐观，因为法律在国内的成功以及在全球层面上的挣扎可能都是由于嵌入性（embeddedness）的一般特征"（Murumba 1998, 448）。关于全球层面的法治，人们经常忘记的一点是，在国家管辖领域，法治总是嵌于在全球层面（至少目前）不甚显著的一系列社会政治进程及制度中。而且，国家仍是中心机制，法律合法化的政治进程通过这一中心机制得以运行，以支撑统治以及社会经济事务的规范制度。在知识产权领域，这一点尤为明显。

揭开所谓的普遍主义面具，无论好坏，我们还是可以领会国家的核心作用。认识到这一形势，在乌拉圭回合的最后阶段，保罗·大卫（Paul David）发现"关于'正确的'国际知识产权保护体系的论证多半可能沦为修辞口舌之能，将可合适于某国（或若干类似国家）的目的与法律环境的制度安排强加于在此方面千差万别的社会"（David 1993，55）。这些言论现在看来颇有先见之明，最近得到日内瓦南方中心（South Center in Geneva）的卡洛斯·科雷亚（Carlos Correa）和西苏勒·穆森古（Sisule Musungu）的呼应（Correa and Musungu 2002，22-23）。同样，穆鲁巴认为"这些规则仅是缺乏国内社会伦理根源的国家规则，是运行于全球空间的空洞规范"（Murumba 1998，443）。继续依靠国家的实施执行和立法颁布，意味着知识产权的国内法律根源从未远离辩论的台面。

我们还注意到，几乎没有证据表明，知识产权向更高标准的转变必然会在所有的经济发展水平上都产生经济效益；其实，有令人信服的证据表明，这对较贫穷、欠发达的国家产生极其不利的影响。全球体系中实在有太多的参差不齐，尤其是在经济发展方面，因此无法制定行之有效的一刀切政策。此外，正如我们的历史所表明，发达国家在强有力的知识产权价值方面的泛化立场，与其国家的历史经验自相矛盾。作为对经济发展各个阶段的反应而发展起来的当代结构，却被奉为最终确立的建立知识信息市场的中立的、非历史性的解决方案。然而，困扰美国政府及其所代表的利益问题，尚非那些在全球体系中令其他地方担忧的问题。

彼得·德霍斯认为，由于转向知识产权健全保护的好处的证据在目前发展中国家是缺乏的，因此要由那些希望继续加强全球知识产权治理的人就其主张承担举证责任（Drahos 1997a，57）。全球治理所宣称的好处应得到明确证明，这一论点似乎并不突兀。然而，自1995年以来，过去10年的治理表明，许多声称对发展中国家有利的做法至少难以证实。在乌拉圭回合贸易谈判期间，不管是逐渐加强知识产权保护所带来的直接利益，还是讨价还价的间接外交利益，皆是如此。具体而言，虽然发达国家持续推进遵守《与贸易有关的知识产权协定》的步伐，但直到最近，美国和欧盟通过取消补贴（和其他支持）来开放国际农业市场的进展仍非常缓慢。只有在考虑到各国在全球体系中的不同发展水平（或阶段）时，任何全球治理的结构方能是合法的。在我们看来，宣称知识产权具有某种普遍政策利益的企图大谬不然。

同样，正如我们已证明，想必就洞察张夏准所谓的"历史的正义"（Chang 2001，304）来说，还有诸多可言：有必要认识到，如今富裕的、发达的国家在发展时对待知识产权的行径，犹如对所谓关于知识产权永恒价值之伪善的一种溶剂。尽管一些知识产权的支持者可能会认为，发展中国家应吸取过往教训，尽早将知识产权制度化，以支持和加强创新，但我们认为，历史的真正教训更近乎如下观点：虽然承认知识产权在一定的经济发展水平上肯定服务于某些经济参与者，但历史已揭示这种社会经济利益无法普遍实现。知识产权史还表明，存在一个保护知识产权的优势最终超过劣势的门槛时刻。然而，很少有发展中国家的所有商业部门都处于此时此刻，因此，为了维护历史的正义，需要回归于一种更为多样化的全球知识产权法律保护。

因而在穆鲁巴看来，在全球层面需要的是知识产权治理的"正义选区"（justice-constituency）。这一选区将面临两大挑战：首先，它应该明确"全球层面上的公共目的是什么，而不是简单将各管辖区现成的目标和规则移植过来"；其次，它需要"制定审慎地校准于实现其公共目的规则、规范、概念"（Murumba 1998, 459）。这一选区需要能够抵制（或提供帮助抵制）持续不断的提高知识产权保护标准的双边压力，即如世界知识产权组织的专利议程、美国贸易代表、欧盟贸易谈判代表办公室等所表达的意旨。

虽然在国家层面存在着能改善私人回报与公共利益潜在冲突问题的机制，但在全球层面，要制定类似机制仍存在困难。强有力的知识产权法所产生的国家社会成本，发展中国家尚无从恰如其分地将其作为因素纳入世界贸易组织或世界知识产权组织的全球政治进程中。虽然在国家政治争辩中，那些承担直接社会成本的组织可能（潜在地）有若干可以动员反措施的政治渠道，但除非违反国际协定，否则，在全球层面进行这种调解的空间微乎其微。因此，虽然全球知识产权治理的组织结构相当可观，但在这些相互作用中实现全球政治体或共同体利益的任何机制目前都严重不足。

倘若说知识产权的政治经济学告诉我们一件事的话，那便是这个世界上实施一项全球法律解决方案的全球化程度还远远不足，以致还无法允许对各成员的不同社会发展利益予以确认（并依此行动）。不仅需要对过去知识产权治理的方式更具历史敏感性，还需要透彻洞察作为知识产权正当性核心的社会交易。政治活动家和批判者应当从知识产权治理的历史中寻见政治依托。我们叙述这番历史的良苦用心，乃是铺陈现代有关知识产权争论的历史背景，以便为认为除非直到我们全球社会的巨大贫富差距显著缩小，否则全球范围进一步协调知识产权不但为时过早，而且不太可能公正的人士出谋划策。正如我们已经在一定程度上证明，知识产权史就是由技术变革、修辞论证、法律先例和政治操纵之间反复无常、变化多端的相互作用所驱动的，今天也不例外。因此，知识产权政治仍未定音，尚有待前赴后继的政治抗争。我们希望，将围绕（全球）知识产权治理的政治辩论融入其历史背景，终将造就更为公正的知识产权政治经济学。

缩略词

AAP	美国出版商协会
AIDS	获得性免疫缺陷综合征（艾滋病）
ASCAP	美国作曲家、作家和出版商协会
BMI	广播音乐公司
CAFC	联邦巡回上诉法院
CBD	生物多样性公约
CFC	氟氯化碳
CGIAR	国际农业研究咨询小组
DMCA	《美国数字千年版权法》
DNA	脱氧核糖核酸
DRM	数字版权管理
EC	欧共体
EU	欧盟
FM	调频广播
GATS	服务贸易总协定
GATT	关税与贸易总协定
GE	通用电气
GI	地理标志
GSP	普惠制
HFC	氢氟烃
HIV	人类免疫缺陷病毒

缩略词	含义
ICANN	互联网名称与数字地址分配公司
ICT	信息和通信技术
IPC	国际财产委员会
IPR	知识产权
MFN	最惠国待遇
NGO	非政府组织
NIC	新兴工业化国家
OECD	经济合作与发展组织
PLT	专利法条约
SPLT	实体专利法条约
TLA	钨灯协会
TRIPs	与贸易有关的知识产权协定
UDRP	统一域名争议解决政策
UNCTAD	联合国贸易和发展会议
UNDP	联合国开发计划署
UNESCO	联合国教科文组织（联合国教育、科学和文化组织）
UPOV	保护植物新品种国际公约
USAID	美国国际开发署
USPTO	美国专利商标局
USTR	美国贸易代表
WCT	世界知识产权组织版权条约
WIPO	世界知识产权组织
WPPT	世界知识产权组织表演和录音制品条约
WTO	世界贸易组织

参考文献

Abel, Paul. 1967. "Copyright from the International Viewpoint." *Journal of World Trade Law* 1, no. 3: 399-433.

Abrams, Howard B. 1983. "The Historical Foundation of American Copyright Law: Exploding the Myth of Common Law Copyright." *Wayne Law Review* 29, no.3 (Spring): 1119-1191.

Adede, Adronico Oduogo. 2003. "Origins and History of the TRIPs Negotiations." In C. Bellmann, G. Dutfield, and R. Meléndez-Ortiz, eds., *Trading in Knowledge: Development Perspectives on TRIPs, Trade, and Sustainability*, 23-35. London: Earthscan.

Aguilar, Grethel. 2003. "Access to Genetic Resources and Protection of Traditional Knowledge in Indigenous Territories." In C. Bellmann, G. Dutfield, and R. Meléndez-Ortiz, eds., *Trading in Knowledge: Development Perspectives on TRIPs, Trade, and Sustainability*, 175-183. London: Earthscan.

Alford, William P. 1995. *To Steal a Book Is an Elegant Offence. Intellectual Property Law in Chinese Civilisation*. Stanford, CA: Stanford University Press.

Allen, P. S. 1913. "Erasmus' Relations with His Printers." *Transactions of the Bibliographic Society* 13: 297-321.

Anawalt, Howard C. 2003. "International Intellectual Property, Progress, and the Rule of Law." *Santa Clara Computer and High Technology Law Journal* 19, no. 2: 383-405.

Aoki, Keith. 1996. "(Intellectual) Property and Sovereignty: Notes Towards a Cultural Geography of Authorship." *Stanford Law Review* 48, no. 5 (May): 1293-1357.

Arblaster, Paul. 2001. "Policy and Publishing in the Hapsburg Netherlands, 1585-1690."

In B. Dooley and S. Baron, eds., *The Politics of Information in Early Modern Europe*, 179-198. London: Routledge.

Archer, Margaret. 1982. "Morphogenesis Versus Structuration: On Combining Structure and Action." *British Journal of Sociology* 33, no. 4: 455-483.

———. 1995. *Realist Social Theory: The Morphogenetic Approach*. Cambridge: Cambridge University Press.

Arrow, Kenneth. 1996. "The Economics of Information: An Exposition." *Empirica* 23, no. 2: 119-128.

Austin, Graeme W. 2002. "Valuing 'Domestic Self-Determination' in International Intellectual Property Jurisprudence." *Chicago Kent Law Review* 77, no. 3: 1155-1211.

Azmi, Ida Madieha., Spyros M. Maniatis, and Bankole Sodipo. 1997. "Distinctive Signs and Early Markets: Europe, Africa, and Islam." In A. Firth. ed., *The Prehistory and Development of Intellectual Property Systems*. Perspectives on Intellectual Property Series 1, 123-159. London: Sweet and Maxwell.

Band, Jonathan, and M. Katoh. 1995. *Interfaces on Trial: Intellectual Property and Interoperability in the Global Software Industry*. Boulder, CO: Westview Press.

Barfe, Louis. 2004. *Where Have All the Good Times Gone? The Rise and Fall of the Record Industry*. London: Atlantic Books.

Barron, Brian. 1991. "Chinese Patent Legislation in Cultural and Historical Perspective." *Intellectual Property Journal* 6 (September): 313-339.

Batzel, Victor M. 1980. "Legal Monopoly in Liberal England: The Patent Controversy in the Mid-Nineteenth Century." *Business History* 22, no. 2: 189-202.

Bawa, Rafik. 1997. "The North-South Debate over the Protection of Intellectual Property." *Dalhousie Journal of Legal Studies* 6: 77-119.

Beatty, Edward. 2002. "Patents and Technological Change in Late Industrialization: Nineteenth-Century Mexico in Comparative Context." *History of Technology* 24:

121-150.

Bettig, Ronald V. 1992. "Critical Perspectives on the History and Philosophy of Copyright." *Critical Studies in Mass Communication* 9, no. 2 (June): 131-155.

Bhagwati, Jagdish. 1998. *A Stream of Windows: Unsettling Reflections on Trade, Immigration, and Democracy*. Cambridge, MA: MIT Press.

Birn, Raymond. 1971. "The Profit of Ideas: *Privilèges en librairie* in Eighteenth-Century France." *Eighteenth Century Studies* 4, no. 2: 131-168.

Birrell, Augustine. [1899] 1971. *Seven Lectures on the Law and History of Copyright in Books*. South Hackensack, NJ: Rothman Reprints.

Black, Donald. 1976. *The Behaviour of the Law*. New York: Academic Press.

Blakeney, Michael. 1996. *Trade Related Aspects of Intellectual Property Rights: A Concise Guide to the TRIPS Agreement*. London: Sweet and Maxwell.

———. 2002. "Agricultural Research: Intellectual Property and the CGIAR System." In P. Drahos and R. Mayne, eds., *Global Intellectual Property Rights: Knowledge, Access, and Development*, 108-124. Basingstoke, UK: Palgrave Macmillan/Oxfam.

Blank, David L. 1985. "Socrates Versus Sophists on Payment for Teaching." *Classical Antiquity* 4, no. 1 (April): 1-49.

Boseley, Sarah. 2000. "Glaxo Stops Africans Buying Cheap Aids Drugs." *The Guardian*, 2 December, 25.

Bouckaert, Boudewijn. 1990. "What Is Property?" *Harvard Journal of Public Policy* 13, no. 3: 775-816.

Bourdieu, Pierre. 1987. "The Force of Law: Toward a Sociology of the Juridical Field." *Hastings Law Journal* 38 (July): 805-853.

Bowrey, Kathy. 1996. "Who's Writing Copyright's History?" *European Intellectual Property Review* 18, no. 6 (June): 322-329.

Boyle, James. 1992. "A Theory of Law and Information: Copyright, Spleens, Blackmail, and Insider Trading." *California Law Review* 80: 1405-1540.

———. 1996. *Shamans, Software, and Spleens. Law and the Construction of the Information Society.* Cambridge, MA: Harvard University Press.

———. 1997. "A Politics of Intellectual Property: Environmentalism for the Net?" *Duke Law Journal* 47, no. 1: 87-116.

———. 2001. "The Second Enclosure Movement and the Construction of the Public Domain." <http://www.james-boyle.com> (accessed 24 January 2002).

Brady, Robert. 1943. *Business as a System of Power.* New York: Columbia University Press.

Braithwaite, John. 1984. *Corporate Crime in the Pharmaceutical Industry.* London: Routledge and Kegan Paul.

Braithwaite, John, and Peter Drahos. 2002. "Intellectual Property, Corporate Strategy, Globalisation: TRIPS in Context." *Wisconsin International Law Journal* 20: 451-480.

Braudel, Fernand. 1981. *The Structures of Everyday Life. The Limits of the Possible.* Vol. 1 of *Civilisation and Capitalism. 15th-18th Century.* London: Collins.

Brenner-Beck, Dru. 1992. "Do As I Say, Not As I Did." *UCLA-Pacific Basin Law Journal* 11: 84-118.

Brown, W. F. Wyndham. 1908. "The Origin and Growth of Copyright." *Law Magazine and Review* 34: 54-65.

Bugbee, Bruce W. 1967. *Genesis of American Patent and Copyright Law.* Washington, DC: Public Affairs Press.

Burch, Kurt. 1995. "Intellectual Property Rights and the Culture of Global Liberalism." *Science Communication* 17, no. 2 (December): 214-232.

———. 1998. *"Property" and the Making of the International System.* Boulder, CO: Lynne Rienner.

Burckhardt, Jacob. [1860] 1944. *The Civilisation of the Renaissance in Italy.* Oxford:

Phaidon Press.

Burkitt, Daniel. 2001. "Copyrighting Culture-The History and Cultural Specificity of the Western Model of Copyright." *Intellectual Property Quarterly* 2001, no. 2: 146-186.

Burrell, Robert. 1998. "A Case Study in Cultural Imperialism: The Imposition of Copyright on China by the West." In L. Bently and S. M. Maniatis, eds., *Intellectual Property and Ethics*. Perspectives on Intellectual Property Series 4, 195-224. London: Sweet and Maxwell.

Callan, Bénédicte. 1997. *Pirates on the High Seas: The United States and Global Intellectual Property Rights*. Washington, DC: Council on Foreign Relations Study Group on American Intellectual Property Rights Policy.

Carrier, Michael. 2003. "Resolving the Patent-Antitrust Paradox Through Tripartite Innovation." *Vanderbilt Law Review* 56: 1047-1089.

Carson, Anne. 1999. *Economy of the Unlost*. Princeton, NJ: Princeton University Press.

Chandler, Alfred D. 1977. *The Visible Hand. The Managerial Revolution in American Business*. Cambridge, MA: Belknap Press/Harvard University Press.

Chang, Ha-Joon. 2001. "Intellectual Property Rights and Economic Development: Historical Lessons and Emerging Issues." *Journal of Human Development* 2, no. 2: 287-309.

Chavasse, Ruth. 1986. "The First Known Author's Copyright, September 1486, in the Context of a Humanist Career." *Bulletin of John Rylands Library* 69: 11-37.

Clapes, Anthony. 1993. *Softwars: The Legal Battles for Control of the Global Software Industry*. Westport, CT: Quorum Books.

Clark, Aubert. 1960. *The Movement for International Copyright in Nineteenth Century America*. Westport, CT: Greenwood Press.

Collins, A. S. 1926. "Some Aspects of Copyright from 1700 to 1780." *Transactions of the Bibliographical Society* 7: 67-81.

Commission on Intellectual Property Rights [CIPR]. 2002. *Integrating Intellectual Property Rights and Development Policy*. London: CIPR/Department for International Development.

Commons, John R. [1924] 1959. *Legal Foundation of Capitalism*. Madison: University of Wisconsin Press.

Cornish, William R. 1993. "The International Relations of Intellectual Property." *Cambridge Law Journal* 52, no. 1 (March): 6-63.

Correa, Carlos M., and Sisule F: Musungu. 2002. *The WIPO Patent Agenda: The Risks for Developing Countries*. T. R. A. D. E. working paper no. 12. Geneva: South Centre.

Coulter, Moureen. 1991. *Property in Ideas: The Patent Question in Mid-Victorian Britain*. Kirksville, MS: Thomas Jefferson University Press.

Cox, Robert W. 1996. *Approaches to World Order*. Cambridge: Cambridge University Press.

Cribbet, John Edward. 1986. "Concepts in Transition: The Search for a New Definition of Property." *University of Illinois Law Review* 1: 1-42.

Cullis, Roger. 2004. "Fiat Lex: The Role of Law in the Early Development of the Electric Light Industry." Paper prepared for ESRC Research Seminar Series, "Intellectual Property Rights, Economic Development, and Social Welfare: What Does History Tell Us?" Ironbridge Gorge Museum, Coalbrookdale, UK, 26 April.

David, Paul A. 1993. "Intellectual Property Institutions and the Panda's Thumb: Patents, Copyrights, and Trade Secrets in Economic Theory and History." In M. B. Wallerstein, M. E. Mogee, and R. A. Schoen, eds., *Global Dimensions of Intellectual Property Rights in Science and Technology*, 19-61. Washington, DC: National Academy Press.

———. 1994. "The Evolution of Intellectual Property Institutions." In A. Aganbegyan, O. Bogomolov, and M. Kaiser, eds., *Economics in a Changing World*, 126-149. Basingstoke, UK: Macmillan.

———. 2000. *A Tragedy of the Public Knowledge "Commons."* Oxford IPR Research Centre Working Paper WP04/00. Oxford: Oxford Intellectual Property Rights Research Centre. <http://www.oipc.ox.ac.uk/ejindex.html>(accessed 15 August 2001).

David, Paul, and Dominque Foray. 2002. "Economic Fundamentals of the Knowledge Society." Stanford Institute for Economic and Policy Research Discussion Paper no. 01-14, 2002. <http://siepr.stanford.edu/papers/pdf/01-14.html> (accessed 4 September 2004).

Davies, D. Seaborne. 1932. "Further Light on the Case of Monopolies." *Law Quarterly Review* 48, no. 191 (July): 394-414.

———. 1934. "The Early History of the Patent Specification." *Law Quarterly Review* 50, no. 198 (April): 260-274.

Davies, Gillian. 2002. *Copyright and the Public Interest.* London: Sweet and Maxwell.

Demsetz, Harold. 1967. "Toward a Theory of Property Rights." *American Economic Review* 57, no. 2 (May): 347-359.

Dhanjee, Rajan, and Laurence Boisson de Chazournes. 1993. "Trade Related Aspects of Intellectual Property Rights (TRIPs): Objectives, Approaches, and Basic Principles of the GATT and of the Intellectual Property Conventions." *Journal of World Trade* 24: 5-15.

Dhar, Biswajit, and C. Nianjan Rao. 1996. "Trade Relatedness of Intellectual Property Rights." *Science Communication* 17, no. 3 (March): 304-325.

Dinwoodie, Graeme B. 2001. "The Development and Incorporation of International Norms in the Formation of Copyright Law." *Ohio State Law Journal* 62, no. 2: 733-782.

———. 2002. "The Architecture of the International Intellectual Property System." *Chicago-Kent Law Review* 77, no. 3: 993-1014.

Dolza, Luisa, and Liliane Hilaire-Pérez. 2002. "Inventions and Privileges in the Eighteenth Century: Norms and Practices. A Comparison Between France and Piedmont." *History of Technology* 24: 21-44.

Doremus, Paul. 1995. "The Externalisation of Domestic Regulation: Intellectual Property Rights Reform in a Global Era." *Science Communication* 17, no. 2(December): 137-162.

Drahos, Peter. 1995. "Global Property Rights in Information: The Story of TRIPS at the GATT." *Prometheus* 13, no. 1 (June): 6-19.

———. 1996. *A Philosophy of Intellectual Property*. Aldershot, UK: Dartmouth.

———. 1997a. "States and Intellectual Property: The Past, the Present, and the Future." In D. Saunders and B. Sherman, eds., *From Berne to Geneva: Recent Developments in International Copyright and Neighbouring Rights*, 47-70. Nathan, Queensland: Australian Key Centre for Culture and Media Policy.

———. 1997b. "Thinking Strategically About Intellectual Property Rights." *Telecommunications Policy* 21, no. 3: 201-211.

———. 2001. "BITS and BIPS: Bilateralism in Intellectual Property." *Journal of World Intellectual Property* 4, no. 6 (November): 791-808.

———. 2002. "Developing Countries and Intellectual Property Standard-Setting." *Journal of World Intellectual Property* 5, no. 5: 765-789.

Drahos, Peter, and John Braithwaite. 2002. *Information Feudalism: Who Owns the Knowledge Economy?* London: Earthscan Publications.

Dreyfuss, Rochelle Cooper. 1989. "The Federal Circuit: A Case Study in Specialized Courts." *New York University Law Review* 64, no. 1 (April): 1-77.

———. 2004. "TRIPS-Round II: Should Users Strike Back?" Special issue, Colloquium on Intellectual Property, *University of Chicago Law Review* 71, no. 1 (Winter): 21-35.

Dutfield, Graham. 2003. *Intellectual Property and the Life Sciences Industries: A Twentieth Century History.* Aldershot, UK: Dartmouth Publishing.

Dutfield, Graham, and Uma Suthersanen. 2004. "Intellectual Property and Development: What Does History Tell Us?" Introductory paper for the ESRC Research Seminar Series, "Intellectual Property Rights, Economic Development, and Social Welfare: What Does History Tell Us?" Ironbridge Gorge Museum, Coalbrookdale, UK, 26 April.

Earle, Edward. 1991. "The Effect of Romanticism on the 19th Century Development of Copyright Law." *Intellectual Property Journal* 6 (September): 269-290.

Edelman, Lauren. 2004. "Presidential Address: Rivers of Law and Contested Terrain: A Law and Society Approach to Economic Rationality." *Law and Society Review* 38 (June): 181-194.

Eden, Kathy. 2001. "Intellectual Property and the *Adages* of Erasmus: *Coenobium v. Ercto non cito*." In V. Khan and L. Hutson, eds., *Rhetoric and Law in Early Modern Europe*. New Haven: Yale University Press.

Eisenstein, Elizabeth L. 1980. *The Printing Press as an Agent of Change*. Combined paperback volume. Cambridge: Cambridge University Press.

Elangi Botoy, Ituku. 2004. "From The Paris Convention to the TRIPs Agreement: A One-Hundred-and-Twelve Year Transitional Period for the Industrialised Countries." *Journal of World Intellectual Property* 7, no. I: 115-130.

Eugui, David. 2003. "Requiring the Disclosure of Genetic Resources and Traditional Knowledge: The Current Debate and Possible Legal Alternatives." In C. Bellmann, G. Dutfield, and R. Meléndez-Ortiz, eds., *Trading in Knowledge: Development Perspectives on TRIPS, Trade, and Sustainability,* 196-206. London: Earthscan.

Feather, John. 1980. "The Book Trade in Politics: The Making of the Copyright Act of 1710." *Publishing History* 8: 19-44.

———. 1987. "The Publishers and the Pirates: British Copyright Law in Theory and Practice, 1710-1775." *Publishing History* 22: 5-32.

———. 1994a. "From Rights in Copies to Copyright: The Recognition of Authors' Rights in English Law and Practice in the Sixteenth and Seventeenth Centuries." In M. Woodmansee and P. Jaszi, eds., *The Construction of Authorship. Textural Appropriation in Law and Literature*, 191-209. Durham, NC: Duke University Press.

———. 1994b. *Publishing, Piracy, and Politics: An Historical Study of Copyright in Britain.* London: Mansell Publishing Limited.

Febvre, Lucien, and Henri-Jean Martin. 1976. *The Coming of the Book. The Impact of Printing 1450-1800.* London: NLB.

Federico, P. J. 1926. "Galileo's Patent." *Journal of the Patent Office Society* 8(August): 576-581.

———. 1929. "Origin and Early History of Patents." *Journal of the Patent Office Society* 11: 292-305.

Feltes, N. N. 1994. "International Copyright: Structuring 'the Condition of Modernity' in British Publishing." In M. Woodmansee and P. Jaszi, eds., *The Construction of Authorship. Textural Appropriation in Law and Literature*, 271-280. Durham, NC: Duke University Press.

Finger, Michael, and Philip Schuler. 1999. "Implementation of Uruguay Round Commitments: The Development Challenge." Paper presented to the WTO/World Bank Conference on Developing Countries in a Millennium Round, Geneva, 20-21 September.

Fink, Z. S. 1940. "Venice and English Political Thought in the Seventeenth Century." *Modern Philosophy* 38 (November): 155-172.

Finlay, Robert. 1980. *Politics in Renaissance Venice.* New Brunswick, NJ: Rutgers University Press.

Fisher, William W., III. 1999. "The Growth of Intellectual Property: A History of the Ownership of Ideas in the United States." <http://eon.law.harvard.edu/property/history.html> (accessed 26 January 2001).

Fisk, Catherine. 2003. "Authors at Work: The Origins of the Work-for-Hire Doctrine." *Yale Journal of Law and Humanities* 15: 1-69.

Fligstein, Neil. 1996. "Markets as Politics: A Political-Cultural Approach to Market Institutions." *American Sociological Review* 61, no. 4 (August): 656-673.

Friedman, Lawrence M. 2001. "Erewhon: The Coming Global Legal Order." *Stanford Journal of International Law* 37, no. 2: 347-364.

Frost, George E. 1991. "Watt's 31 Year Patent." *Journal of the Patent and Trademark Office Society* 73, no. 2 (February): 136-149.

Frumkin, Maximilian. 1945. "The Origin of Patents." *Journal of the Patent Office Society* 27 (3) (March): 143-149.

———. 1947. "Early History of Patents for Invention." *Transactions of the Newcomen Society* 1947-1949: 47-56.

Gakunu, Peter. 1989. "Intellectual Property: Perspective of the Developing World." Special trade conference issue, *Georgia Journal of International and Competition Law* 19, no. 2: 358-365.

General Agreement on Tariffs and Trade [GATT]. 1990. *News of the Uruguay Round of Multilateral Trade Negotiations* 41 (9 October). Geneva: Information and Media Relations Division of the GATT.

———. 1994. *Final Act Embodying the Results of the Uruguay Round of Multilateral Trade Negotiations*. Geneva: GATT Publication Services.

Genteli, Bruno. 1988. *Poetry and Its Public in Ancient Greece. From Homer to the Fifth Century*. Baltimore: Johns Hopkins University Press.

Gerulaitis, Leonardas Vytautas. 1976. *Printing and Publishing in Fifteenth Century Venice*.

London: Mansell Information Publishing/American Library Association.

Gervais, Daniel J. 2002. "The Internationalisation of Intellectual Property: New Challenges from the Very Old and the Very New." *Fordham Intellectual Property Media and Entertainment Journal* 12, no. 4: 929-990.

Ginsburg, Jane C. 2000. "International Copyright: From a 'Bundle' of National Copyright Laws to a Supranational Code?" *Journal of the Copyright Society of the USA* 47: 265-289.

———. 2001. "US Initiatives to Protect Works of Low Authorship." in R. Dreyfuss, D. L. Zimmerman, and H. First, eds., *Expanding the Boundaries of Intellectual Property: Innovation Policy for the Knowledge Society*, 55-77. Oxford: Oxford University Press.

Gleick, James. 2000. "Patently Absurd." *New York Times Magazine*, 12 March.

Goldstein, Paul. 1994. *Copyright's Highway: From Gutenberg to the Celestial Jukebox*. New York: Hill and Wang.

Gonzales, J. Patricio Saiz. 2002. "The Spanish Patent System (1770-1907)." *History of Technology* 24: 45-79.

Gorges, Michael J. 2001. "New Institutionalist Explanations for Institutional Change: A Note of Caution." *Politics* 21, no. 2: 137-145.

Greif, Avner. 1995. "Political Organisations, Social Structure, and Institutional Success: Reflections from Genoa and Venice During the Commercial Revolution." *Journal of Institutional and Theoretical Economics* 15, no. 4: 734-740.

Gutowski, Robert J. 1999. "The Marriage of Intellectual Property and International Trade in the TRIPs Agreement: Strange Bedfellows or a Match Made in Heaven?" *Buffalo Law Review* 47: 713-762.

Halbert, Deborah J. 1999. *Intellectual Property in the Information Age. The Politics of Expanding Ownership Rights*. Westport, CT: Quorum Books.

Halliday, Terence. 2004. "Comment on the Presidential Address: Crossing Oceans,

Spanning Continents: Exporting Edelman to Global Lawmaking and Market-Building." *Law and Society Review* 38 (June): 213-219.

Harries, Jill. 1999. *Law and Empire in Late Antiquity*. Cambridge: Cambridge University Press.

Hazan, Victor. 1970. "The Origins of Copyright Law in Ancient Jewish Law." *Bulletin of the Copyright Society of the USA* 18: 23-28.

Hegel, Georg W. F. 1967. *Philosophy of Right*. Oxford: Oxford University Press.

Hesse, Carla. 1990. "Enlightenment Epistemology and the Laws of Authorship in Revolutionary France, 1777-1793." *Representations* 30: 109-137.

———. 2002. "The Rise of Intellectual Property, 700 B.C.-A.D. 2000: An Idea in the Balance." *Daedalus* 13 1, no. 2 (Spring): 26-45.

Hewish, John. 1987. "From Cromford to Chancery Lane: New Light on the Arkwright Patent Trials." *Technology and Culture* 28: 80-86.

Hilaire-Pérez, Lilianne. 1991. "Invention and the State in 18th-Century France." *Technology and Culture* 32: 911-931.

Hill, Thomas A. 1924. "Origin and Development of Letters Patent for Invention." *Journal of the Patent Office Society* 6: 405-422.

Hirsch, Rudolf. 1967. *Printing, Selling, and Reading 1450-1550*. Wiesbaden, Germany: Otto Harrassowitz.

Hulme. E. Wyndham. 1896. "The History of the Patent System Under the Prerogative and at Common Law." *The Law Quarterly Review* 41 (April): 141-154.

———. 1897. "On the Consideration of the Patent Grant, Past and Present." *Law Quarterly Review* 51 (July): 313-318.

———. 1900. "The History of the Patent System Under the Prerogative and at Common Law. A Sequel." *The Law Quarterly Review* 16 (January): 44-56.

———. 1902. "On the History of Patent Law in the Seventeenth and Eighteenth

Centuries." *The Law Quarterly Review* 71 (July): 280-288.

Hunt, Alan. 1993. *Explorations in Law and Society: Towards a Constitutive Theory of Law.* New York: Routledge.

Hunter, David. 1986. "Music Copyright in Britain to 1800." *Music and Letters:* 269-282.

Janis, Mark D. 2002. "Patent Abolitionism." *Berkeley Technology Law Journal* 17: 899-952.

Jaszi, Peter. 1991. "Toward a Theory of Copyright: The Metamorphoses of Authorship.'" *Duke Law Journal* (April): 455-502.

Jenkins, Reese V. 2004. "Patents, Market Dominance, Western Union, Edison-GE, and Eastman Kodak." Paper prepared for ESRC Research Seminar Series, "Intellectual Property Rights, Economic Development, and Social Welfare: What Does History Tell Us?'" Ironbridge Gorge Museum, Coalbrookdale, UK, 26 April.

Jeremy, David. 2004. "Patents and Technology Transfer Between Nations: 1790-1851: Help, Hindrance, or Irrelevance: Lessons from History." Paper prepared for ESRC Research Seminar Series, "Intellectual Property Rights, Economic Development, and Social Welfare: What Does History Tell Us?" Ironbridge Gorge Museum, Coalbrookdale, UK, 26 April

Jones, Franklin D. 1926. "Historical Development of the Law of Business Competition." *Yale Law Journal* 35, no. 8 (June): 905-938.

Judge, Cyril Bathurst. [1934] 1968. *Elizabethan Book-Pirates.* New York: Johnson Reprint.

Kastriner, Lawrence. 1991. "The Revival of Confidence in the Patent System." *Journal of The Patent and Trademark Office Society* 73, no. 1 (January): 5-23.

Keating Jeoffrey. [1629]1854. *History of Ireland.* New York: John O'Mahoney.

Khan, B. Zorina. 2002. *Intellectual Property and Economic Development: Lessons from American and European History.* Commission on Intellectual Property Rights Study Paper la. <http://www.ipr.commission.org> (accessed 23 January 2003).

Khor, Martin. 2002. "Rethinking Intellectual Property Rights and TRIPs." In P. Drahos and R. Mayne, eds., *Global Intellectual Property Rights: Knowledge, Access, and Development*, 201-213. Basingstoke, UK: Palgrave Macmillan/Oxfam.

Kim, Selena. 2003. "The Reinforcement of International Copyright for the Digital Age." *Intellectual Property Journal* 16, nos. 1/3: 93-122.

Kingston, William. 1984. *The Political Economy of Innovation*. The Hague: Martinus Nijhoff Publishers.

———. 2004. "Schumpeter and Institutions: Do His 'Business Cycles' Give Enough Weight to Legislation?" Paper prepared for International Joseph A. Schumpeter Society, Tenth ISS Conference, "Innovation, Industrial Dynamics and Structural Transformation: Schumpeterian Legacies," 9-12 June, Universita Boccini, Milan, Italy.

Kirschbaum, Leo. 1946. "Author's Copyright in England Before 1640." *Publications of the Bibliography Society of America* 40: 43-80.

Klitzke, Ramon A. 1959. "Historical Background of the English Patent Law." *Journal of the Patent Office Society* 41, no. 9: 615-650.

Kobak, James, Jr. 1998. "Intellectual Property, Competition Law and Hidden Choice Between Original and Sequential Innovation." *Virginia Journal of Law and Technology* 3: article 6. <http://vjolt.student.virginia.edu/graphics/vol3/home_art6.html> (accessed 17 August 2004).

Kongolo, Tshimnaga. 2000. "The African Intellectual Property Organisations." *Journal of World Intellectual Property* 3, no. 2 (March): 265-288.

Krasner, Stephen. 1985. *Strutural Conflicts: The Third World Against Global Liberation*. Berkeley: University of California Press.

Kronstein, Heinrich, and Irene Till. 1947. "A Reevaluation of the International Patent Convention." *Law and Contemporary Problems* 12, no. 4 (Autumn): 765-781.

Kumar, Nagesh. 2003. "Intellectual Property Rights, Technology and Economic

Development." *Economic and Political Weekly* 38, no. 3 (18 January): 209-225. <http://www.epw.org.in/showArticles.php?root=2003&leat=01&filename=5391&filetype=pdf> (accessed 23 January 2003).

Kwakwa, Edward. 2001. "Some Comments on Rulemaking at the World Intellectual Property Organisation." *Duke Journal of Comparative and International Law* 12, no. 1: 179-195.

Ladas, Stephen P. 1975. *Patents, Trademarks, and Related Rights. National and International Protection.* 3 vols. Cambridge, MA: Harvard University Press.

Lametti, David. 2004. "The (Virtue) Ethics of Private Property: A Framework and Implications." in A. Hudson, ed., *New Perspectives on Property Law, Obligations, and Restitution.* London: Cavendish Publications.

Lathrop, H. B. 1922. "The First English Printers and Their Patrons." *The Library*, 4th ser., 3, no. 2 (September): 69-96.

Lemley, Mark A. 2004. "Ex Ante Versus Ex Post Justifications for Intellectual Property." Special issue, Colloquium on Intellectual Property, *University of Chicago Law Review* 71, no. 1 (Winter): 129-149.

Lessig, Lawrence. 2001a. "Copyright's First Amendment." *University of California Los Angeles Law Review* 48, no. 5: 1057-1073.

———. 2001b. *The Future of Ideas: The Fate of the Commons in a Connected World.* New York: Random House.

Lever, J. 1982. "The New Court of Appeals for the Federal Circuit (Part I)." *Journal of the Patent Office Society* 64, no. 3 (March): 178-208.

Litman, Jessica. 1989. "Copyright Legislation and Technological Change." *Oregon Law Review* 68, no. 2: 275-361.

———. 1991. "Copyright as Myth." *University of Pittsburgh Law Review* 53: 235-249.

———. 2001. *Digital Copyright.* Amherst, NY: Prometheus Books.

Locke, John. 1988. *Two Treatises on Government*. Cambridge: Cambridge University Press.

Logan, Oliver. 1972. *Culture and Society in Venice 1470-1790. The Renaissance and Its Heritage*. London: B. T. Batsford.

Long, Pamela O. 1991. "Invention, Authorship, 'Intellectual Property,' and the Origin of Patents: Notes Toward a Conceptual History." *Technology and Culture* 32, no. 4: 846-884.

Love, Harold. 1993. *Scribal Publication in Seventeenth-Century England*. Oxford: Clarendon Press.

Lowry, Martin J. C. 1979. *The World of Aldus Manutius. Business and Scholarship in Renaissance Venice*. Oxford: Basil Blackwell.

Lukes, Steven. 1973. *Individualism*. Oxford: Basil Blackwell.

Macfarlane, Alan. 1978. *The Origins of English Individualism. The Family, Property, and Social Transition*. Oxford: Basil Blackwell.

Machlup, Fritz, and Edith Penrose. 1950. "The Patent Controversy in the Nineteenth Century." *The Journal of Economic History* 10, no. 1 (May): 1-29.

Mackenney, Richard. 1987. *Tradesmen and Traders. The World of the Guilds in Venice and Europe, c. 1250-c. 1650*. London: Croom Helm.

———. 1992. "Venice." In R. Porter and M. Teich, eds., *The Renaissance in National Context*, 53-67. Cambridge: Cambridge University Press.

MacLeod, Christine. 1986. "The 1690s Patents Boom: Invention or StockJobbing?" *Economic History Review*, 2nd ser., 39, no. 4: 549-571.

———. 1988. *Inventing the Industrial Revolution. The English Patent System, 1660-1800*. Cambridge: Cambridge University Press.

———. 1991. "The Paradoxes of Patenting: Invention and Its Diffusion in 18th-and19th-Century Britain, France, and North America." *Technology and Culture* 32, no. 4: 885-910.

———. 1999. "Negotiating the Rewards of Invention: The Shop-floor Inventor in Victorian Britain." *Business History* 41, no. 2 (April): 1-13.

———. 2004. "Would There Have Been No Industrial Revolution Without Patents?" Paper presented at ESRC Research Seminar Series, "Intellectual Property Rights, Economic Development and Social Welfare: What Does History Tell Us?" Ironbridge Gorge Museum, Coalbrookdale, UK, 26 April.

Macpherson, C. B. 1962. *The Political Theory of Possessive Individualism*. Oxford: Oxford University Press.

———, ed. 1978. *Property. Mainstream and Critical Positions*. Oxford: Basil Blackwell.

Mandich, Giulio. 1948. "Venetian Patents (1450-1550)." *Journal of the Patent Office Society* 30, no. 3: 166-224.

March, James G., and Johan P. Olsen. 1989. *Rediscovering Institutions: The Organizational Basis of Politics*. New York: The Free Press.

Marden, Emily. 1999. "The Neem Tree Patent: International Conflict over the Commodification of Life." *Boston College International and Comparative Law Review* 22 (Spring): 272-295.

Marlin-Bennett, Renee. 2004. *Knowledge Power: Intellectual Property, Information, and Privacy*. Boulder, CO: Lynne Rienner Publishers.

Maskus, Keith. 1990. "Normative Concerns in the International Protection of Intellectual Property Rights." *The World Economy* 13: 387-409.

———. 2000. *Intellectual Property Rights in the Global Economy*. Washington, DC: Institute for International Economics.

Maskus, Keith, and Mohan Penubarti. 1995. "How Trade-Related Are Intellectual Property Rights?" *Journal of International Economics* 39: 227-248.

Maskus, Keith, and Jerome Reichman. 2004. "The Globalization of Private Knowledge Goods and the Privatization of Global Public Goods." *Journal of International*

Economic Law 7, no. 2: 279-320.

Masterson, Salathiel C. 1940. "Copyright: History and Development." *California Law Review* 28, no. 5 (July): 620-632.

Matthews, Duncan. 2002. *Globalising Intellectual Property Rights: The TRIPs Agreement*. London: Routledge.

May, Christopher. 2000. *A Global Political Economy of Intellectual Property Rights: The New Enclosures?* London: Routledge.

———. 2002a. *The Information Society: A Sceptical View*. Cambridge: Polity Press.

———. 2002b. "The Venetian Moment: New Technologies, Legal Innovation, and the Institutional Origins of Intellectual Property." *Prometheus* 20, no. 2 (June): 159-179.

———. 2003. "Digital Rights Management and the Breakdown of Social Norms." *First Monday* 8, no. 11 (November 2003). <http://firstmonday.org/issues/issues8_11/may/index.html> (accessed 27 May 2005).

———. 2004. "Capacity Building and the (Re) production of Intellectual Property Rights." *Third World Quarterly* 25, no. 5: 821-837.

McCalman, Phillip. 2001. "Reaping What You Sow: An Empirical Analysis of International Patent Harmonisation." *Journal of International Economics* 55, no. 1: 161-186.

McClure, Daniel M. 1979. "Trademarks and Unfair Competition: A Critical History of Legal Thought." *The Trademark Reporter* 69: 305-356.

Mearsheimer, John. 2002. *The Tragedy of Great Power Politics*. New York: W. W. Norton.

Merges, Robert P. 1995. "The Economic Impact of Intellectual Property Rights: An Overview and a Guide." *Journal of Cultural Economics* 19, no. 2: 103-117.

———. 2000. "One Hundred Years of Solicitude: Intellectual Property Law, 1900-2000." *California Law Review* 88, no. 6 (December): 2187-2240.

Meshbesher, Thomas M. 1996. "The Role of History in Comparative Patent Law." *Journal of the Patent and Trademark Office Society* 78, no. 9: 594-614.

Mgbeoji, Ikechi. 2003. "The Juridical Origins of the International Patent System: Towards a Historiography of the Role of Patents in Industrialisation." *Journal of the History of International Law* 5, no. 2: 403-422.

Michalopoulos, Constantine. 2003. *Special and Differential Treatment of Developing Countries in TRIPs*. TRIPs Issue Papers 2. Geneva: Quaker United Nations Office.

Mill, John Stuart. 1871. *Principles of Political Economy*. 7th ed. 2 vols. London: Longmans, Green, Reader, and Dyer.

Moore, Barrington. 1998. *Moral Aspects of Economic Growth and Other Essays*. Ithaca, NY: Cornell University Press.

Morris, Ian. 1986. "Gift and Commodity in Archaic Greece." *Man* 21: 1-17.

Mossoff, Adam. 2001. "Rethinking the Development of Patents: An Intellectual History 1550-1800." *Hastings Law Journal* 52 (August): 1255-1322.

Mowrey, David, and Nathan Rosenberg. 1998. *Paths of Innovation: Technological Change in 20th Century America*. Cambridge: Cambridge University Press.

Murumba, Samuel K. 1998. "Globalising Intellectual Property: Linkage and the Challenge of a Justice-Constituency." *University of Pennsylvania Journal of International Economic Law* 19, no. 2: 435-460.

Musungu, Sisule F., and Graham Dutfield. 2003. *Multilateral Agreements and a TRIPs-plus World: The World Intellectual Property Organisation*. TRIPs Issues Papers no. 3. Geneva: Quaker United Nations Office.

Nachbar, Thomas B. 2002. "Constructing Copyright's Mythology." *The Green Bag: An Entertaining Journal of Law* 6, no. 2D (Autumn): 37-46.

Nicoson, William. 1962. "Misuse of the Misuse Doctrine in Infringement Suits." *UCLA Law Review* 9: 74-108.

Nisse, Jason. 2003. "WTO Turned by America into 'Mafia Racket.'" *Independent on Sunday* (Business Section), 4 May, 1.

North, Douglass C. 1981. *Structure and Change in Economic History*. New York: W. W. Norton.

———. 1990. *Institutions, Institutional Change, and Economic Performance*. Cambridge: Cambridge University Press.

Nuvolari, Alessandro. 2001. "Collective Invention During the British Industrial Revolution: The Case of the Cornish Pumping Engine." Eindhoven Centre for Innovation Studies working paper 01.04. Eindhoven, the Netherlands: ECIS/Technische Universitiet Eindohoven.

Ochoa, Tyler T., and Mark Rose. 2002. "The Anti-Monopoly Origins of the Patent and Copyright Clause." *Journal of the Copyright Society of the USA* 49, no. 3: 675-706.

Oddi, A. Samuel. 1996. "TRIPS-Natural Rights and a 'Polite Form of Economic Imperialism.'" *Vanderbilt Journal of Transnational Law* 29: 415-470.

Okediji, Ruth. 1995. "Has Creativity Died in the Third World? Some Implications of the Internationalisation of Intellectual Property." *Denver Journal of International Law and Policy* 24, no. 1: 109-144.

———. 1996. "The Myth of Development, the Progress of Rights: Human Rights to Intellectual Property and Development." *Law and Policy* 18, nos. 3 and 4 (July/October): 315-354.

———. 1999. "Copyright and Public Welfare in Global Perspective." *Indiana Journal of Global Legal Studies* 7, no. 11: 117-189.

———. 2000. "Towards an International Fair Use Doctrine." *Columbia Journal of Transnational Law* 39: 75-175.

———. 2003. "Public Welfare and the Role of the WTO: Reconsidering the TRIPs Agreement." *Emory International Law Review* 17, no. 2 (Summer): 819-918.

Ostergard, Robert. 1999. "The Political Economy of the South African-United States Patent Dispute." *Journal of World Intellectual Property* 2, no. 6: 875-888.

Parsons, Ian. 1974. "Copyright and Society." In A. Briggs, ed., *Essays in the History of Publishing, in Celebration of the 250th Anniversary of the House of Longman*, 31-60. London: Longman.

Paster, Benjamin G. 1969. "Trademarks-Their Early History." *The Trademark Reporter* 59: 551-572.

Patterson, Lyman Ray. 1968. *Copyright in Historical Perspective*. Nashville, TN: Vanderbilt University Press.

———. 2001. "Copyright in the New Millennium: Resolving the Conflict Between Property Rights and Political Rights." *Ohio State Law Journal* 62, no. 20: 703-732.

Patterson, Ray, and Craig Joyce. 2003. "Copyright in 1791: An Essay Concerning the Founders' View of the Copyright Power Granted to Congress in Article I, Section 8, Clause 8 of the U.S. Constitution." *Emory Law Journal* 52, no. 3 (Spring): 909-952.

Pauwelyn, Joost. 2001. "The Role of Public International Law in the WTO: How Far Can We Go?" *American Journal of International Law* 95, no. 3 (July): 535-578.

Penrose, Edith T. 1951. *The Economics of the International Patent System*. Baltimore: Johns Hopkins University Press.

Perelman, Michael. 2002. *Steal This Idea: Intellectual Property Rights and the Corporate Confiscation of Creativity*. New York: Palgrave.

Petherbridge, Lee. 2001. "Intelligent TRIPs Implementation: A Strategy for Countries on the Cusp of Development." *University of Pennsylvania Journal of International Economic Law* 22, no. 4: 1029-1066.

Pforzheimer, Walter L. 1964 [1972]. "Historical Perspective on Copyright Law and Fair Use." In G. P. Bush, ed., *Technology and Copyright: Annotated Bibliography and Source Materials*. Mt. Airy, MD: Lamond Systems.

Phillips, Jeremy. 1982. "The English Patent as a Reward for Invention: The Importation of an Idea." *Journal of Legal History* 3, no. 1 (May): 71-79.

Picciotto, Sol. 2002. "Defending the Public Interest in TRIPs and the WTO." In P. Drahos and R. Mayne, eds., *Global Intellectual Property Rights: Knowledge, Access, and Development*, 224-243. Basingstoke, UK: Palgrave Macmillan/Oxfam.

Picciotto, Sol, and David Campbell. 2003. "Whose Molecule Is It Anyway? Private and Social Perspectives on Intellectual Property." In A. Hudson, ed., *New Perspectives on Property Law, Obligations, and Restitution*, 279-303. London: Cavendish.

Plant, Arnold. 1934. "The Economic Theory Concerning Patents for Inventions." *Economica* 1 (February): 30-51.

Ploman, Edward W., and L. Clark Hamilton. 1980. *Copyright. Intellectual Property in the Information Age*. London: Routledge and Kegan Paul.

Pohlmann, Hansjoerg. 1961. "The Inventor's Right in Early German Law." *Journal of the Patent Office Society* 43, no. 2: 121-139.

Polanyi, Karl. [1944] 1957. *The Great Transformation. The Political and Economic Origins of Our Time*. Boston: Beacon Press.

Pollard, Graham. 1937. "The Company of Stationers Before 1557." *The Library*, 4th ser., 18, no. 1 (June): 1-38.

Popplow, Marcus. 1998. "Protection and Promotion: Privileges for Inventions and Books of Machines in the Early Modern Period." *History of Technology* 20: 103-124.

Porter, Tony. 1999. "Hegemony and the Private Governance of International Industries." In C. Cutler, V. Haufler, and T. Porter, eds., *Private Authority and International Affairs*, 257-282. Albany: State University of New York Press.

Posner, Richard A. 2002. "The Law and Economics of Intellectual Property." *Daedalus* 131, no. 2 (Spring): 5-12.

Prager, Frank D. 1944. "A History of Intellectual Property from 1545 to 1787." *Journal of the Patent Office Society* 26, no. 11 (November): 711-760.

———. 1952. "The Early Growth and Influence of Intellectual Property." *Journal of the*

Patent Office Society 34, no. 2: 106-140.

———. 1964. "Examination of Inventions from the Middle Ages to 1836." *Journal of the Patent Office Society* 56, no. 4: 268-291.

Prescott, Peter. 1989. "The Origins of Copyright: A Debunking View." *European Intellectual Property Review* 1989, no. 12: 453-455.

Primo Braga, Carlos A. 1989. "The Economics of Intellectual Property Rights and the GATT: A View from the South." *Vanderbilt Journal of Transnational Law* 22: 243-264.

Rai, Arti, and Rebecca Eisenberg. 2003. "The Public Domain: Bayh-Dole Reform and the Progress of Biomedicine." *Law and Contemporary Problems* 66, nos. 1 and 2: 289-314.

Ramesh, Randeep. 2004. "Monsanto's Chapati Patent Raises Indian Ire." *The Guardian*, 31 January, 19.

Rangnekar, Dwijen. 2003. "Implementing the *Sui Generis* Option in the TRIPs Agreement: A Framework for Analysis." In H. Katrak and R. Strange, eds., *The WTO and Developing Countries*, 87-111. Basingstoke, UK: Palgrave Macmillan.

Ravetz, Jerome R. 1973. *Scientific Knowledge and its Social Problems*. Harmondsworth, UK: Penguin.

Reich, Arie. 2004. "The WTO as a Law-Harmonising Institution." *University of Pennsylvania Journal of International Economic Law* 25, no. 1: 321-382.

Reichman, Jerome. 1997. "From Free Riders to Fair Followers: Global Competition Under the TRIPs Agreement." *New York University Journal of International Law and Politics* 29: 11-93.

———. 2000. "The TRIPs Agreement Comes of Age: Conflict or Cooperation with the Developing Countries." *Case Western Reserve Journal of International Law* 32: 441-470.

———. 2002. "Database Protection in a Global Economy." *Revue Internationale de Droit*

Economique 2-3: 455-504.

Reichman, Jerome H., and Catherine Hasenzahl. 2002. *Non-Voluntary Licensing of Patented Inventions*. Geneva: UN Conference on Trade and Development/International Centre for Trade and Sustainable Development.

Reichman, Jerome, and Paul Uhlir. 2003. "A Contractually Reconstructed Research Commons for Scientific Data in a Highly Protectionist Intellectual Property Environment." *Law and Contemporary Problems* 66, nos. 1 and 2: 315-462.

Reitz, John C. 2001. "Political Economy as a Major Architectural Principle of Public Law." *Tulane Law Review* 75, no. 4 (March): 1121-1157.

Renouard, A. C. [1844] 1987. *Traite des Brevets d'invention*. Paris: Conservatoire National des Arts et Metiers.

Resnick, Stephen, and Richard Wolff. 2003. "Exploitation, Consumption, and the Uniqneness of US Capitalism." *Historical Materialism* 11, no. 4: 209-226.

Richards, Donald G. 2002. "The Ideology of Intellectual Property Rights in the International Economy." *Review of Social Economy* 60, no. 4 (December): 521-541.

Ricketson, Sam. 1987. *The Berne Convention for the Protection of Literary and Artistic Works: 1886-1986*. London: Kluwer/Centre for Commercial Law Studies.

Ritter, Dominique S. 2004. "Switzerland's Patent Law History." *Fordham Intellectual Property Media and Entertainment Law Journal* 14, no. 2: 463-496.

Robinson, A. J. K. 1991. "The Evolution of Copyright, 1476-1776." *The Cambrian Law Review* 22: 55-77.

Robinson, Eric. 1972. "James Watt and the Law of Patents." *Technology and Culture* 13: 115-139.

Rogers, E. S. 1910. "Some Historical Matter Concerning Trademarks." *University of Michigan Law Review* 9: 29-43.

Root, Robert K. 1913. "Publication Before Printing." *Publications of the Modern*

Language Association 28: 417-431.

Rose, Mark. 1993. *Authors and Owners. The Invention of Copyright*. Cambridge, MA: Harvard University Press.

———. 2002. "Copyright and Its Metaphors." *University of California Los Angeles Law Review* 50, no. 1: 1-15.

Rosenberg, Tina, 2001. "Look at Brazil." *New York Times* (Sunday magazine), 28 January. <http://www.nytimes.com/library/magazine/home/20010128mag.aids.html> (accessed 4 September 2004).

Ruggie, John Gerard. 1998. *Constructing the World Polity. Essays on International Institutionalization*. London: Routledge.

Ruston, Gerald. 1955. "On the Origin of Trademarks." *The Trade-Mark Reporter* 45: 127-144.

Sahai, Suman. 2003. "Indigenous Knowledge and Its Protection in India." In C. Bellmann, G. Dutfield, and R. Meléndez-Ortiz, eds., *Trading in Knowledge: Development Perspectives on TRIPS, Trade and Sustainability*, 166-174. London: Earthscan.

Salgar, Ana Maria. 2003. "Traditional Knowledge and the Biotrade: The Colombian Experience." In C. Bellmann, G. Dutfield, and R. Meléndez-Ortiz, eds., *Trading in Knowledge: Development Perspectives on TRIPS, Trade and Sustainability*, 184-189. London: Earthscan.

Samuelson, Pamela. 1997. "The U.S. Digital Agenda at WIPO." *Virginia Journal of International Law* 17: 369-439.

Saunders, David. 1993. "Purposes or Principle? Early Copyright and the Court of Chancery." *European Intellectual Property Review* (December): 452-456.

———. 1994. "Dropping the Subject: An Argument for a Positive History of Authorship and the Law of Copyright." In B. Sherman and A. Strowel, eds., *Of Authors and Origins: Essays in Copyright Law*, 93-110. Oxford: Clarendon Press.

Schiff, Eric. 1971. *Industrialisation Without National Patents: The Netherlands, 1869-1912; Switzerland, 1850-1907*. Princeton, NJ: Princeton University Press.

Scott, Brendan. 2001. "Copyright in a Frictionless World: Toward a Rhetoric of Responsibility." *First Monday* 6, no. 9 (September). <http://firstmonday.org/issues/issues6_9/scott/iudex.html> (accessed 30 September 2001).

Sell, Susan K. 1996. "North-South Environmental Bargaining: Ozone, Climate Change, and Biodiversity." *Global Governance* 2, no. 1 (February): 93-116.

———. 1998. *Power and Ideas. North-South Politics of Intellectual Property and Antitrust*. Albany: State University of New York Press.

———. 2003. *Private Power, Public Law. The Globalisation of Intellectual Property Rights*. Cambridge: Cambridge University Press.

Sell, Susan, and Aseem Prakash. 2004. "Using Ideas Strategically: The Contest Between Business and NGO Networks in Intellectual Property." *International Studies Quarterly* 48: 143-175.

Sen, Gautam. 2003. "The United States and the GATT/WTO System." In R. Foot, S. N. MacFarlane, and M. Mastanduno, eds., *US Hegemony and International Organisations*, 115-139. Oxford: Oxford University Press.

Shanker, Daya. 2003. "Legitimacy and the TRIPs Agreement." *Journal of World Intellectual Property* 6, no. 1: 155-189.

Sherman, Brad. 1995. "Remembering and Forgetting: The Birth of Modern Copyright Law." *Intellectual Property Journal* 10 (December): 1-34.

Shiffrin, Seana Valentine. 2001. "Lockean Arguments for Private Intellectual Property." In S. R. Mumzer, ed., *New Essays in the Legal and Political Theory of Property*, 138-167. Cambridge: Cambridge University Press.

Shiva, Vandana. 1997. *Biopiracy: The Plunder of Nature and Knowledge*. Cambridge, MA: South End Press.

———. 2001. *Protect or Plunder? Understanding Intellectual Property Rights*. London: Zed Books.

Silverstein, David. 1991. "Patents, Science, and Innovation: Historical Linkages and Implications for Global Competitiveness." *Rutgers Computer and Technology Journal* 17, no. 2: 261-319.

Smith, Adam. [1776] 1993. *An Inquiry into the Nature and Causes of the Wealth of Nations*. World Classics ed. Oxford: Oxford University Press.

Smith, Pamela. 2001. "How Do Foreign Patent Rights Affect U.S. Exports, Affiliate Sales, and Licenses?" *Journal of International Economics* 55: 411-440.

Stearns, Laurie. 1992. "Copy Wrong: Plagiarism, Process, Property, and the Law." *California Law Review* 80, no. 2: 513-553.

Steinberg, Richard H. 2002. "In the Shadow of Law or Power? Consensus-Based Bargaining in the GATT/WTO." *International Organisation* 56, no. 2 (Spring): 339-374.

Stewart, S. 1977. "Two Hundred Years of English Copyright Law." In *Two Hundred Years of English and American Patent, Trademark, and Copyright Law*. Papers delivered at the Bicentennial Symposium of the Section of Patent, Trademark, and Copyright Law, Annual Meeting, Atlanta, Georgia, 9 August 1976. Chicago: American Bar Association/American Bar Centre.

Stewart, Terence P. 1993. *The GATT Uruguay Round. A Negotiating History (1986-1992)*. Deventer, the Netherlands: Kluwer Law and Taxation Publishers.

Streibich, Harold C. 1975. "The Moral Right of Ownership to Intellectual Property: Part 1—From the Beginning to the Age of Printing." *Memphis State University Law Review* 6, no. 1: 1-35.

Suchman, Mark C. 1989. "Invention and Ritual: Notes on the Interrelation of Magic and Intellectual Property in Preliterate Societies." *Columbia Law Review* 89, no. 5 (June): 1264-1294.

Sullivan, Richard J. 1989. "England's 'Age of Invention': The Acceleration of Patents and Patentable Invention During the Industrial Revolution." *Explorations in Economic History* 26, no. 4 (October): 424-452.

Swinburne, James. 1886. "The Edison Filament Case." *The Telegraphic Journal and Electrical Review* 6 (August): 129-132.

Sykes, Katie. 2003. "Towards a Public Justification of Copyright." *University of Toronto Faculty of Law Review* 61, no. 1 (Winter): 1-38.

Thomas, Marcel. 1976. "Manuscripts." In L. Febvre and H-J. Martin. *The Coming of the Book. The Impact of Printing 1450-1800*, 15-26. London: NLB.

Thompson, James Westfall, ed. [1911] 1968. *The Frankfort Book Fair: The Francofordiense Emprorium of Henri Estiemme*. With historical introduction. New York: Burt Franklin.

Thrupp, Sylvia L. 1963. "The Gilds." In M. M. Postan, E. E. Rich, and E. Miller eds., *Economic Organisation and Policies in the Middle Ages*. Vol. 3 of *The Cambridge Economic History of Europe*, 230-280. Cambridge: Cambridge University Press.

Tooze, Roger, and Christopher May. 2002. *Authority and Markets: Susan Strange's Writings on International Political Economy*. Basingstoke, UK: Palgrave Macmillan.

Tschmuck, Peter. 2002. "Creativity Without Copyright: Music Production in Vienna in the Late Eighteenth Century." In R. Towse, ed., *Copyright in the Cultural Industries*, 210-220. London: Edward Elgar.

Tyler, Tom R. 1997. "Compliance with Intellectual Property Laws: A Psychological Perspective." *New York University Journal of International Law and Policy* 29: 219-235.

Uhlendorf, B. A. 1932. "The Invention of Printing and Its Spread till 1470, with Special Reference to Social and Economic Factors." *The Library Quarterly* 2, no. 3: 179-231.

Utkarsh, Ghate. 2003. "Documentation of Traditional Knowledge: People's Biodiversity Registers." In C. Bellmann, G. Dutfield, and R. Meléndez-Ortiz, eds., *Trading in Knowledge: Development Perspectives on TRIPS, Trade, and Sustainability*, 190-195.

London: Earthscan.

Vaidhyanatban, Siva. 2001. *Copyrights and Copywrongs: The Rise of Intellectual Property and How It Threatens Creativity*. New York: New York University Press.

Vaitsos, Constantine. 1972. "Patents Revisited: Their Function in Developing Countries." Special issue: Science and Technology Development, *Journal of Development Studies* 9, no. 1 (October): 71-97.

Vaver, David. 2001. "Recreating a Fair Intellectual Property System for the 21st Century." *Intellectual Property Journal* 15, no. 2: 123-141.

Verma, S. K. 1996. "TRIPs—Development and Technological Transfer." *International Review of Industrial Property and Copyright Law* 27, no. 3: 331-364.

VerSteeg, Russ. 2000. "The Roman Law Roots of Copyright." *Maryland Law Review* 59: 522-552.

Vukmir, Mladen. 1992. "The Roots of Anglo-American Intellectual Property Law in Roman Law." *IDEA—The Journal of Law and Technology* 32, no. 2: 123-154.

Wade, Robert Hunter. 2003. "What Strategies Are Viable for Developing Countries Today? The World Trade Organisation and the Shrinking of 'Development Space.'" *Review of International Political Economy* 10, no. 4 (November): 621-644.

Waldron, Jeremy. 1993. "From Authors to Copiers: Individual Rights and Social Values in Intellectual Property." *Chicago-Kent Law Review* 68: 841-887.

Walterscheid, Edward C. 1994a. "The Early Evolution of the United States Patent Law: Antecedents (Part 1)." *Journal of the Patent and Trademark Office Society* 76 (February): 77-107.

———.1994b. "The Early Evolution of the United States Patent Law: Antecedents(Part 2)." *Journal of the Patent and Trademark Office Society* 76 (September): 697-715.

———. 1995a. "The Early Evolution of the United States Patent Law: Antecedents(Part 3: 1)." *Journal of the Patent and Trademark Office Society* 77 (October):

771-802.

———. 1995b. "The Early Evolution of the United States Patent Law: Antecedents(Part 3: 2)." *Journal of the Patent and Trademark Office Society* 77(November): 847-857.

———. 1996. "The Early Evolution of the United States Patent Law: Antecedents(Part 4)." *Journal of the Patent and Trademark Office Society* 78 (February): 77-107.

Waltz, Kenneth. 1979. *Theory of International Politics*. Reading, MA: Addison-Wesley.

Warner, Julian. 1999. "Information Society or Cash Nexus? A Study of the United States as a Copyright Haven. *Journal of the American Society for Information Science* 50, no. 5 (April): 461-470.

Warner, Mark. 2002. "Global Intellectual Property Rights: Boundaries of Access and Enforcement: Panel I: AIDS Drugs and the Developing World: The Role of Patents in the Access of Medicines." *Fordham Intellectual Property, Media, and Entertainment Law Journal* 12 (Spring): 675-751.

Watal, Jayashree. 2003. *Intellectual Property Rights in the WTO and Developing Countries*. New Delhi: Oxford India Paperbacks.

Weeraworawit, Weerawit. 2003. "International Legal Protection for Genetic Resources, Traditional Knowledge, and Folklore: Challenges for the Intellectual Property System." In C. Bellmann, G. Dutfield, and R. Meléndez-Ortiz, eds., *Trading in Knowledge: Development Perspectives on TRIPS, Trade, and Sustainability*, 157-165. London: Earthscan.

Wegner, Harold C. 1993. *Patent Harmonisation*. London: Sweet and Maxwell.

Weiler, Joseph H. H. 2000. *The Rule of Lawyers and the Ethos of Diplomats: Reflections on the Internal and External Legitimacy of WTO Dispute Settlement*. Harvard Jean Monnet Working Paper 9/00. Cambridge, MA: Harvard Law School.

Wilkins, Mira. 1992. "The Neglected Intangible Asset: The Influence of the Trade Mark on the Rise of the Modern Corporation." *Business History* 34, no. 1(January): 66-95.

Williston, Samuel. 1909. "The History of the Law of Business Corporations Before1800." In *Select Essays in Anglo-American Legal History*, vol. 3. Cambridge: Cambridge University Press.

Wilson, Nigel. 1977. "The Book Trade in Venice ca 1400-1515." In H. G. Beck, M. Manoussacas, and A. Pertusi, eds., *Venzia. Centro di Mediazione fra Oriente e Occidente (secoli XV-XVI): Aspekti e Problemi*, 381-397. Vol. 2. Florence: Leo. S. Olschki.

Woodbury, L. 1968. "Pindar and the Mercenary Muse: *ISTHM*. 2.1-13." *Transactions and Proceedings of the American Philological Association* 99: 527-542.

Woodmansee, Martha. 1984. "The Genius and the Copyright: Economic and Legal Conditions of the Emergence of the 'Author.'" *Eighteenth Century Studies* 17: 425-448.

Woodmansee, Martha, and Peter Jaszi. 2004. "Copyright in Transition." Paper presented at Queen Mary/ESRC Research Seminar, "Intellectual Property Rights, Economic Development, and Social Welfare: What Does History Tell Us?" Edinburgh, 9 July.

———, eds. 1994. *The Construction of Authorship. Textual Appropriation in Law and Literature*. Durham, NC: Duke University Press.

World Bank. 2002. *Global Economic Prospects and the Developing Countries*. Washington, DC: International Bank for Reconstruction and Development.

World Intellectual Property Organisation [WIPO]. 1988. *Background Reading Material on Intellectual Property*. WIPO Publication 40. Geneva: WIPO.

———. 2002. *WIPO Patent Agenda: Options for Development of the International Patent System*. Document A/37/6. Geneva: WIPO.

Yu, Peter. 2004. "The Escalating Copyright Wars." *Hofstra Law Review* 32(Spring): 907-951.

Zoundjihekpon, Jeanne. 2003. "The Revised Bangui Agreement and Plant Variety

Protection in OAPI Countries." In C. Bellmann, G. Dutfield, and R. Meléndez-Ortiz, eds., *Trading in Knowledge: Development Perspectives on TRIPs, Trade, and Sustainability*, 109-116. London: Earthscan Publications.

索 引[*]

（索引中所涉页码均为原书页码，即本书边码）

A

Abel, C.F 卡尔·弗里德里希·阿贝尔，96

Acontius, Jacobus 雅各布斯·阿康提乌斯，80，81

Act of Anne（1710）《安妮法》（1710年），87-97；authorship and 作者身份与～，101；contrast with postrevolutionary France 与大革命后的法国的对比，103；individualism and 个人主义与～，57

Advertising 广告业，97

Africa 非洲：AIDS in 艾滋病，2，3，198；farming in 农业，192，193；use of patents in 专利的使用，170；traditional knowledge in 传统知识，196；TRIPs Council and《与贸易有关的知识产权协定》理事会与～，213

Agriculture 农业，157，192-194；cartels and 卡特尔与，129，134；subsidies and 补贴与，217

Aguilar, Grethel 格雷特·阿吉拉尔，195

Acquired immunodeficiency syndrome（AIDS）获得性免疫缺陷综合征（艾滋病），1，2，124，170，180，198，171n8

Aldine Press 阿尔定出版社，66，67；另参见：Manutius, Aldus 阿尔杜斯·马努蒂乌斯，66，67

Alford, William 安守廉，72

American Association of Publishers（AAP）美国出版商协会，148

---

[*] 由于本书章后注统一改为页下脚注，原章后注所占页码，在本书边码中将不再体现，因此索引中出现注释页码时，改为该注释在原书正文中对应的页码，即本书边码。——译者

American Copyright League（ACL）美国版权联盟，121

American Pharmaceutical Association（APA）美国医药协会，134，135

American Society for Composers, Authors, and Publishers（ASCAP）美国作曲家、作家和出版商协会，146，147

Anawalt 阿纳沃特，23，164，209

Anell, Lars 拉尔斯·阿内尔，158，158n18

Anticircumvention 反规避，181，210

Anticompetitive practices 反竞争行为，16，24，86，136，189；guilds and 行会与～，52，63；trade secrets, TRIPs and 商业秘密、《与贸易有关的知识产权协定》与～，172

Antitrust regulations 反垄断政策，27，134-137，139，146，189，206；relaxation of 放宽，143，144

Anton Piller v. Manufacturing Processes 安东·皮勒诉制造工艺有限公司案，173

Arblaster, Paul 保罗·阿布拉斯特，78

Archer, Margaret 玛格丽特·阿切尔，33-36

Ariosto 阿里奥斯托，69

Arkwright, Richard 理查德·阿克莱特，109，110，159

Arrow, Keith 肯尼斯·阿罗，22

Aston, Justice 阿斯顿大法官，94

Austro-Hungarian Empire 奥匈帝国，118

B

Bach, J.C. 约翰·克里斯蒂安·巴赫，96

Bacon, Francis 弗朗西斯·培根，84

Bali 巴厘，72-73

Barbaro, Daniele 丹尼尔·巴巴罗，69

Bawa, Rafik 拉菲克·巴瓦，188，205-206，209

Bayer 拜耳，127，159，200

Beatty, Edward 爱德华·贝亚蒂，128

Belgium 比利时，47，199

Ben Hur《宾虚传》，147

Bentham, Jeremy 杰里米·边沁，22

Bern Convention for the Protection of Literary and Artistic Works《保护文学和艺术作品伯尔尼公约》，120-122，130，163-166，208

Bettig, Ronald 罗纳德·贝蒂格，20n3

Bhagwati, Jagdish 贾格迪什·巴格瓦蒂, 116n5

Bilateral political pressure 双边政治压力, 148, 161, 162, 165, 169, 193, 198

Bilateral trade sanctions 双边贸易制裁, 155, 180

Bilateral treaties 双边条约, 119-120, 122, 157, 178, 203

Biopiracy 生物盗版, 3, 178, 194, 195

Biotechnology 生物技术, 8, 144, 169, 180, 189-194

Black, Donald 唐纳德·布莱克, 19

Blakeney 布莱克尼, 192

Bleistein v. Donaldson Lithographic Co. 布莱斯通诉唐纳森石版印刷公司案, 125-126

Blocking patents 排除他人使用的专利, 141

Blonder-Tongue Laboratories, Inc. v. University of Illinois Foundation 布朗德-唐公司诉伊利诺伊大学基金会案, 142

Boisson de Chazournes, Lawrence 劳伦斯·布瓦松·德·查祖尔, 162

Bookselling 图书销售行业；参见：Publishing 出版业

Bouckaert, Boudewijn 鲍德韦因·鲍克尔特, 4

Boulton, Matthew 马修·博尔顿, 99

Boulton and Watt v. Bull 博尔顿和瓦特诉布尔案, 98

Bourdieu, Pierre 皮埃尔·布迪厄, 38-39

Bowrey, Kathy 凯西·鲍雷, 15

Boyle, James 詹姆斯·博伊尔, 19n2, 145

Brady, Robert 罗伯特·布雷迪, 136

Braithwaite, John 约翰·布雷斯韦特, 137, 138, 144, 178

Branding 品牌, 10, 121, 141

Braudel, Fernand 费尔南·布罗代尔, 61

Brazil 巴西, 1, 170, 180, 187, 171n8

Brenner-Beck, Dru 德鲁·布伦纳-贝克, 186, 205

Bricks 砖, 45

Britain 英国：cartels in 卡特尔, 135; chemical sector in 化工行业, 127, 135n1; conflicts over copyright with United States 与美国的版权冲突, 114, 120; cotton industry in

棉花行业, 130, 139, 159; digital rights management in 数字权利管理, 181; economic development of 经济发展, 186; electrical industry in 电气工业, 123, 129; German trademark violations and 德国商标侵权与~, 208; industrial revolution in 工业革命, 111; international patent fee levels 国际专利费水平, 187; law in 法律, 57-58, 75, 173; legal innovations in 法律革新, 79-105; patent controversy in 专利纠纷, 116; patent fees in 专利费, 113

British Parliament 英国议会, 38, 82, 89-92, 99, 110

Broadcast Music, Inc.（BMI）广播音乐公司, 146

Broadcast rights 广播权, 8, 166

Brunelleschi, Filippo 菲利波·布鲁内莱斯基, 54-55

Bugbee, Bruce 布鲁斯·巴格比, 55

Burch 伯奇, 18, 19, 163

Burckhardt, Jacob 雅各布·布克哈特, 57

Business methods patents 商业方法专利, 8, 194, 211

C

Callan, Benedicte 本尼迪克特·卡兰, 171*n*7, 208

Canada 加拿大, 187, 196, 170*n*6

Capitalism 资本主义: corporate capitalism 企业资本主义, 118, 128; early history of 早期历史, 12, 66, 68, 86, 87, 97, 102; global capitalism 全球资本主义, 34, 107, 143; modern capitalism 现代资本主义, 4, 31, 73, 109, 189*n*14; scarcity and capitalist economic relations 稀缺性与资本主义经济关系, 19, 22; transition from feudalism to capitalism 从封建主义到资本主义的过渡, 17, 98, 105

Carbrier v. Anderson 卡布里埃诉安德森案, 97

Carson, Anne 安妮·卡森, 46

Cartels 卡特尔, 128, 129, 134-139, 144, 159, 189, 206

Cecil, William 威廉·塞西尔, 81, 83

Cellophane 玻璃纸, 136

Champagne 香槟, 11

Chandler, Alfred 阿尔弗雷德·钱德

索 引

勒，128

Chang, Ha-Joon 张夏准，204，207，217

Charles Ⅰ（of England）查理一世（英国），82

Charles Ⅴ（of France）查理五世（法国），52，76

Chase Act（1891）蔡斯法案（1891），121

Chavasse, Ruth 露丝·查瓦斯，68n8

Chemical industry 化学工业，113，119，122，127，136，153，159

Chemicals 化学品，117，134-137，141，144，135n1，190

China 中国，72，179，189

Cicero 西塞罗，48，56

Clementine Index 克莱门特禁书目录，70

Clockmakers 钟表匠，85，97

Coca-Cola 可口可乐，10，11

Coke, Sir Edward 爱德华·科克爵士，83，84

Cold war 冷战，161

Colombia 哥伦比亚，197

Commission on Intellectual Property Rights（CIPR）知识产权委员会（CIPR），183-184，205，210-211

Commodification 商品化，6，23，96，109，185，192；authors' rights and 作者权利与～，93，102；"efficiency" and "效率"与～，21；Greek poetry and 希腊诗歌与～，45-47；individualism and 个人主义与～，101；Karl Polanyi and 卡尔·波兰尼与～，17，18；new technologies and 新技术与～，145；TRIPs and《与贸易有关的知识产权协定》与～，158，175，179；参见：Enclosure "Common heritage of mankind" 附件"人类的共同遗产"，196

Common, John 约翰·康芒斯，37

Communal knowledge 公共知识，191，193

Composers, of music 音乐作曲家，95-96

Compulsory licenses 强制许可，111，119，159，170，189，198；AIDS and 艾滋病与～，2，180；terrorism and 恐怖主义与～，170n6；TRIPs and《与贸易有关的知识产权协定》与～，2，167-168，171，

176，188，171n8；Venetian use of 威尼斯的运用，58；World War II and 第二次世界大战与～，137

Computing 计算机，147，153，147n12

Confucianism 儒家思想，72

Consultative Group on International Agricultural Reassert（CGIAR）国际农业研究咨询小组，192，193

Consumer electronics 消费化电子，140

Content industries 内容行业，141，154，167，181；参见：Movie industry；Music industry 电影行业；音乐行业

Convention on Bio-Diversity（CBD）《生物多样性公约》，190-192

Copyright，for listings 列表版权，9，166

Copyright deposit 版权呈缴，91

Copyright misuse doctrine 版权滥用理论，27

Copyright Term Extension Act《版权期限延长法》，152

Cornish，William 威廉·科尼什，82，147

Corporations 公司，133，134，147，172，193；abolitionists and 专利废除主义者与～，115；biopiracy and 生物盗版与～，195；blocking patents and 排除他人使用的专利与～，141；business organization and 商业组织与～，128，139；early history of 早期历史，101；market domination by 对市场的支配，118，137，187-188，206；WIPO and 世界知识产权组织与～，211，214；works-for-hire provisions and 雇佣作品原则与～，124-127

Correa，Carlos 卡洛斯·科雷亚，216

Costa Rica 哥斯达黎加，197

Coulter，Moureen 穆林·库尔特，116

Court of Appeals for the Federal Circuit（CAFC）联邦巡回上诉法院，141-143

Cox，Robert 罗伯特·考克斯，28，31-33，39-40

Critical theory 批判理论，32，33，41

Crumpe，Robert 罗伯特·克拉姆普，85

Cullis，Roger 罗杰·库利斯，112，123

D

Databases 数据库，148-151，166，166n4

David，Paul 保罗·大卫，16，18，53，

59，82，88，151，216

Davies, D.Seaborne 西伯恩·戴维斯，85n5

Dawson Chem. Co. v. Rohm Haas Co. 陶氏化学公司诉罗门哈斯公司案，141

Defoe, Daniel 丹尼尔·笛福，92，96，125

Depoliticization 非政治化，24，162，179，180，213

Dhanjee, Rajan 拉詹·丹吉，162

Diamond v. Chakrabaty 戴蒙德诉查克拉巴蒂案，145，190

Dickens, Charles 查尔斯·狄更斯，114

Diderot, Denis 丹尼斯·狄德罗，96

Digital divide 数字鸿沟，182

Digital Millennium Copyright Act（DMCA）《数字千年版权法》，181-183，210

Digital rights management 数字版权管理，19，181-185，182n11，210

Dinwoodie, Graeme 格雷姆·丁伍迪，213

Disney Corporation 迪士尼公司，152

Doha Declaration on the TRIPs Agreement and Public Health 《TRIPs 与公共健康多哈宣言》，2，171，174，175，188

Dolza, Luisa 路易莎·多尔扎，103n14

Donaldson v. Beckett 德纳森诉贝克特案，94-96

Drahos, Peter 彼得·德霍斯，39n10，137，144，178，213，217

Dreyfuss, Rochelle Cooper 罗谢尔·库珀·德莱弗斯，198

Droit d'auteur 作者权利；见：Moral rights 道德权利

Droz, Numa 努马·德罗茨，120

Du Pont 杜邦公司，128，135，136，144

Dutfield, Graham 格雷厄姆·杜菲尔德，144，196，204，214

Dyestuffs industry 染料工业，126，127，137

E

East India Company 东印度公司，86

Eastman Kodak 伊士曼柯达公司，127，140，143

Economic development 经济发展，3，29，57，97，103，158-159，161，175；developing countries and 发

展中国家与~, 156, 217; differ-
ing stages of 不同阶段, 176, 177,
198-199, 204, 205, 216; early pat-
ents and 早期专利与~, 53, 105;
technology transfer and 技术转让
与~, 185-199; United States and
美国与~, 118, 141; Venice and
威尼斯与~, 58, 61; WIPO and
世界知识产权组织与~, 213
Economic narrative 经济叙述, 21,
26, 117, 128, 159, 175
Edelman, Lauren 劳伦·爱德曼,
158-159
Eden, Kathy 凯西·伊登, 67
Edison and Swan Electric Light Co.v.Holland
爱迪生和斯旺电灯公司诉荷兰案,
123
Edison, Thomas 托马斯·爱迪生,
26, 118, 122-124, 127-131,
133, 137, 179, 188
Edward III 爱德华三世, 52
Efficiency 效率, 17, 21, 22, 30, 204;
narrative of 叙述, 29, 32, 97, 117,
214
Egypt 埃及, 45
Eisenstein, Elizabeth 伊丽莎白·艾森
斯坦, 57
Elangi Botoy, Ituku 伊图库·伊兰
吉·波托伊, 207
Electrical industries 电气工业, 117,
122-124, 128, 129, 134-137,
179, 189
Elizabeth I 伊丽莎白一世, 80-82, 89
Elsevier 爱思唯尔, 85n2
Enclosure 圈地, 16, 57, 184; 参见:
Commodification 商品化
English Civil War 英国内战, 84
Erasmus 伊拉斯谟, 67, 68n8, 78
European Copyright Directive 欧盟版
权指令, 210
European Economic Community 欧
洲经济共同体, 139
European Directive on the Legal Pro-
tection of Databases 关于数据库
法律保护的欧洲指令, 148-151,
166n4
European Patent Office 欧洲专利局,
8, 177, 215
European Union (EU) 欧盟, 148,
180, 181, 191, 212; bilateral trea-
ties and 双边条约与~, 178, 203;
multilateral trade negotiations and

多边贸易谈判, 157, 162, 217, 218; TRIPs and《与贸易有关的知识产权协定》与～, 168; WIPO Copyright Treaty and《世界知识产权组织版权条约》与～, 181n10

Exhaustion of rights 权利用尽, 9, 165, 173; European negotiators and 欧洲谈判代表与～, 165

F

Fair use/fair dealing 合理使用/公平交易, 9, 149, 150, 168, 181–185

Farey, John 约翰·法雷, 99

Farmers' rights 农民权利, 178, 191

Farming 农业, 44, 192

Feather, John 约翰·费瑟, 92, 93

Federico, P.J. 费德里科, 52

Feist Publications v.Rural Telephone Service 费斯特出版社诉乡村电话服务公司案

Felten, Edward 爱德华·费尔顿, 181–182

Finger, Michael 迈克尔·芬格, 178

Fisher, William 威廉·费舍尔, 29, 108, 147

Flanders 佛兰德斯, 75

Fisk, Catherine 凯瑟琳·菲斯克, 124–126

Fligstein, Neil 尼尔·弗莱格斯坦, 24

Florence 佛罗伦萨, 54, 55

Food and Agricultural Organization (FAO) 粮农组织, 191, 192

Foray, Dominique 多米尼克·弗雷, 151

Fortis oil lamps 福蒂斯油灯, 47

Forum shopping 挑选法院, 142, 209

Foullon, Abel 阿贝尔·福隆, 76

Frankfurt Book Fair 法兰克福书展, 78, 87

France 法国: copyright in 版权, 120; early copyrights in 早期版权, 103; early patents in 早期专利, 75–77, 85, 104; export of law by 法律输出, 105; international patent fee levels 国际专利费水平, 187; patents in 专利, 112, 186; public domain in 公共领域, 103n13; publishing rights in 出版权, 88, 102, 114, 119; rights discourse in 权利论述, 101, 104, 126; TRIPs and《与贸易有关的知识产权协定》与～, 167, 168

French Revolution 法国大革命, 98, 100–104

Friedman, Lawrence 劳伦斯·弗里德曼, 39

Functionalism 功能主义, 21, 28-30, 32; technology and 技术与~, 30, 40

Frumkin, Maximillian 马克西米利安·弗鲁姆金, 76

G

Galileo 伽利略, 63

General Agreement on Tariffs and Trade (GATT)《关税与贸易总协定》, 139, 153, 154, 161-164, 169, 203, 214

General Agreement on Trade in Services (GATS)《服务贸易总协定》, 161, 176

General Electric 通用电气, 127-129, 134, 135, 189

General System of Preference (GSP) 普惠制, 155

Genetic modification 转基因, 190, 192

Genius 天才, notion of 观念, 30, 46, 52, 57, 100, 102, 108, 115, 122

Genteli 根泰利, 46

Geographical indicators 地理标记, 11, 168

Germany 德国: business organization in 商业组织, 136, 139; chemical industry in 化学工业, 113, 126, 127, 119n8, 134, 137, 159, 135n1; chemical patents appropriated from 化学专利, 135; early copyrights in 早期版权, 88; early patents in 早期专利, 76, 77, 85; imperial legal structure dismantled 帝国法律结构瓦解, 78; international patent fee levels 国际专利费水平, 187; militarism in 军国主义, 138; patents in 专利, 118, 119, 186; post-war reconstruction in 战后重建, 139; printers from 印刷商, 65; natural rights doctrine in 自然权利学说, 114; second industrial revolution and 第二次工业革命与~, 117, 130; trademark infringements in 商标侵权, 208

Gervais, Daniel 丹尼尔·热尔韦, 196, 197

Ghana 加纳, 1

Glass 玻璃, 53, 60, 75, 76, 81, 84, 85, 136

Global civil society 全球社群, 176, 207
Globalization 全球化, 130, 184
Gonzalez, J.Patricio Saiz 帕特里西奥·萨伊兹·冈萨雷斯, 112
Gorges, Michael 迈克尔·戈杰斯, 33
Gorlin, Jacques 雅克·戈林, 158*n19*
Government intervention 政府干预, 16, 159; corporate suspicion of 企业的看法, 115; early models of 早期范例, 4, 71; markets and 市场与～, 24; mercantilism and 重商主义与～, 85, 109; new technologies and 新技术与～, 12, 97, 170, 206; printing and 印刷与～, 88; public welfare and 公共福利与～, 23
Greece 希腊, 45-47
Griffiths, D.W. 戈里菲斯, 147
Grotius, Hugo 雨果·格劳秀斯, 86
Group of 77 77国集团, 156
Guilds 行会, 44, 49-56, 60-63, 69, 71, 79, 85-88, 104
Gutenberg 古腾堡, 56, 72

H

Hall marking 金银纯度标志, 44
Halliday, Terence 特伦斯·哈利迪, 159
Hamilton, Walter 沃尔特·汉密尔顿, 17
Harper Brothers Publishers 哈珀兄弟出版社, 147
Hartlib, Samuel 塞缪尔·哈特利布, 84
Harvard University, and transgenic mouse 哈佛大学以及转基因小鼠, 145
Hazan, Victor 维克多·哈桑, 71
Hegel, Georg 格奥尔格·黑格尔, 21
Hegelian narrative 黑格尔的叙述, 21, 92, 117
Henry II 亨利二世, 50
Henry VIII 亨利八世, 88
Henry v. A.B.Dick Co. 亨利诉爱宝迪案, 141, 144
Hesse, Carla 卡拉·黑塞, 106, 114, 120, 121
High technology sector 高科技行业, 143, 147, 189, 208
Hilaire-Perez, Lilianne 莉莲娜·希莱尔·佩雷斯, 103*n14*
Hirsch, Rudolf 鲁道夫·赫希, 55
Hoechst 霍克斯特, 127
Holmes, Oliver Wendell 奥利弗·温德尔·霍姆斯, 125-126, 146

Hooke, Robert 罗伯特·胡克, 25

Hugo, Victor 维克托·雨果, 120

I

IBM 国际商业机器公司, 147n12

Idea-expression distinction 思想与表达区分, 7, 151

India 印度, 179, 180, 189; basmati rice patent and 印度香米专利与～, 193-194; biopiracy and 生物盗版与～, 195; farmers' rights movement in 印度农民权利运动, 178; generic medicine manufacturers in 印度仿制药制造商, 1; refrigerator component manufacturers in 印度冰箱部件制造商, 187, 188; traditional knowledge database 传统知识数据库, 197

Individualism 个人主义: absence of idea of 理念的缺位, 72-73, 196; Act of Anne and《安妮法》与～, 93; authorship and 作者身份与～, 57, 78; Greek poetry and 希腊诗歌与～, 46; growing idea of 个人主义理念的产生与扩大, 97, 105; guilds and 行会与～, 51-52, 61; rights discourse and 权利论述与～, 101, 103; Roman authors and 罗马作家与～, 47-48; TRIPs and《与贸易有关的知识产权协定》与～, 163, 175, 189

Industrial designs 工业设计, 10, 168

Industrial revolution 工业革命, 86, 101, 105, 111, 117; second 第二次工业革命, 117, 122

Information and communications technologies 信息和通信技术, 153, 154, 166

Innovation 创新, 32, 38, 84, 115; capitalism and 资本主义与～, 98; competition and 竞争与～, 86, 100, 136; early patents for 早期专利带来的（创新）, 76-77; economic development and 经济发展与～, 179, 186, 199, 217; guilds and 行会与～, 52, 63; individualism and 个人主义与～, 102, 105; Isaac Newton and 艾萨克·牛顿与～, 25; James Watt and 詹姆斯·瓦特与～, 99; legislative support for（创新的）立法支持, 22, 28, 58, 59, 80; patent examination and 专利审查与~, 194; social value of (创新的) 社会价值, 23, 26; Thomas Edison and 托马斯·爱迪生与~, 122; threats to 对 (创新的) 威胁, 26-27, 184, 206; TRIPs and《与贸易有关的知识产权协定》与~, 165

Integrated circuits 集成电路, 11, 140, 164, 172

Intel 英特尔, 188n13

Intellectual property, the phrase 知识产权说法, 18, 32, 95, 96, 104

International Property Committee (IPC) 国际财产委员会, 154

International Convention for the Protection of New Varieties of Plants (UPOV)《保护植物新品种国际公约》, 169, 190, 191

International Literary and Artistic Association (ILAA) 国际文学艺术协会, 120

International Monetary Fund (IMF) 国际货币基金组织, 1, 139

International trade 国际贸易, 21, 64, 108; early printing and 早期印刷术与~, 66; governance of 国际贸易管理, 3, 153, 175, 179, 203; mercantilism and 重商主义与~, 81, 105; the patent controversy and 专利争议与~, 115, 116; TRIPs and《与贸易有关的知识产权协定》与~, 163, 164

International Union for the Protection of Industrial Property 保护工业产权国际联盟, 119

Internet 互联网, 3, 10, 181-184, 210, 213

Internet Corporation for Assigned Names and Numbers (ICANN) 互联网名称与数字地址分配公司, 213

Ireland 爱尔兰 49

Italy 意大利 187

J

James I 詹姆斯一世, 82, 88

Janis, Mark 马克·贾尼斯, 116

Japan 日本, 156, 157, 212; consumer technologies from 消费化技术, 140; economic development of 经济发展, 186, 205; industrial associations in 行业协会, 154;

microchips from 芯片, 148; militarism in 军国主义, 138; post-war reconstruction in 战后重建, 139; Washington Treaty on Intellectual Property in Respect of Integrated Circuits and《华盛顿集成电路知识产权条约》与～, 172; WIPO Copyright Treaty and《世界知识产权组织版权条约》与～, 181n10

Jaszi, Peter 彼得·贾西, 101–102, 125

Jenkins, Reese 里斯·詹金斯, 122, 129

Jeremy, David 大卫·杰里米, 113

John de Spira 约翰·德·斯皮拉, 56, 65

John of Utynam 约翰·乌蒂纳姆, 52–53

Justification on intellectual property 知识产权的正当性; 见: Narratives of justification 正当性叙述

K

Kastriner, Lawrence 劳伦斯·卡斯特里纳, 141, 143

Kaufer, Erich 埃里克·考夫, 60n4

Kay, John 约翰·凯, 103n14

Keene v. Wheatley 基恩诉惠特利案, 125

Kefauver investigation 凯福弗调查, 139–140

Kempe, John 约翰·肯普, 52

Kentucky Fried Chicken 肯德基, 11

Kenya 肯尼亚, 3

Khan, Zorina 佐里娜·卡恩, 205

Kim, Selelam 塞莱兰·金, 181n10

Kingston, William 威廉·金斯顿, 118, 119n8

Knowledge industries 知识产业, 11, 22

Kobak, James 詹姆斯·科巴克, 139

Korea 韩国, 72, 186–189, 205

Kroft, Sid and Marty 希德和克罗夫特·马蒂, 151, 152

Kumar, Nagesh 纳格什·库马尔, 186, 188

Kwakwa, Edward 爱德华·克瓦, 212–213

L

Lametti, David 大卫·拉梅蒂, 37

Law 法律: language and 语言与～, 39; markets and 市场与～ 19–22, 24, 29, 86; social norms and 社

会规范与～17, 19, 28, 215, 216; symbolic power of 典型形式, 38-39

Lean's Engine Reporter《莱恩引擎报道者》, 100

Lefferts, Marshall 马歇尔·莱弗茨, 122

Legalization 合法化, 179-180

Lemley, Mark 马克·莱姆利, 108, 109, 152

Lessig, Lawrence 劳伦斯·莱斯格, 152, 153, 184

Library of Congress 国会图书馆, 120

Life sciences industries 生命科学行业, 144-145

Licensing Acts 授权法, 91-92

Litman, Jessica 杰西卡·利特曼, 19, 145, 146, 183

Locke, John 约翰·洛克, 20, 22, 20n3, 20n4, 93, 102;

Lockean narrative 洛克式的叙述, 20, 22, 117, 144; Act of Anne and《安妮法》与～, 93; Aldus Manutius and 阿尔杜斯·马努蒂乌斯与～, 68; "authorship" and "作者身份"与～, 101; different reading of 不同的研读, 20n4; first formal expression of 首次正式表达, 41n11, 61; first formal expression linked to natural rights 与自然权利相关的首次正式表达, 81; movies and 电影与～, 147; TRIPs and《与贸易有关的知识产权协定》与～, 163; works for hire and 雇佣作品与～, 125

Love, Harold 哈罗德·洛夫, 89n6

Lowrey, Gosvenor P. 格罗夫纳·洛瑞, 122

Lowry, Martin 马丁·劳里, 68

M

McDonald's 麦当劳, 151-152

MacFarlane, Alan 艾伦·麦克法兰, 57

MacKenney, Richard 理查德·麦肯尼, 65

MacLeod, Christine 克里斯汀·麦克劳德 81, 84-86, 102, 110, 111, 111n1

Mainz, sacked by Adolph of Nassau 被拿骚的阿道夫洗劫的美因茨, 65n6

Magic 巫术, 12, 43

Mandeville, Bernard 伯纳德·曼德维

尔，100
Mandich, Giulo 朱利奥·曼迪奇，58，63
Mansfield, Lord 曼斯菲尔德勋爵，94，96
"Manufacturing clause"，"印制条款"，121
Manutius, Aldus 阿尔杜斯·马努蒂乌斯，56，65-68
March, James 詹姆斯·马奇，35
Maskus, Keith 基思·马斯库斯，26，170，189，206
Masterson, Salathiel 萨拉蒂尔·马斯特森，48，50
McCalman, Phillip 菲利普·麦考曼，187
Medici family 美第奇家族，55
Medicines 药：AIDS and 艾滋病与～，1-3，170，180；compulsory licensing and 强制许可与～，171n8；generic 仿制药，1，124，140，174，180；traditional knowledge and 传统知识与～，197；TRIPs and《与贸易有关的知识产权协定》与～，2；World War I and 第一次世界大战与～，135；World War II and 第二次世界大战与～，137
Médecin Sans Frontières 无国界医生组织，3
Merck 默克集团，1，135
Mercoid cases 默科德案，139
Merges, Robert 罗伯特·莫杰思，23，141-144，152，181
Meshbesher, Thomas 托马斯·梅希贝舍，16，204
Mesopotamia 美索不达米亚，45
Metal working industries 金属加工工业，38，77，81，97，117
Mgbeoji, Ikechi 伊奇·贝奥吉，204
Michalopulos, Constantine 康斯坦丁·米哈洛波洛斯，176
Microsoft 微软公司，103n12
Mill, John Stuart 约翰·斯图亚特·密尔，116
Millar v. Taylor 米勒诉泰勒案，94-95
Milton, John 约翰·弥尔顿，91
Mining 采矿，53-54，76-77，100-111，111n1
Monasteries 修道院，49
Monsanto 孟山都，144，193
Montreal Protocol《蒙特利尔议定书》，187

Moore, Barrington 巴林顿·摩尔, 109-110

Moral rights 道德权利, 9, 12, 21, 43, 103, 126, 165-166, 197

Morton Salt Co. v G. S. Suppinger Co. 莫顿盐业公司诉萨品格公司案, 139

Mossof, Adam 亚当·莫索夫, 20n3, 86

Most-favored-nation (MFN) treatment 最惠国待遇, 164-165

Movie industry 电影业, 146-147, 181

Mowrey, Davjd 大卫·莫雷, 135-136

MP3 MP3, 182

Multi-Fiber Arrangement (MFA)《多边纤维协定》, 155, 157

Multinational corporations 跨国公司; 见：Corporations 公司

Murumba, Samuel 塞缪尔·穆鲁巴, 216, 217

Music industry 音乐行业, 3, 119n8, 146-147, 166, 176, 180-184

Musungu, Sisule 西苏勒·穆森古, 214, 216

N

Napoleon Ⅲ 拿破仑三世, 120

Narratives of justification 正当性叙述, 12, 15, 17-20, 36, 41, 71; capitalism and 资本主义与～, 109; critical theory and 批判理论与～, 32; digital rights management and 数字版权管理与～, 184; early British patents and 早期的英国专利与～, 187; individualism and 个人主义与～, 101, 105; patent controversy and 专利争议与～, 116; scarcity and 稀缺与～, 24; second industrial revolution and 第二次工业革命与～, 117; TRIPs and《与贸易有关的知识产权协定》与～, 164; WIPO and 世界知识产权组织与～, 214; works for hire and 雇佣作品与～, 124

National security 国家安全, 85, 174

National treatment 国民待遇, 114, 119-120, 164-165

Native Americans 美洲土著, 43

Natural rights 自然权利, 5, 43, 115, 204, 214; Act of Anne and《安妮

法》与~, 93; authors and 作者与~, 12, 103, 114; creativity and 创造与~, 100, 108; early copyrights and 早期版权与~, 97; early patents and 早期专利与~, 81; John Locke and 约翰·洛克与~, 20n3; new technologies and 新技术与~, 145; pharmaceutical industry and 制药行业与~, 135; TRIPs and《与贸易有关的知识产权协定》与~, 163-164, 208

Neighboring rights 邻接权, 166

the Netherlands 尼德兰（荷兰），* 75-79, 85, 112, 119, 158, 204

Newly industrialized countries 新兴工业化国家, 186

Newton, Sir Isaac 艾萨克·牛顿先生, 25, 100

New Zealand 新西兰, 187

Nicoson, William 威廉·尼科森, 139

Nightingale 南丁格尔, 109

Nondiscrimination, principle of 非歧视原则, 120

North, Douglass 道格拉斯·诺斯, 21, 38

Nuvolari, Allessandro 亚历山德罗·努沃拉里, 100

O

O'Connor, Sandra Day 桑德拉·戴·奥康纳, 149

Oddi, Samuel 塞缪尔·奥迪, 163

"One click" ordering "一键式"订购, 8

Okediji, Ruth 鲁斯·奥克迪吉, 163, 185

Olsen, John 约翰·奥尔森, 35

Omnibus Trade and Tariffs Act (1988), Special 301 section 1988 年《综合贸易和关税法》, 特别 301 条款, 155, 195

Open science 开放科学, 26-27, 148

Organization for Economic Cooperation and Dévelopment (OECD) 经济合作与发展组织, 214

---

* "the Netherlands" 词条在本书中涉及"尼德兰"或"荷兰"两个中译名，宜根据历史阶段、地理范围、中文习惯区别翻译。第四章以 16 世纪、17 世纪为背景的译为"尼德兰"，第五、六章涉及 19 世纪中叶以后的译为"荷兰"。——译者

Orton, William 威廉·奥顿, 122

Ostergard, Robert 罗伯特·奥斯特加德, 2

P

Paine, Thomas 托马斯·潘恩, 101

Palsgrave, John 约翰·帕尔斯格雷夫, 89

Papermaking 造纸术, 53

Parallel imports 平行进口, 165, 174

Paris conferences (1878 and 1880) 1878 年和 1880 年的巴黎会议, 119-120

Paris Convention for the Protection of Industrial Property《保护工业产权巴黎公约》, 119-120, 130, 208; compulsory licenses and 强制性许可证与～, 188, 171n8, 188n12; expansion of international trade and 国际贸易的扩张与～, 128; international trade negotiations and 国际贸易谈判与～, 154, 156; 1967 revision of 1967 年修订本, 167; transitional periods and 过渡期与～, 207; TRIPs and《与贸易有关的知识产权协定》与～, 162, 164

Parma, City Council statute (1282) 帕尔马, 1282 年市议会, 50

Pascal family 帕斯卡家族, 77

Passing off 假冒, 47, 52, 68, 79, 97, 167

Patent Cooperation Treaty (PCT)《专利合作条约》, 210, 214

Patent examination 专利审查, 63-64, 85, 103, 194

Pascal family 帕斯卡家族, 77

Patent Law Treaty (PLT)《专利法条约》, 211

Patent misuse doctrine 专利滥用理论, 27, 139, 189, 206

Patent specification 专利说明书, 83, 85, 98-99, 85n5, 109-110, 169

Patent thickets 专利丛林, 26, 136

Patronage 赞助, 45, 47, 55, 67

Patterson, Lyman 莱曼·帕特森, 93-94

Pauwelyn, Joost 乔斯特·鲍韦林, 179

Perelman, Michael 迈克尔·佩雷尔曼, 138

Performance rights 表演权, 146

Petrarch 彼得拉克, 55
Petty, William 威廉·佩蒂, 84
Pfizer 辉瑞, 137-138
Pharmaceutical industry 制药行业, 141, 144, 190; AIDS and 艾滋病与~, 1-3, 180; biopiracy and 生物盗版与~, 195; business organization of 商业组织与~, 127-128; cartels and 卡特尔与~, 138; geneticsequences 基因序列; patents and 专利与~, 193; international competition and 国际竞争与~, 134, 138, 140; Kefauver investigation into 凯福弗的调查, 139-140; multilateral trade negotiations and 多边贸易谈判与~, 153; patents and 专利与, 1, 169, 176, 186, 194; TRIPs and《与贸易有关的知识产权协定》与~, 172, 175, 169n5; World War I and 第一次世界大战与~, 135, 159, 179; World War II and 第二次世界大战与~, 137
Phillips, Jeremy 杰里米·菲利普斯, 80
Phoebus agreement《福布斯协定》, 129
Picciotto, Sol 索尔·皮乔托, 23
Piedmont 皮埃蒙特, 104

Pindar 品达, 46
Pliny the Elder 老普林尼, 48, 56
Plant, Arnold 阿诺德·普兰特, 22-23
Poetry 诗, 45-46
Pohlmann, Hansjoerg 汉斯约格·波尔曼, 76, 77
Polanyi, Karl 卡尔·波兰尼, 17-18
Polaroid 宝丽来公司, 140, 143
Polaroid Corp v. Eastman Kodak 宝丽来公司诉伊士曼柯达案, 143-144
Popplow, Marcus 马库斯·波普洛, 54, 60n4
Porter, Tony 托尼·波特, 119
Posner, Richard 理查德·波斯纳, 16
Prager, Frank 弗兰克·普拉格, 41n11, 53, 64, 70, 61n5, 77
Prindle, Edwin 埃德温·普林德尔, 136
Printing 印刷; 见: Publishing 出版
Private/public balance 公私平衡, 5, 7, 25-26, 28, 105, 152, 215, 218; Act of Anne and《安妮法》与~, 93-95; CAFC and 美国联邦巡回上诉法院与~, 143; databases and 数据库与~, 150; digital rights

management and 数字版权管理与~, 183-185; early patents and 早期专利与~, 77; economic development and 经济发展与~, 12, 38, 43, 99, 206; James Watt's patent and 詹姆斯·瓦特的专利与~, 99; patent examination and 专利审查与~, 194; political economic power and 政治经济权力与~, 32, 39, 110, 145, 177; public health and 公共健康与~, 3; public policy and 公共政策与~, 23, 109; SPLT and《实体专利法条约》与~, 212; Statute of Monopolies and《垄断法》与~, 82; trade secrets and 商业秘密与~, 11; TRIPs and《与贸易有关的知识产权协定》与~, 41, 164, 176, 177, 198; Venetian government and 威尼斯政府与~, 54, 60-62

Privileges, grants of 授予特权, 53-60, 63, 66-69, 76-78, 89, 102-104, 109-110, 113

Privy Council 枢密院, 86, 87

Process patents 方法专利, 10, 113, 127, 159, 171

Property rights 产权, 21, 104; commodification and 商品化与~, 194-195, 197-198; functionalist histories of 功能主义历史, 29; guilds and 行会与~, 93; law and 法律与~, 17, 39; markets and 市场与~, 24, 30, 147; transition from feudalism to capitalism and 从封建主义到资本主义的转变与~, 37; withholding and 保留与~, 37-38, 208

Property-intellectual property metaphor 知识产权财产隐喻, 18, 19, 23, 104, 117

Public domain 公共领域, 7, 103, 103n13, 140; Act of Anne and《安妮法》与~, 93; copyright extension and 版权延长与~, 152; databases and 数据库与~, 148, 150; digital rights management and 数字版权管理与~, 183; early printing and 早期印刷与~, 57; guilds and 行会与, 61; promotion of 促进, 111; traditional knowledge and 传统知识与~, 195, 197; TRIPs and《与贸易有关的知识

产权协定》与～，158，167，171，175；Venetian publishers and 威尼斯出版商与～，65

Public goods 公共物品，26，189

Public health 公共健康，2-3，165，171，174-176，211

Public policy 公共政策，16，107-111，159；economic development and 经济发展与～，170，186-187；guilds and 行会与～，52；individualism and 个人主义与～，194；international aspects of 国际方面，119，163，199，204-205，213；national security and 国家安全与～，85；new technologies and 新技术与～，104；US industries and 美国行业与～，140，141-143

Public sector research 公共部门研究，3，26，190，207

Publishing 出版："authorship" and "作者身份"与～，102-103；Bern convention and《伯尔尼公约》与～，120；British 英国的～，87-96；copyright extension and 版权延长与～，152；early manuscripts 早期手稿，50，55，57；Erasmus and 伊拉斯谟与～，78；Frankfurt Book Fair 法兰克福书展，78，87；German 德国的～，78n1；international treaties and 国际条约与～，119；Netherlands 新西兰的～，77，79；Roman 罗马的～，47-48；the Sophists and 智者与～，45；unauthorized US editions 未经授权的美国版本，114，121；Venetian 威尼斯的～，56，65-72，57n2

R

Radio 广播，146

Radio Telefís Eireann v. Magill 合唱团电台诉马吉尔案，149

Railways 铁路，38

Realism 现实主义，28-31

Regulation 规制；见：Govermment intervention 政府干预

Reichman, Jerome 杰罗姆·瑞克曼，5，26，150-151，182-183，189，206

Rent seeking 寻租，16，25，187

Rental right 出租权，167

da Revenna, Petro Francesco 佩特罗·弗朗切斯科·达·拉文纳，68

Rice 米, 26, 168, 193-194

RiceTec Inc. 美国水稻技术公司, 193

Richards, Donald 唐纳德·理查兹, 22

Ritter, Dominique 多米尼克·里特尔, 204, 207

Roman Empire 罗马帝国, 47-49

Roman law, revival of 罗马法复兴, 54

Rome Convention for the Protection of Performers, Producers of Phonograms, and Broadcast Organizations 保护表演者、录音制品制作者和广播组织的罗马公约, 164, 166

Roosevelt, Franklin D. 富兰克林·罗斯福, 134

Rose, Mark 马克·罗斯, 18

Rosenberg, Nathan 内森·罗森伯格, 135-136

Royal Society 英国皇家学会, 84

Ruston, Gerald 杰拉尔德·拉斯顿, 44, 79

S

Sabellico 萨贝利科, 68, 68n8

St. Columbia 圣哥伦比亚, 49, 89

Salt 盐, 52

Samuelson, Pamela 帕梅拉·萨缪尔森, 150

Saunders, David 大卫·桑德斯, 30

Saxony, Duke of 萨克森公爵, 53

Scarcity 稀缺, 5-6, 22-23, 44, 115; guilds and 行会与～, 51; justifying the construction of (稀缺的) 正当性构建, 17, 19, 20, 24, 32; power and 权力与～, 28, 37, 38, 65

Schiff, Eric 埃里克·希夫, 113, 204

Scientific research 科学研究, 26-27

Scribal publication 誊抄出版, 45, 48, 56-57, 88-89

Schuler, Philip 菲利普·舒勒, 178

Semiconductor chips 半导体芯片, 28, 147-148

Semiconductor Chip Protection Act 《半导体芯片保护法》, 148-149

Semiconductor Industry Association 半导体行业协会, 164n3

Serrell, Lemuel 勒缪尔·塞雷尔, 123

Shankar, Daya 达亚·尚克尔, 180

Sherman and Johnson Publishers 谢尔

曼和约翰逊出版社，114

Shiedame, John 约翰·谢达姆，52

Shiffrin, Seana Valentine 茜娜·瓦伦丁·谢夫林，20n4

Siemens, Werner 沃纳·西门子，118，127

Siemens, William 威廉·西门子，118

Siemens Corporation 西门子公司，122，129

Silk 丝绸，51

Silverstein, David 大卫·西尔弗斯坦，139

Simonides 西蒙尼德，45-46

Smith, Adam 亚当·史密斯，98

Smith, Pamela 帕梅拉·史密斯，170

Soft law 软法，212-213

Software 软件，3，5，9，178，211；absence of patents in 缺乏专利的～，111n2；copyright and 版权与～，147，166；digital rights management 和数字版权管理与～，181；industrial lobbying and 行业游说与～，141，153；TRIPs and 《与贸易有关的知识产权协定》与～，164，166

Sophists 智者，45

South Africa 南非，2，3，171n8

South Sea Bubble 南海泡沫，101

Spain 西班牙，105，112，128，158

Special and differential treatment 特殊和差别待遇，176-177

Spooner, Lysander 莱桑德·斯普纳，18

Stationers Company 书商公会，87-95，102

Statute of 1474 (Venice) 1474年威尼斯法令，54，58-66，69-71，59n3，85

Statute of Monopolies (1624) 1624年《垄断法》，57，82-87，91，93，102

Steam engines 蒸汽机，38，98-100，111，117，111n1

Stonecutting 石刻，45

Strange, Susan 苏珊·斯特兰奇，31n9

Structure and agency problem 结构与能动性问题，33-35

Substantive Patent Law Treaty (SPLT) 《实体专利法条约》，211-212

Sun Microsystems 太阳微系统，137n2

Suthersanen, Uma 乌玛·苏瑟塞恩，204

"Sweat of the brow" justification "额头出汗"的证成, 149-150

Swan, James 詹姆斯·斯旺, 123, 130, 188

Sweden 瑞典, 187

Swinburne 斯温伯恩, 123-124

Switzerland 瑞士；207；absence of patents 缺乏专利, 112-113, 119n8, 158, 186, 204, 208；copyright and 版权与～, 119；geographical indicators and 地理标记与～, 168

T

Talmud《塔木德》, 71

Technical assistance 技术援助, 174, 177-178, 207, 210, 213

Technological change 技术变革, 4, 17, 27, 72；antitrust regulation and 反垄断规制与～, 144；France and 法国与～, 104；legal change and 立法变化与～, 43, 97, 145；multilateral governance and 多边治理与～, 117, 176；thresholds of 临界值, 40；Venice and 威尼斯与～, 63-64；Watt and 瓦特与～, 38, 98,

Technology 技术：antipatent sentiment and 反专利情绪与～, 140；copyright and 版权与～, 183；economic development and 经济发展与～, 186；printing and 印刷与～, 90；Realism and 现实主义与～, 29；society and 社会与～, 24；triangulation and 三角分析与～, 31-32, 35-36, 204；TRIPs and《与贸易有关的知识产权协定》与～, 157, 161, 163, 171, 176

Technology transfer 技术转让, 3, 208；early patents and 早期专利与～, 52-53；economic development and 经济发展与～, 109, 111, 130, 170, 185-189, 196；Elizabeth I and 伊丽莎白一世与～, 81；impediments to 阻碍, 156, 177；TRIPs and《与贸易有关的知识产权协定》与～, 165-166；Venice and 威尼斯与～, 64-65

Telegraphy 电报, 117, 122

Textiles 纺织品, 104；industrial revolution and 工业革命与～, 111, 117, 139；multilateral trade negotiations and 多边贸易谈判与～, 155,

157; Richard Arkwright and 理查德·阿克莱特与～, 109-110; technology transfer and 技术转让与～, 103n14; traditional knowledge and 传统知识与～, 194; TRIPs and《与贸易有关的知识产权协定》与～, 168-169; 参见: Woolens 纺织业

Thailand 泰国, 2

Thirty Years War 三十年战争, 78

Trade secrets 商业秘密, 11, 45, 49, 99, 111, 140, 172

Traditional knowledge 传统知识, 5, 17, 28, 178, 194-198

Trevithick, Richard 理查德·特雷维西克, 100, 114n3

Tridentine Index《特兰托会议信纲》, 70

Trade Related Aspects of Intellectual Property Rights (TRIPs) agreement《与贸易有关的知识产权协定》, 4, 5, 13, 27, 30, 161-180, 164n3; CBD and《生物多样性公约》与～, 190-192; CGIAR and 国际农业研究咨询小组与～, 192-193; compliance with 遵守, 3, 155, 181, 187, 209; copyright and 版权与～, 8-9, 147; economic development and 经济发展与～, 205; fictionalization and 虚拟制化与～, 18; globalization of norms by 通过《与贸易有关的知识产权协定》的规范全球化, 40; international patent fee levels on implementation of 实施的国际专利费水平, 187; IPC and 国际财产委员会与～, 154; language of 语言, 39; length of protection under 保护幅度, 7, 9, 10; narratives of justification and 正当性叙述与～, 20; negotiation of 谈判, 142, 154-158, 188, 199, 209; Paris convention and 巴黎公约与～, 171n8; political mobilization and 政治驱动与～, 28; private-public balance in 公私平衡, 41; protectionism and 保护主义与～, 25, 208; public health and 公共健康与～, 2; semiconductors and 半导体与～, 148; technology transfer and 技术转让与～, 189; trade sanctions and 贸易制裁与～, 195; traditional knowledge and 传统知识与～, 195; transition periods for 过渡期, 208; UPOV and《保护植物新品种国际公约》与～, 190-191; WIPO and 世界知识产权组织与～, 209-212; WTO and 世界贸易组织与～, 2, 73, 203, 207

Trade Related Aspects of Intellectual Property Rights (TRIPs) agreement, specific articles: Articles1-4《与贸易有关的知识产权协定》具体条款: 第1条至第4条, 164; Articles 5 and 6 第5条和第6条, 165; Article 7 第7条, 165, 185; Article 8 第8条, 165, 171n8; Article 9 第9条, 165; Article 10 第10条, 166, 166n4; Articles 11-13 第11条至13条, 167; Article 14 第14条, 166; Articles 15-20 第15条至20条, 167; Articles 22, 23, and 25 第22条、23条和25条, 168; Article 26 第26条, 169; Article 27 第27条, 169, 170, 190-191; Articles 28-30 第28条至第30条, 169; Article 31 第31条, 170, 171, 188, 171n8; Article 32 第32条, 170; Article 34 第34条, 171; Articles 35-38 第35条至第38, 172; Article 39 第39条, 11, 172; Article 40 第40条, 172; Articles 42-48 第42条至第48条, 50, 51, 61, 62, 173; Articles 63 and 64 第63条和第64条, 174; Article 65 第65条, 174、207; Article 66 第66条, 174; Article 67 第67条, 174, 177, 203; Articles 68 and 69 第68条和第69条, 174; Article 70 第70条, 175; Article 71 第71条, 174, 175; Articles 72 and 73 第72条和第73条, 174

TRIPs Council《与贸易有关的知识产权协定》理事会, 163, 174, 192, 163n2, 213

TRIPs-plus《与贸易有关的知识产权协定》加强版, 178

Tschmuck, Peter 彼得·奇穆克, 95

Tudor, Mary 玛丽·都铎, 88

Twain, Mark 马克·吐温, 121

Tyler, Tom 汤姆·泰勒, 19, 215

U

Uhlir, Paul 保罗·乌利尔, 182, 183

UK Copyright Designs and Patent Act（1988）《1988年英国版权设计和专利法》，182n11

UN Conference on Trade and Development（UNCTAD）联合国贸易和发展会议，156，177，214-215

Uniform Domain Name Dispute Resolution Policy（UDRP）统一域名争议解决政策，213

United Kingdom 大不列颠。见：Britain 英国

United Nations 联合国，139，214，215

United States 美国，39，97，102，133-155，216；anthrax in 炭疽，171n8；Bern convention and 伯尔尼公约与～，120；bilateralism and 双边主义与～，161，178，180，203；Brazilian conflict with 与巴西的冲突，1；business organization in 商业组织，127-128；chemical industries in 化学工业，127；Constitution 宪法，105，113，152；copyrights in 版权，111，114-115，120-121，125-126，167；digital rights management and 数字版权管理与～，181-182；economic development in 经济发展，117-118，186，205-208；electrical industries in 电气工业，123-124，179；ICANN and 互联网名称与数字地址分配公司与～，213；individualism and 个人主义与～，101；international patent fee levels 国际专利费用水平，187；multilateral trade negotiations and 多边贸易谈判与～，157，214，217；parallel imports and 平行进口与～，180；patents in 专利，113，128-129；pharmaceutical industry in 制药业，159；publicly funded research in 公共资助研究，3；public regarding conception of IPRs in 公众对知识产权概念的关注，28；publishing in 出版，114；second industrial revolution and 第二次工业革命与～，117，130；South African conflict with 与南非的冲突，2；SPLT and《实体专利法条约》与～，212；TRIPs and《与贸易有关的知识产权协定》与～，158，161-162；use of trade sanctions by

对贸易制裁的使用, 195; Washington Treaty on Intellectual Property in Respect of Integrated Circuits and《华盛顿集成电路知识产权条约》与～, 172; works for hire in 雇佣作品, 124-126, 210

United States v. Burns 美国诉伯恩斯案, 118

Universities 大学, 50

US Agency for International Development(USAID)美国国际开发署, 177

US Patent and Trademark Office(USPTO)美国专利商标局, 177, 190

US Supreme Court 美国最高法院, 118, 137-142, 145-149, 152, 190

US Trade Representative 美国贸易代表, 1, 2, 154-155, 180, 199, 208, 218

Utilitarianism 功利主义, 22, 108, 114, 135

V

Vaidhyanathan, Siva 希瓦·维迪亚那桑, 147, 152, 181

Vaver, David 大卫·韦弗, 41

Venice 威尼斯, 4, 12, 41n11, 43, 53-76, 80, 84-88, 185

Versteeg, Russ 拉斯·维斯蒂格, 48

Victor Amadeus 维克多·阿玛迪斯, 104

Video recorders 录像机, 140

Vienna Congress(1873)1873年维也纳大会, 118-119

di Vinci, Leonardo 列奥纳多·达芬奇, 64

Vitruvius 维特鲁维斯, 48

Vukmir, Mladen 姆拉登·武克米尔, 46

W

Wade, Robert 罗伯特·韦德, 177

Waldron, Jeremy 杰里米·沃尔德伦, 23, 25

Walterscheid, Edward 爱德华·沃尔特谢伊德, 97-98, 101, 91n9

Washington Treaty on Intellectual Property in Respect of Integrated Circuits《华盛顿集成电路知识产权条约》, 172

Watal, Jayashree 贾亚什里·瓦塔尔,

168

Waterlow Directories Limited v. Reed Information Services Limited 沃特洛诉励展公司案, 149

Watt, James 詹姆斯·瓦特, 26, 38, 98-100, 109, 111, 111*n*1

Wegner, Harold 哈罗德·韦格纳, 60*n*4

Weiler, Joseph 约瑟夫·维勒, 162

Western Union 西联公司, 122

Wines and spirits 葡萄酒和烈酒, 168

WIPO Copyright Treaty（WCT）《世界知识产权组织版权条约》, 181, 181*n*10, 210

WIPO Patent Agenda 世界知识产权组织专利议程, 210-211, 213, 217

WIPO Performances and Phonograms Treaty（WPPT）《世界知识产权组织表演和录音制品条约》, 210

Woodmansee, Martha 玛莎·伍德曼西, 125

Woolens 纺织品, 51, 53

de Worde, Wynkyn 温金·德·沃德, 89

Working requirement for patents 专利的实施要求, 111-113, 127, 170-171, 188, 198, 171*n*8

Works for hire 雇佣作品, 123-126, 146-147, 152, 210

World Bank 世界银行, 1, 139, 177, 187, 192

World Intellectual Property Organization（WIPO）世界知识产权组织, 4, 154, 163, 209-215, 218; database rights and 数据库权利与～, 150; nonreciprocity in agreements overseen by 监管的协定中的非互惠原则, 162; technical assistance from 技术援助, 177-178, 199; traditional knowledge and 传统知识与～, 194, 198; TRIPs and《与贸易有关的知识产权协定》与～, 165, 167, 175

World Trade Organization（WTO）世界贸易组织, 1, 158, 185, 193, 207, 218; developing countries and 发展中国家与～, 155, 178, 186, 189, 198; dispute settlement mechanism at 争端解决机制, 18, 20, 162-163, 174-177, 179-180; legal harmonization and 法律协调

与～, 203, 216; legiti1nacy problems at 合法性问题, 180; TRIPs and《与贸易有关的知识产权协定》与～, 2, 4, 8-9, 73, 133, 161-175; uneven development and 发展不平衡与～, 189

World War I 第一次世界大战, 117, 127-129, 135, 159

World War II 第二次世界大战, 129, 137, 138, 159

W.R. Grace 格雷斯公司, 193

Y

Yates, Justice 耶茨大法官, 94-95

Z

Zoundjihekpon, Jeanne 珍妮·佐恩吉赫波, 191

译后记

在中国，关于知识产权的知识、观念、理论几乎都呈积极面相，主张保护知识产权的声音总归正确，西方学者可能会对此感到惊讶。或许同样令中国读者颇开眼界的是，西方知识产权强国不乏对知识产权及其历史秉持批判观点的学者，正如此书的作者克里斯托弗·梅与苏珊·K. 塞尔。

从最突出的药物专利争议以及知识产权的非竞争性原理开始，他们运用一套三角分析方法，圈定科学技术变化、知识理念思想、知识产权制度这三个相互作用的变量，讲述一番长达数千年的知识产权史。无愧于本书"批判史"的标题，该书传达一种反思解构知识产权正当化叙述的强烈意旨，阐明一种依循政治经济视角还原知识产权沉浮因缘的鲜明立场。该书虽专注于知识产权的法律构建，但拒斥分离于政治、社会、经济环境的法律概念，从而始终围绕知识产权平衡公（公共产品/公共获取/公共利益）私（私人权利/私人报酬/私人收益）的历史本质。在展望知识产权公私争议与国家交锋的循环往复中，对TRIPs（《与贸易有关的知识产权协定》）本土化与治理全球化保持警醒之余，也提供一种依托历史、立足当下、展望未来的知识产权前沿议题的研究范例。掩卷遐思，其亦如批判法学流派之启迪，也许我们应善于且勇于对国家社会中理所当然、习以为常的知识产权现象有所反思。

该书跨越从古希腊到后TRIPs时代的知识产权相关史事，兼及东西方、南北向多国知识产权现象，涵盖版权、商标、专利及其他知识产权的论题，倾注翔实的法律素材及丰富的学人观点，而始终秉持质疑普遍永恒的特殊性视角与批判史立场，总能一针见血。例如在对中国知识产权史仅有的两段论述中，也已揭橥中国古代知识产权不甚发达的若干因素：垄断政策未能推衍出专利理念、汉字艺术感无从发挥印刷术优势、文化普及程度不足以形成受众市场、儒家思想不利于撼动历史知识的公共性。谨此致敬克里斯托弗·梅教授与苏珊·K.塞尔教授，以其渊博睿智呈现这番精彩纷呈、启人心智的知识产权批判史。

该书的译介缘于我的师弟兼同事陈贤凯教授，近年他协助中国人民大学法学院金海军教授主编的"知识产权名著译丛"的译介。我有幸加入译丛工作并恰当选定该书来译介，实应感谢陈贤凯教授的引荐与金海军教授的信任！该书顺利编校出版亦仰赖商务印书馆吴婧老师的严谨校订工作，同时也得到研究生蔡子羽、周娟、吴丽丽、胡萍的协助，在此聊表谢忱！

马腾

2022 年春于暨南大学

图书在版编目(CIP)数据

知识产权批判史 /（英）克里斯托弗·梅(Christopher May)，（美）苏珊·K.塞尔(Susan K. Sell)著；马腾译.—北京：商务印书馆，2024（2024.9重印）
（知识产权名著译丛）
ISBN 978-7-100-23161-9

Ⅰ.①知… Ⅱ.①克… ②苏… ③马… Ⅲ.①知识产权法—研究—世界 Ⅳ.① D913.404

中国国家版本馆 CIP 数据核字（2023）第 218955 号

权利保留，侵权必究。

知识产权名著译丛
知识产权批判史
〔英〕克里斯托弗·梅　著
〔美〕苏珊·K.塞尔
马腾　译

商 务 印 书 馆 出 版
（北京王府井大街36号　邮政编码100710）
商 务 印 书 馆 发 行
北京市白帆印务有限公司印刷
ISBN 978-7-100-23161-9

2024年2月第1版　　开本 880×1230　1/32
2024年9月北京第2次印刷　印张 11⅝

定价：69.00元